Harald Fritzsch
Quarks

SERIE PIPER

Zu diesem Buch

Nach der Quantentheorie hat sich seit 1970 in der Physik ein weiteres Mal in diesem Jahrhundert eine Revolution vollzogen: mit der Entdeckung der Quarks als den kleinsten Teilchen der Materie und mit der Erforschung ihrer Rolle als eigentliche Akteure im Geschehen der Elementarteilchenphysik. Quarks kann man nicht isoliert als wirkliche Teilchen beobachten. Sie können nur in großen Hochenergiebeschleunigern sichtbar gemacht und erforscht werden. Die Forschungen der letzten Jahre haben erwiesen, daß auf die Quarks innerhalb der Kernteilchen starke Kräfte wirken. Schritt für Schritt gelang es den Physikern, diese geheimnisvollen Kräfte zu entschleiern und dabei eine einheitliche Theorie der Materie zu entwickeln. Der Münchener Physiker Harald Fritzsch ist als Elementarteilchen-Physiker an der theoretischen Interpretation dieser Forschungen aktiv beteiligt.

Harald Fritzsch, geboren 1943 in Zwickau, Physikstudium in Leipzig und München, 1972 bis 1976 am Caltech in Pasadena. 1977/78 Professor an der Universität Wuppertal, 1978 bis 1980 Ordinarius für theoretische Physik an der Universität Bern, seit 1980 Professor für theoretische Physik an der Universität München. Gastprofessor am CERN in Genf und am California Institute of Technology, Pasadena.

Harald Fritzsch
Quarks

Urstoff unserer Welt

Mit 89 Abbildungen

Aktualisierte Ausgabe

Piper München Zürich

Von Harald Fritzsch liegen in der Serie Piper außerdem vor:
Vom Urknall zum Zerfall (518)
Eine Formel verändert die Welt (1325)
Die verbogene Raum-Zeit (2546)

Aktualisierte Taschenbuchausgabe
1. Auflage Dezember 1992
3., aktualisierte Auflage September 1999

Umschlag: Büro Hamburg, Andreas Rüthemann
Foto Umschlagvorderseite: CERN, P. Lotez/Science Photo Library/Focus
Foto Umschlagrückseite: Bert Heinzlmeier
Gesamtherstellung: Clausen & Bosse, Leck
Printed in Germany ISBN 3-492-21655-2

Für Brigitte

Inhalt

Vorwort

Die erste Auflage dieses Buches erschien im Jahre 1980, zu einer Zeit, in der sich das heute vorliegende Gedankengebäude des Mikrokosmos bereits deutlich abzeichnete, aber längst nicht als verifiziert bezeichnet werden konnte. So war es zu jener Zeit nicht klar, ob die von den Theoretikern vorausgesagten elementaren Träger der schwachen Wechselwirkungen, die W- und Z-Teilchen, tatsächlich existieren. Erst im Jahre 1983 gelang es, diese Teilchen nachzuweisen.

Heute ist die Situation wesentlich klarer. Wir blicken auf eine bemerkenswert einfache und wohlgeordnete Struktur des Mikrokosmos. In der jetzt vorliegenden Ausgabe des Buches habe ich den neuen Entwicklungen Rechnung getragen und Teile des Buches verändert. Eine größere Revision des Buches hat sich aber als unnötig erwiesen – ein Hinweis darauf, daß die heutige Physik der Elementarteilchen sich nicht mehr in einer revolutionären Phase wie um 1975 befindet, sondern in einer Periode der Konsolidierung und Festigung der Ergebnisse.

Die Historiker der Naturwissenschaften werden dereinst von zwei »goldenen Zeiten« der Physik in unserem Jahrhundert sprechen. Die erste dieser Perioden bezieht sich auf die zwanziger und den Beginn der dreißiger Jahre, die Zeit, in der die Quantentheorie Einzug in die Physik hielt und in der sich das physikalische Denken von Grund auf veränderte. Mit Hilfe der Quantentheorie ist es gelungen, die Eigenschaften der Atome und Moleküle zu verstehen und in vielen Fällen auch quantitativ zu erfassen.

Die zweite »goldene Zeit« ist die Zeit zwischen 1965 und 1985. In diesen Jahren gelang es, die in vieler Hinsicht überraschenden Phänomene der Elementarteilchen und des Mikrokosmos mit Hilfe spezifischer physikalischer Theorien zu verstehen. Es hat sich erwiesen, daß sich die Elektronen, die Teilchen der Atomhülle, auch bei sehr kleinen Distanzen als punktförmige Teilchen verhalten, während die Protonen und Neutronen, die Bausteine der Atomkerne, aus noch kleineren, anscheinend punktförmigen Elementen, den Quarks, bestehen. Die im Universum vorliegende Materie, so die heutige Erkenntnis, besteht aus Elektronen und mit dem Elektron verwandten Teilchen, allgemein als Leptonen bezeichnet, und aus den Quarks.

Es gelang seit 1965 nicht nur, die innere Struktur der Elementarteilchen aufzuklären. Auch die Natur der Kräfte zwischen den Leptonen und den Quarks wurde herausgefunden. Die elementaren Naturkräfte, die »die Welt im Innersten zusammenhalten«, sind zum einen die sehr starken Kräfte zwischen den Quarks, die dazu führen, daß sich jeweils drei Quarks zu einem Kernteilchen zusammenfinden, und zum anderen die elektromagnetischen und schwachen Kräfte, die auf die Leptonen und die Quarks wirken. Eine wichtige Erkenntnis der letzten Jahrzehnte war die Einsicht, daß die seit Jahrhunderten bekannten elektromagnetischen Kräfte und die schwachen Wechselwirkungen, die beispielsweise den radioaktiven Zerfall des Neutrons verursachen, nicht voneinander unabhängig sind, sondern als eine Einheit betrachtet werden müssen. Man spricht deshalb heute auch oft von den elektroschwachen Kräften. Diese Kräfte werden von speziellen Kraftteilchen verursacht. Neben dem wohlbekannten Photon, dem Teilchen des Lichtes, sind dies das W-Teilchen und das Z-Teilchen. Diese Teilchen wurden im Jahre 1983 am europäischen Forschungszentrum für Teilchenphysik CERN bei Genf nachgewiesen.

Noch sind eine Reihe von Problemen der Physik der Elementarteilchen ungeklärt. Beispielsweise verstehen wir bis heute nicht die zum Teil recht merkwürdigen Massen der Leptonen und Quarks. Auch ist nicht endgültig geklärt, wie die Massen der W- und Z-Teilchen zustandekommen. Zur Klärung dieser und anderer Probleme bedarf es weiterer Forschung und des Einsatzes neuer Beschleuniger.

Als besonders interessant hat es sich herausgestellt, die neuen Erkenntnisse über die Mikrophysik auf die Kosmologie anzuwenden. Unser heutiger Wissensstand über die elementaren Kräfte und Teilchen erlaubt es, die kosmologische Entwicklung der Welt unmittelbar nach der Urexplosion (genauer etwa eine Milliardstel Sekunde nach der Urexplosion) zu berechnen. Damit ist eines der elementarsten Anliegen des denkenden Menschen, das Wissen über seine Herkunft und über die Entstehung und Entwicklung des Kosmos, nun ein Gebiet der wissenschaftlichen Forschung geworden.

Das heutige Wissen über die Frühzeit der kosmologischen Entwicklung beruht auf Erkenntnissen sowohl über die kleinsten als auch über die größten Strukturen des Kosmos. Mehr noch: Es stellt eine Synthese dieser beiden Wissensgebiete dar, der Teilchenphysik auf der einen und der Astronomie und Astrophysik auf der anderen Seite. Noch ist es nicht klar, wie es einst zur kosmischen Urexplosion kam und welche physikalischen Prozesse sich dabei abspielten. Es ist jedoch sehr wohl möglich, daß neue Erkenntnisse über die Physik der kleinsten Teilchen in Zukunft hier neue und wesentliche Einsichten beisteuern werden, so die ab etwa 2005 zu erwartenden Resultate der Experimente am LHC-Beschleuniger des CERN bei Genf.

Es ist durchaus nicht nur wissenschaftliche Neugier und der Wunsch, mehr über die uns umgebende Natur zu wissen, die die Physiker heute motiviert, die Geheimnisse der Mikrophysik aufzudecken. Die Erforschung des Mikrokosmos hat im Laufe der vergangenen Jahrhunderte zur Entdeckung vieler neuer Phänomene geführt, etwa der elektromagnetischen Erscheinungen, die das Leben eines jeden heute bestimmen. Am Beispiel der Kernkraft, die eine Folge der starken Wechselwirkung zwischen den Quarks ist, hat es sich gezeigt, daß jede wissenschaftliche Erkenntnis ambivalent ist, kann doch die Kernkraft sowohl für friedliche Zwecke, etwa zur Energiegewinnung, als auch zur Produktion von Waffen ausgenutzt werden. Die neuen Erkenntnisse auf dem Gebiet der Elementarteilchenphysik machen hier keine Ausnahme, wenn auch eine direkte industrielle Anwendung dieser Erkenntnisse heute nicht erkennbar ist.

Ich denke, daß die Ergebnisse der modernen Grundlagenforschung uns heute die Möglichkeit bieten, unsere Stellung und Bedeutung im Kosmos besser zu erkennen. In diesem Sinne sind auch die Erkenntnisse der heutigen Teilchenphysik und der Kosmologie ein Teil der menschlichen Kultur. Die Forschung auf diesem und anderen anscheinend zweckfreien Gebieten gibt uns die Chance, vorurteilsfrei neue Wege zu betreten und damit aktiv die Zukunft zu gestalten.

München, im Juni 1999 Harald Fritzsch

Einführung

Am Anfang ist Neugier

Eine der typischen menschlichen Eigenschaften ist Neugier. Wir interessieren uns für das, was um uns vorgeht, was in der Welt geschieht, was unsere Mitmenschen tun, und vieles mehr. Die Frage, die sich denkende Menschen seit den Anfängen der Zivilisation wohl am meisten gestellt haben, ist die nach dem Aufbau unserer Welt und der uns umgebenden Materie. Denker aller Zeiten haben versucht, durch Nachsinnen über die merkwürdigen Prozesse in der Natur und die Eigenschaften der Stoffe eine Antwort zu finden. In der modernen Zeit werden von öffentlichen und privaten Geldgebern enorme Mittel bereitgestellt, um die Erforschung der Materie voranzutreiben. Ich glaube, daß die Ergebnisse dieser Forschung einen kulturellen Wert an sich darstellen, ebenso wie etwa die Gemälde von Rembrandt oder die Klaviersonaten von Beethoven. Wie jede wirklich schöpferische Tätigkeit verleiht die Erforschung unserer physikalischen Umwelt echte Befriedigung und Freude. Allerdings ist es heute nicht jedem möglich, sich an der Erforschung des Unbekannten in der Natur zu beteiligen. Andererseits nimmt aber jedermann indirekt daran teil, indem er Steuern zahlt und damit gewährleistet, daß Mittel für die immer kostspieliger werdenden Forschungen bereitstehen.

Noch nie war der Abstand zwischen den Denkvorstellungen der Naturforscher und den Vorstellungen des normalen Bürgers so groß wie heute. Die Entfremdung zwischen dem in seine Forschungen vergrabenen Wissenschaftler und dem Nichtspezialisten hat bedrohliche Ausmaße angenommen. Einer der Gründe, warum ich dieses Buch geschrieben habe, sollte sein, dieser Entfremdung entgegenzuwirken. Ich möchte einen Einblick in die moderne Grundlagenforschung der Physik geben, der für jeden gebildeten Menschen mit einigen Grundkenntnissen der Physik verständlich sein sollte. Es gibt nichts Schöneres, als plötzlich eine Sache zu verstehen, über die man tage-, wochen- oder auch jahrelang nachgegrübelt hat. Ich hoffe, der Leser dieses Buches wird etwas davon mitbekommen, wenn er Zeuge wird, wie die Physiker Schritt für Schritt tiefer in die Geheimnisse der Natur eindringen.

Unser Jahrhundert wird in die Geschichte eingehen als die Zeit, in der es den Physikern gelang, die Struktur unserer Welt im Großen und im Kleinen weitgehend zu erforschen. Die Ergebnisse, die wir in den vergangenen Jahrzehnten gewonnen haben, gewähren uns mittlerweile einen tiefen Einblick in den Ablauf der Naturprozesse. Die moderne Astrophysik und Kosmologie beschäftigen sich mit Sternsystemen, Galaxien usw., die unfaßbar weit von uns entfernt sind, und mit den Prozessen, die sich bei der Geburt unseres Universums vor etwa 20 Milliarden Jahren zugetragen haben. Neue, äußerst seltsam erscheinende Objekte wie Pulsare und Quasare wurden entdeckt.

Elementarteilchen und Quarks

Auf der anderen Seite untersuchen die Elementarteilchenphysiker die Struktur der Materie bei Distanzen, gegenüber denen die Dimensionen eines Atoms als riesig erscheinen. Neue, fast mystisch wirkende Objekte wurden gefunden – die Quarks, mit denen ich mich in diesem Buch näher beschäftigen werde.

Der tiefe Einblick in die Naturprozesse, den uns die moderne Naturwissenschaft und speziell die Physik heute vermitteln, ist im Grunde der Triumph der rationalen Denkauffassung, die vor mehr als 2000 Jahren von den griechischen Philosophen wie Thales, Heraklit, Plato oder Aristoteles begründet wurde. Vor etwa 500 Jahren wurde dieser Denkauffassung die Methodik der modernen Naturwissenschaft hinzugefügt, nämlich die Methode, spezifische Fragen an die Natur zu stellen, indem man Experimente durchführt. Galileo Galilei hat durch seine berühmt gewordenen Experimente die Geburt der modernen Physik eingeleitet.

Die ersten Experimente

Die ersten Experimente in der Physik wurden ohne oder nur mit sehr primitiven Mitteln durchgeführt. So ließ Galilei Kugeln verschiedener Größe und Beschaffenheit eine schräge Fallrinne hinunterrollen. In Ermangelung einer Uhr benutzte er bei manchen seiner Experimente den Pulsschlag zur Zeitmessung.

Gegenüber diesen primitiven Hilfsmitteln sehen die gigantischen Versuchsapparaturen der modernen Physik, zum Beispiel die Teilchenbeschleuniger am CERN bei Genf, wie etwas qualitativ Neues aus. Im Grunde ist jedoch das Prinzip das gleiche geblieben. Unter bestimmten Versuchsbedingungen stellt man eine spezifische Frage an die Natur: Man führt ein Experiment durch.

Zu Beginn dieses Jahrhunderts entstanden zwei Theoriegebäude, welche die Entwicklung der Physik seit etwa 1910 in entscheidender Weise beeinflußt haben: die Quantentheorie und die Relativitätstheorie.

Die Relativitätstheorie, im Jahre 1905 von dem am Berner Patentamt beschäftigten 26 Jahre alten Albert Einstein formuliert, hatte eine Revolutionierung unseres Denkens über Raum und Zeit zur Folge. Bei großen Geschwindigkeiten gelten unsere intuitiven Vorstellungen von Raum und Zeit, die Isaac Newton in mathematischer Form angegeben hatte, nicht mehr. Eine spezielle Konsequenz der Relativitätstheorie ist, daß es eine maximale Geschwindigkeit gibt, nämlich die des Lichts, genannt c (etwa 300000 km/sec). Kein Körper kann sich mit einer Geschwindigkeit bewegen, die größer als c ist. Eine andere Konsequenz ist die Nichterhaltung der Masse. In der üblichen nichtrelativistischen Mechanik erwartet man, daß die Masse eines aus zwei Teilen zusammengesetzten Objekts gleich der Masse der Teile ist. Wenn wir zum Beispiel zwei Stahlkugeln, jede mit einer Masse von 1 kg, zusammenfügen, erwarten wir, daß das zusammengesetzte System insgesamt die Masse von 2 kg hat. In der Relativitätstheorie gilt dies nicht mehr; Masse kann sowohl vernichtet als auch erzeugt werden. Zum Beispiel kann man die zwei Atomkernteilchen Proton und Neutron zu einem gebundenen System zusammenfügen, dem sogenannten Deuteron. Es erweist sich, daß die Masse des Endprodukts (Deuteron) etwas kleiner ist als die Summe der Massen von Proton und Neutron.

Eins plus eins gibt nicht immer zwei

Während die Relativitätstheorie unsere Begriffe von Raum und Zeit von Grund auf verändert hat, revolutionierte die Quantentheorie unsere Auffassung vom Wissen über die Naturvorgänge. Im Rahmen der Quantentheorie kann man keine absolut gültigen Aussagen mehr machen; man kann nur noch die Wahrscheinlichkeit eines Vorganges beschreiben. Zum Beispiel wissen wir, daß das Neutron, eines der Elementarteilchen, mit denen wir uns später im einzelnen beschäftigen werden, kein stabiles Objekt ist. Es zerfällt vielmehr innerhalb einer gewissen Zeit, wobei als Endprodukte ein Proton und andere Teilchen »erzeugt« werden.

Nichts ist sicher

Nun erweist es sich als unmöglich, eine genaue Zeit anzugeben, nach deren Ablauf das Neutron zerfallen ist. Man kann nur eine Wahrscheinlichkeit angeben. Man sagt zum Beispiel: Es besteht eine Wahrscheinlichkeit von 50%, daß ein Neutron nach Ablauf von 10 Minuten zerfallen ist. (Diese Zeit nennt man die Halbwertszeit.) Dies heißt insbesondere, daß bei Betrachtung von einer großen Zahl von Neutronen nach Ablauf von 10 Minuten etwa die Hälfte der Neutronen zerfallen ist. Zum Beispiel erwarten wir, daß von 1000 Neutronen nach Ablauf von 10 Minuten nur noch etwa 500 Neutronen »am Leben« sind. Nach den nächsten 10 Minuten sind weitere 250 Neutronen zerfallen usw.

Zerfallendes Neutron

Die Wahrscheinlichkeitsgesetze der Quantenmechanik erlauben es also, Aussagen über viele Zustände, hier über viele Neutronen, zu machen. Es ist jedoch nicht möglich, etwas Definitives über ein einzelnes Neutron zu sagen. So ist die Wahrscheinlichkeit, daß ein Neutron zerfällt, nach Ablauf von Minuten nicht etwa größer als vorher. Ein Neutron wird nicht älter.

Neutronen altern nicht

Im Rahmen der Quantenmechanik, die Mitte der zwanziger Jahre insbesondere von Max Born, Werner Heisenberg und Pascual Jordan entwickelt wurde, ist eine strenge Voraussage für einen physikalischen Prozeß unmöglich. Man kann nur sagen: Die Wahrscheinlichkeit, daß dies und dies passiert, ist so und so groß. Man wird an ein Roulette erinnert, bei dem jeder, der etwas von Wahrscheinlichkeit versteht, sich seine Gewinnchancen ausrechnen kann. (Im Interesse des betreffenden Spielkasinos sind diese natürlich möglichst klein.)

Man hat wiederholt versucht, die Wahrscheinlichkeitsaussagen der Quantentheorie als die Konsequenz unserer Unkenntnis über die betreffenden Elementarprozesse zu interpretieren. So könnte man sich vorstellen, daß ein Neutron im Grunde ein recht kompliziertes Gebilde ist, in dem irgendwelche unbekannten Prozesse ablaufen. Ein Neutron würde dann zerfallen, wenn ein ganz bestimmter Prozeß stattfindet. Die Unkenntnis über diese Prozesse würde dann einen äußeren Beobachter zwingen, nur Wahrscheinlichkeitsaussagen zu machen. Wenn es aber gelingen würde, die im Inneren des Neutrons ablaufenden Prozesse sichtbar zu machen, zum Beispiel durch ein spezielles Mikroskop, wäre ein in solcher Weise privilegierter Beobachter in der Lage, genau den Zeitpunkt zu nennen, wann das von ihm betrachtete Neutron zerfällt.

Wir glauben heute, daß die Wahrscheinlichkeitsaussagen der Quantentheorie nicht einer Unkenntnis über die entsprechenden Elementarvorgänge entspringen, sondern daß diese eine absolute Grenze an unsere Erkenntnisfähigkeit setzen. Es wird niemals möglich sein, mit absoluter Sicherheit zu sagen, wann ein bestimmtes Neutron zerfällt. So setzt die Quantentheorie eine feste Grenze, ebenso wie die Relativitätstheorie, welche die Lichtgeschwindigkeit als maximale Geschwindigkeit in der Natur festlegt. Die Begrenzung unserer Erkenntnisfähigkeit durch die Quantentheorie haben viele Physiker nur sehr schwer akzeptiert, selbst Physiker, die zu Beginn entscheidende Beiträge zur Quantentheorie geleistet haben, wie zum Beispiel Albert Einstein. So hat Einstein bis an sein Lebensende die Wahrscheinlichkeitsinterpretation der Quantentheorie bezweifelt, was zum Beispiel in seinem berühmten Satz »Gott würfelt nicht« zum Ausdruck kommt.

Grenzen der Erkenntnis

Trotzdem hat sich mittlerweile die Wahrscheinlichkeitsinterpretation durchgesetzt. Im Grunde ist die Wahrscheinlichkeitsinterpretation der Naturvorgänge durch die Quantentheorie eine Konsequenz der Unvollkommenheit unserer Begriffe. Die üblichen Begriffe der Physik sind ja definiert und eingeführt durch unsere Erfahrungen in der makroskopischen Physik. Es ist vielleicht nicht verwunderlich, daß diese Begriffe sich nicht ohne Schwierigkeiten auf den Bereich der Atome, Elementarteilchen usw. übertragen lassen. Die Wahrscheinlichkeitsinterpretation der Quantenphysik ist eine Möglichkeit, die mikroskopischen Prozesse zu beschreiben, ohne auf die gewohnten Begriffe der makroskopischen Physik, wie etwa Ort, Geschwindigkeit, Masse, zu verzichten. Wenn wir dies tun, müssen wir allerdings einen Kompromiß eingehen.

Die Begriffe sind unscharf

So ist es zum Beispiel nicht möglich, gleichzeitig den Ort und die Geschwindigkeit eines Elementarteilchens, zum Beispiel eines Protons, exakt anzugeben, etwas, das uns im Falle eines makroskopischen Objekts ganz natürlich erscheint. Jedermann weiß beispielsweise, was gemeint ist, wenn man sagt: ein Auto fährt mit der Geschwindigkeit von 50 km/h über den Stachus in München. Dies heißt: wir wissen, daß das Auto die Geschwindigkeit von 50 km/h hat und daß es sich zum betreffenden Zeitpunkt am Stachus befindet; wir kennen den Ort und die Geschwindigkeit des Autos. Im Falle eines Elementarteilchens kann man jedoch nicht ohne weiteres Ort und Geschwindigkeit angeben. Um zu sehen, worin die Schwierigkeit besteht, betrachten wir erneut das oben angegebene Beispiel. Die Geschwindigkeit des Autos kann man messen, indem man Radarwellen auf das Auto lenkt und die vom Auto reflektierten Wellen untersucht (eine bei der Verkehrspolizei beliebte Methode). Den Ort des Autos kann man leicht feststellen, indem man das Auto mit dem Auge verfolgt oder, physikalisch gesprochen, indem man dem Auge die Gelegenheit bietet, die vom

Ort und Geschwindigkeit

Signale sind wichtig

Auto ausgesandten Lichtsignale zu empfangen. Man bemerkt, daß sowohl bei der Geschwindigkeitsbestimmung als auch bei der Ortsbestimmung vom Auto ausgesandte Signale eine Rolle spielen, speziell die oben erwähnten Lichtsignale. Solche Signale stellen aber eine bestimmte Form von Energie und Impuls dar. Zum Beispiel beeinflußt das zur Geschwindigkeitsmessung benutzte Radarsignal den Bewegungszustand des Autos. Wenn das Signal auf das Auto trifft und reflektiert wird, erhält das Auto einen (wenn auch sehr kleinen) Impuls. Falls das Signal von hinten auf das Auto trifft, wird das letztere etwas in seiner Bewegung beschleunigt. Allerdings ist diese Beschleunigung so winzig, daß sie vollständig vernachlässigt werden kann. (Andernfalls könnte ein in eine Radarfalle geratener Autofahrer vor Gericht mit gutem Grund behaupten, die auf sein Auto gerichteten Radarwellen seien die Ursache der angezeigten überhöhten Geschwindigkeit gewesen.) Die Möglichkeit, die Energien und die Impulse der benutzten Signale zu vernachlässigen, ist genau der Grund dafür, daß man ohne Schwierigkeiten sowohl die Geschwindigkeit als auch den Ort eines fahrenden Autos zu jedem beliebigen Zeitpunkt bestimmen kann.

Im Falle eines Elementarteilchens geht dies jedoch nicht mehr. Betrachten wir zum Beispiel ein Proton, das sich an irgendeinem Punkt des Raumes befindet. Um den Ort des Protons zu bestimmen, müssen wir ein Experiment durchführen. Zum Beispiel können wir die Lage des Protons feststellen, indem wir es mit Licht bestrahlen. Die Lichtwellen werden vom Proton reflektiert, und aus der Art der Reflexion kann man Schlüsse über die Position des Protons ziehen. Die auftreffenden Lichtwellen beeinflussen aber auch das Proton, das in seinem Bewegungszustand geändert wird. Wenn es vor Eintreffen der Lichtsignale in Ruhe war, dann bewegt es sich danach. Dadurch ist es nicht möglich, neben dem Ort des Protons auch die Geschwindigkeit exakt zu messen. Es ist unmöglich, neben einer genauen Ortsbestimmung auch eine genaue Geschwindigkeitsbestimmung durchzuführen. In gewisser Weise sind die Größen Ort und Geschwindigkeit zueinander komplementär. Wenn man das eine will, muß man beim anderen Abstriche machen. Wenn wir etwa die Geschwindigkeit eines Protons mit sehr großer Genauigkeit feststellen wollen, so können wir dies tun. Jedoch müssen wir in diesem Fall auf eine genaue Kenntnis des Ortes verzichten.

Unschärfen und ihre Beziehungen

Die Wichtigkeit dieser komplementären Beziehungen zwischen den verschiedenen physikalischen Größen (wie hier erläutert für den Fall von Ort und Geschwindigkeit) wurde zuerst von Werner Heisenberg voll erkannt; die Relationen zwischen den jeweiligen Grenzen der Genauigkeiten der verschiedenen Größen nennt man die »Unschärferelationen«. Quantitativ sind die Unschärfen der physikalischen Größen durch eine Naturkonstante bestimmt, die zuerst von Max Planck Anfang dieses Jahrhunderts in die Physik eingeführt wurde, die Plancksche Konstante h. Diese Konstante ist von fundamentaler Bedeutung für die Quantenphysik. Experimentell ist h bestimmt zu $6.6 \cdot 10^{-34}$ Watt $(\text{Sekunde})^2$. Wie man sieht, ist die Konstante h äußerst klein. Diesem Umstand ist es zu verdanken, daß wir in unserer täglichen Erfahrung von den quantenphysikalischen Unschärfen der physikalischen Begriffe nichts verspüren. Zum Beispiel gibt es auch eine Unschärfe in der Orts- und Geschwindigkeitsbestimmung eines fahrenden Autos. Allerdings sind diese Unschärfen so klein (die Ortsunschärfe ist zum Beispiel viel kleiner als die Größe eines Atoms), daß man sie für praktische Belange völlig vernachlässigen kann.

Die Quantentheorie und in gewissem Maße auch die Relativitätstheorie haben uns die Möglichkeit gegeben, die Struktur der Atome zumindest im Prinzip zu verstehen. So hat sich etwa seit 1950 die physikalische Grundlagenforschung auf die Untersuchung der kleinsten Bausteine der Materie, der Elementarteilchen, spezialisiert. Speziell seit etwa 1969 wurden viele wichtige und interessante Entdeckungen in der Hochenergiephysik oder Elementarteilchenphysik gemacht, und heute hat es den Anschein, als ob die Physiker dabei sind, in der Erforschung unserer physikalischen Umwelt einen großen Sprung vorwärts zu machen.

Elementarteilchen sorgen für Überraschungen

In diesem Buch möchte ich die neuen Entwicklungen beschreiben, die seit Beginn der siebziger Jahre die Elementarteilchenphysik von Grund auf verändert haben. Es ist sehr wohl möglich, daß die neuen Entwicklungen in der Elementarteilchenphysik eine ähnliche Bedeutung für die künftige Entwicklung der Physik haben wie die Aufstellung der Quantenmechanik in den Jahren 1920 bis 1930. Jedenfalls fühlen viele Physiker, die aktiv in der Hochenergiephysik tätig sind, daß sich in den vergangenen zehn Jahren etwas Wichtiges vollzogen hat. Aus diesem Grunde werde ich meine Beschreibung der Entwicklung der Physik der Elementarteilchen mit einer knappen Skizze der Situation beginnen, in der sich die Physik am Anfang dieses Jahrhunderts befand. Die Betonung dieses Buches liegt in der Darlegung des Konzepts der Quarks und unserer heutigen Vorstellungen über die Struktur der Materie bei sehr kleinen Distanzen.

Quarks und die Struktur der Materie

Das allgemeine Thema dieses Buches ist die Hochenergiephysik oder Elementarteilchenphysik. Die

Aufgabe der Hochenergiephysiker ist die Untersuchung der Phänomene, die sich in der Gegenwart höchster Energien vollziehen, das heißt von Energien, die viel größer sind als die Energien, die typischerweise in der Atomphysik oder der Kernphysik vorkommen. Man testet in den Experimenten der Hochenergiephysiker das Verhalten der Materie unter sehr ungewöhnlichen Bedingungen, unter Bedingungen, die unter Umständen so extrem sind, daß neue Naturgesetze wichtig werden, die man bislang nicht gekannt hat.

Materie unter extremen Bedingungen

In den Beschleunigerlaboratorien werden Teilchen, im allgemeinen Protonen oder Elektronen, zu enorm hohen Energien beschleunigt, Energien, die so groß sind, daß die Teilchen sich im wesentlichen mit Lichtgeschwindigkeit bewegen. Gemäß dem Einsteinschen Relativitätsprinzip muß die Geschwindigkeit eines Teilchens immer kleiner als die Lichtgeschwindigkeit sein. Die Geschwindigkeit der Teilchen in den Beschleunigerlabors ist deswegen etwas kleiner als die Lichtgeschwindigkeit, allerdings nur um einen winzigen Bruchteil. (So werden zum Beispiel am HERA-Beschleuniger in Hamburg Elektronen bis auf eine Geschwindigkeit von 0.99999999999 der Lichtgeschwindigkeit beschleunigt.) Die beschleunigten Teilchen prallen anschließend gegen ein Stück Materie (das sogenannte »Target«, zum Beispiel ein Block Eisen) oder gegen ein anderes beschleunigtes Teilchen. Während eines solchen Zusammenstoßes finden im allgemeinen recht komplizierte Reaktionen statt, und es ist die Aufgabe der Elementarteilchenphysiker, herauszufinden, was bei einem solchen Zusammenstoß wirklich passiert.

Zusammenstöße von Elementarteilchen

In den vergangenen zwanzig Jahren ist die experimentelle Forschung auf dem Gebiet der Hochenergie-

Abb. 0-1 Luftbild des Genfer Beckens. Im Vordergrund ist das CERN-Gelände bei Meyrin zu sehen. Im Hintergrund sieht man den Genfer Flughafen, die Stadt Genf mit dem Ende des Sees und die Alpen (Foto CERN).

Abb. 0-2 Ein Luftbild des Fermi National Accelerator Laboratory in der Nähe von Chicago. Deutlich ist der ringförmige Protonenbeschleuniger zu sehen (Foto FNAL).

physik sehr aufwendig und kostspielig geworden, so daß sich kleinere Länder kaum noch eigene Forschungslaboratorien leisten können. Aus diesem Grunde spielt sich heute die eigentlich wichtige Forschung nur noch in größeren, meist internationalen Forschungszentren ab. Die führenden Laboratorien, an denen Protonen auf hohe Energien beschleunigt werden, sind das Europäische Kernforschungszentrum CERN bei Genf (siehe Abb. 0-1) und das Fermi National Accelerator Laboratory (FNAL) in den USA in der Nähe von Chicago (siehe Abb. 0-2).

CERN
FNAL

Die wichtigen Entdeckungen zu Beginn der siebziger Jahre wurden jedoch nicht in den Beschleunigerlabors gemacht, in denen man mit beschleunigten Protonen experimentiert, sondern an den Elektronenbeschleunigern. Die letzteren sind in der Lage, Elektronen oder deren Antiteilchen, die Positronen, zu sehr hohen Energien zu beschleunigen. Die führenden Laboratorien auf diesem Gebiet sind das Stanford Linear Accelerator Center (SLAC) in Palo Alto, Kalifornien (Abb. 0-3), und das DESY-Laboratorium in Hamburg (Abb. 0-4). Ich selbst habe oft an diesen Laboratorien gearbeitet und habe von der Forschungsatmosphäre, die an diesen Laboratorien herrscht, viel profitiert. Ohne diese und ohne die stimulierenden Diskussionen mit Kollegen am CERN, FNAL, SLAC oder DESY wäre ich wohl kaum auf die Idee gekommen, dieses Buch zu schreiben. Ich möchte diese Gelegenheit nutzen, um den Physikern an den genannten Laboratorien für die wertvolle Hilfe zu danken, die ich beim Schreiben des Buches erfahren habe.

SLAC
DESY

Abb. 0-4 Luftbild von DESY und Umgebung in Hamburg. Eingezeichnet sind der Speicherring PETRA und die neue HERA-Maschine. (Foto Nr. 312/82 Luftamt Hamburg)

Abb. 0-3 Das Stanford Linear Accelerator Center bei Palo Alto in Kalifornien. Deutlich ist die einige Kilometer lange Beschleunigungsstrecke zu erkennen, auf der Elektronen bis auf Energien von etwas über 20 Gigaelektronenvolt beschleunigt werden können. Die Autobahn von San Francisco nach San José kreuzt die Beschleunigungsstrecke (Foto SLAC).

1. Ein Blick in das Innere des Atoms

Heute wissen wir, daß die gesamte uns umgebende Materie, eingeschlossen wir selbst, aus Atomen besteht. Im allgemeinen existieren die Atome nicht frei, sondern sind gebunden in Form von Molekülen. Auf diese Weise erhält man die reiche Anzahl von verschiedenen Stoffen, die wir beobachten. Die Wissenschaft, die sich mit der Bindung der verschiedenen Atome zu Molekülen befaßt, ist die Chemie. Für den Physiker ist die Chemie heutzutage nicht mehr interessant; zumindest kann man nicht erwarten, daß auf diesem Gebiet bzw. in der Molekülphysik noch neue, bisher unbekannte physikalische Gesetze entdeckt werden. Heutzutage sind die Physiker nicht mehr an Molekülen oder Atomen als Objekte an sich interessiert, sondern befassen sich mit dem Aufbau der Atome und der Teilchen, aus denen die Atome ihrerseits bestehen.

Wie groß sind Atome?

Die Atomvorstellung wurde ursprünglich im Laufe des vergangenen Jahrhunderts durch die Chemiker eingeführt, um die eigentümlichen Gesetze der verschiedenen chemischen Reaktionen, die man beobachtete, zu verstehen. Für die Chemiker dieser vergangenen Periode waren die Atome einfach kleine Stücke von Materie in Kugelform, mit ganz bestimmten Eigenschaften und mit einem Radius von der Größenordnung von etwa 10^{-8} cm (das heißt $1/100000000$ eines Zentimeters). Daraus folgt, daß hundert Millionen Atome, eng aneinandergereiht, die Länge von 1 cm ergeben.

Die Frage, die Anfang dieses Jahrhunderts von den Physikern gestellt wurde, war: Haben die Atome eine innere Struktur, oder sind sie strukturlos? Wie verteilt sich die Materie innerhalb eines Atoms? Um diese Fragen zu beantworten, wurden Experimente durchgeführt, die denjenigen sehr ähnlich sind, die heute mit Hilfe von Teilchenstrahlen an den großen Beschleunigerlaboratorien durchgeführt werden. Natürlich hatte man zu Beginn dieses Jahrhunderts keine Beschleuniger, mit denen man Teilchenstrahlen von hoher Energie herstellen konnte. Man behalf sich, indem man α-Teilchen benutzte. (Gewisse radioaktive Substanzen senden Strahlen aus, die aus positiv geladenen Teilchen, den sogenannten α-Teilchen, bestehen.) Die α-Teilchen ließ man durch ein Stück Materie, ein dünnes Blättchen Metall, dringen. Bei ihrer Reise durch das Metall treffen sie ab und zu auf ein Atom. Falls die Materie innerhalb eines Atoms mehr oder weniger gleichförmig verteilt ist, würde man erwarten, daß ein α-Teilchen während eines solchen Zusammenstoßes nur wenig seine Richtung ändert, zum Beispiel wie eine Geschoßkugel, die durch ein Medium, etwa Wasser, fliegt. Das Geschoß wird durch die Resistenz des Mediums nach einer gewissen Zeit zwar etwas langsamer werden, es wird aber niemals seine Flugrichtung abrupt ändern.

Blick in das Innere der Atome

Penetrante α-Teilchen

Die Experimente ergaben verblüffende Resultate. Oft geschah es zwar, daß die α-Teilchen quasi ungestört durch die Materie hindurchflogen. Manchmal jedoch änderten die α-Teilchen beim Durchgang durch die Materie ihre Flugrichtung ganz abrupt (siehe Abb. 1-1). Genaue Messungen dieser Richtungsänderungen ergaben, daß die α-Teilchen sich so verhielten, als würden sie mit kleinen Objekten innerhalb der Atome zusammenstoßen. Diese Objekte sind viel kleiner als die Atome; sie haben eine Ausdehnung von etwa 10^{-12} cm; das heißt, sie sind etwa zehntausendmal kleiner als die Atome.

Weiterhin fand man, daß diese Objekte praktisch die gesamte Masse des Atoms beinhalten. Aus diesem Grunde nannte man sie Atomkerne. Diesem Bild entsprechend, sind die Atome praktisch leer. Fast die gesamte Masse ist im Kern enthalten. Das folgende Bild mag die Situation etwas besser veranschaulichen. Wenn wir uns den Atomkern als ein Objekt von der Größe eines normalen Fußballs vorstellen, so

Atomkerne

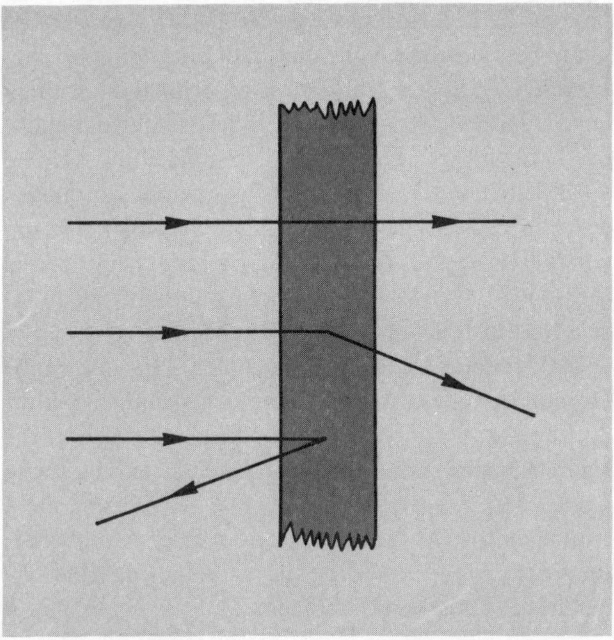

Abb. 1-1 Der Durchgang von α-Teilchen durch eine dünne Metallfolie (schematisch). Manchmal werden die Teilchen unter einem großen Winkel abgelenkt.

hat das Atom selbst eine Ausdehnung von einem Kilometer.

Die genaue Analyse der Streuexperimente, die oben erwähnt wurden, führte schließlich zu Anfang dieses Jahrhunderts zum Atommodell von Ernest Rutherford und Niels Bohr. Hiernach bestehen die Atome aus einem positiv geladenen Kern, der mehr als 99 % der Gesamtmasse des Atoms besitzt. Der Atomkern ist von der aus negativ geladenen Elektronen bestehenden Hülle umgeben. Elektronen sind sehr leichte Elementarteilchen (das heißt Teilchen von sehr geringer Masse). In der Hochenergiephysik ist es üblich, alle Massen in Energieeinheiten auszudrücken, gemäß der Äquivalenz von Masse und Energie. Demzufolge beträgt die Elektronmasse etwa 0.5 MeV (ein MeV ist ein Megaelektronenvolt, das heißt eine Million Elektronenvolt). Später werden wir manchmal die Einheit GeV benutzen. Ein GeV ist ein Gigaelektronenvolt, das heißt 10^9 eV. Es ist natürlich möglich, die Masse eines Elektrons in üblichen Masseneinheiten auszudrücken, nur ist dies wenig sinnvoll, da man eine unvorstellbar kleine Zahl erhält. Ein Elektron hat die Masse $9 \cdot 10^{-28}$ g. Man sieht: Elektronen sind in der Tat sehr leichte Teilchen.

Atome sind leer

Energie und Masse

Elektronen sind elektrisch geladen. Die elektrische Ladung der Elektronen ist eine der wichtigen Naturkonstanten. Da alle Elektronen die gleiche elektrische Ladung tragen, sagt man auch: die elektrische Ladung der Elektronen ist quantisiert. Die Atome sind elektrisch neutral; die elektrische Ladung der Atomkerne, die positiv ist, muß die elektrische Ladung der Elektronen in der Hülle exakt aufheben.

Im Laufe der ersten Hälfte dieses Jahrhunderts wurden die Atomkerne genau untersucht. Sie erwiesen sich als recht komplizierte Gebilde, bestehend aus zwei Arten von Elementarteilchen, nämlich den positiv geladenen Protonen und den neutralen Neutronen (beide Teilchen werden manchmal unter dem Namen »Nukleonen« zusammengefaßt). Die elektrische Ladung der Protonen ist exakt gleich der elektrischen Ladung der Elektronen (abgesehen vom Vorzeichen). Die Nukleonen sind viel schwerer als die Elektronen. Sie haben eine Masse, die 940 MeV entspricht; das heißt, die Nukleonen sind ungefähr zweitausendmal schwerer als Elektronen. In guter Näherung sind die Massen der Neutronen und Protonen gleich (das Neutron ist nur etwa 1.3 MeV schwerer als das Proton).

Elektronen, Protonen, Neutronen

Es ist in der Tat bemerkenswert, daß die elektrischen Ladungen des Protons und des Elektrons gleich sind, abgesehen vom Vorzeichen. Ansonsten sind die Elektronen und Nukleonen in ihren physikalischen Eigenschaften sehr verschieden, was man bereits an der Verschiedenheit ihrer Masse erkennt. Trotzdem muß es zwischen Elektronen und Protonen etwas Gemeinsames geben, was die Gleichheit der elektrischen Ladung und das entgegengesetzte Vorzeichen der Ladung in den beiden Fällen bewirkt.

Die Physiker haben natürlich nach diesem gemeinsamen Etwas geforscht – bislang ohne Ergebnis. Es scheint so, als ob es zwischen Elektronen und Protonen nichts Gemeinsames gäbe, aus dem man auf die Ladungsquantisierung schließen könnte. Obwohl die Elementarteilchenphysiker heute bereits viel über die Eigenschaften und die Struktur der Elektronen und Protonen herausgefunden haben, hat man bis heute nicht verstanden, warum die elektrische Ladung in quantisierter Form existiert. Wir werden im Laufe unserer Untersuchung auf dieses fundamentale Problem zurückkommen.

Quantisierung der elektrischen Ladung

Das bei weitem einfachste Atom ist das Wasserstoffatom. Sein Atomkern besteht nur aus einem einzigen Proton, und seine Atomhülle besteht nur aus einem einzigen Elektron, das sich mehr oder weniger im Kreis um das Proton herum bewegt. Dies zumindest war die Vorstellung, die der englische Atomphysiker Rutherford hegte, als er seine berühmten Experimente mit den α-Teilchen, die oben näher behandelt wurden, durchgeführt hatte. Nun besteht aber in diesem einfachsten Atommodell eine fundamentale Schwierigkeit. Nach den Gesetzen der Elektrodynamik strahlt nämlich ein elektrisch geladenes Objekt, das sich auf einer Kreisbahn bewegt, laufend elektromagnetische Strahlung ab. Da elektromagnetische Strahlung, wie auch zum Beispiel Licht, weiter nichts ist als eine besondere Form von Energie, würde dies bedeuten, daß das Elektron im Wasserstoffatom laufend Energie verliert. Diese Energie müßte der Bahnbewegung des Elektrons entzogen werden. Dies würde bedeuten, daß das Elektron Energie verliert, und demzufolge müßte das Elektron schließlich immer näher an das Proton herankommen und am Ende in den Atomkern, also in das Proton, hineinstürzen. Dies steht im eklatanten Widerspruch zu den experimentellen Tatsachen. Man kann nämlich relativ leicht berechnen, wie lange ein Wasserstoffatom existieren würde, bis das Elektron schließlich in den Kern hineingestürzt ist. Das Resultat ist verblüffend, denn man findet, daß die dazu erforderliche Zeit nicht einmal eine Sekunde beträgt. Auf der anderen Seite wissen wir jedoch, daß Wasserstoffatome viel länger als eine Sekunde existieren. Nach allem, was wir wissen, bestehen Wasserstoffatome praktisch eine unendlich lange Zeit. Es muß also ein Mechanismus existieren, der die Elektronen stabil auf ihrer Bahn kreisen läßt.

Warum strahlen Atome nicht?

Dieser Mechanismus wird von der Quantentheorie

geliefert. Die Quantenmechanik sagt nämlich aus, daß die Elektronen sich nur auf ganz spezifischen Bahnen bewegen dürfen (den sogenannten stationären Zuständen). Wenn sich ein Elektron auf einer solchen Bahn bewegt, gibt es keine elektromagnetische Strahlung ab, und die entsprechende Bahn ist dann stabil; das heißt, das Elektron hat die Möglichkeit, sich relativ lange auf dieser Bahn zu bewegen.

Elektronen auf Ruhestation

Weiterhin sagt die Quantentheorie, daß es im Falle des Wasserstoffatoms eine sehr große Anzahl (genauer gesagt eine unendliche Anzahl) von möglichen stationären Bahnen gibt (Abb. 1-2). Das Besondere ist, daß die stationären Bahnen der Elektronen ganz bestimmten Energiezuständen der Elektronen entsprechen. Speziell gibt es eine stationäre Bahn, die der niedrigsten möglichen Energie entspricht. Man nennt diese

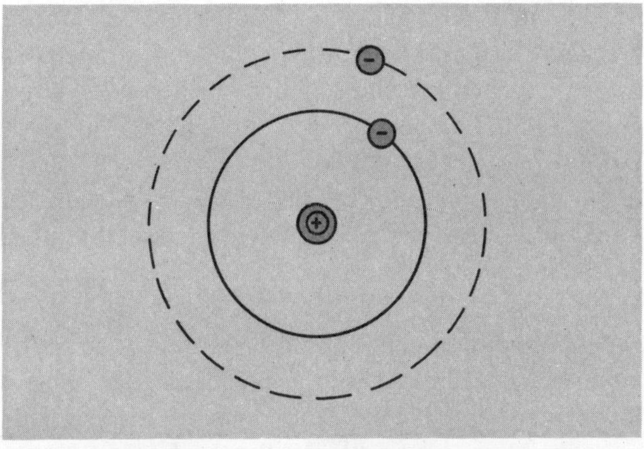

Abb. 1-2 Eine schematische Darstellung des Wasserstoffatoms. Im Mittelpunkt befindet sich das Proton als Atomkern. Das Elektron befindet sich im allgemeinen auf der Bahn mit niedrigster Energie, bei der es dem Proton am nächsten kommt. Führt man dem Elektron genügend viel Energie zu, so kann es auf stationäre Bahnen übergehen, denen eine größere Energie entspricht (punktierter Kreis). Dabei entfernt sich das Elektron vom Kern.

Bahn den sogenannten Grundzustand des Wasserstoffatoms. Wenn man einem Wasserstoffatom, das sich im Grundzustand befindet, Energie zuführt, zum Beispiel in Form von elektromagnetischer Strahlung, dann kann es passieren, daß das Elektron von seiner niedrigsten in eine höhere Bahn springt; man bezeichnet dies als eine »Anregung« des Wasserstoffatoms. Damit so eine Anregung erfolgt, muß man dem Wasserstoffatom genau die Energie zuführen, die für den Übergang zwischen den beiden Bahnen notwendig ist.

Angeregte Atome

Was passiert nun, wenn das Elektron sich auf einer der angeregten Bahnen befindet? Das Elektron verweilt nur sehr kurze Zeit in einer solchen Bahn, nämlich etwa eine hundertmillionstel Sekunde, und fällt dann wieder auf die Bahn des Grundzustandes zurück, wobei genau die Energiedifferenz zwischen den beiden Zuständen in Form von elektromagnetischer Energie, also zum Beispiel auch in Form von Licht, ausgestrahlt wird. So rührt das Licht, das wir durch eine Neonröhre erzeugen, von Elektronen her, die in den Atomen des Neons zwischen verschiedenen möglichen stationären Bahnen »hin und her springen« und dabei Energie in Form von Licht ausstrahlen.

Wir haben oben erwähnt, daß die verschiedenen stationären Bahnen des Elektrons im Wasserstoffatom durch bestimmte Energien charakterisiert werden können.

Nun erweist es sich, daß im Falle des Wasserstoffatoms die Angabe der Energie nicht ausreicht, um die Bewegungsbahn des Elektrons eindeutig zu charakterisieren. Hierzu braucht man noch eine bestimmte Anzahl von anderen Angaben. Speziell lassen sich die verschiedenen Bahnen noch durch die Angabe des Drehimpulses des Elektrons beschreiben. (Der Drehimpuls ist eine physikalische Größe, die angibt, wie schnell sich das Elektron um das Proton herumbewegt.) Im Rahmen der Quantentheorie erweist es sich, daß der Drehimpuls des Elektrons im Wasserstoffatom neben Null nur ganz bestimmte diskrete Werte annehmen kann. Diese Drehimpulse sind alle Vielfache eines bestimmten kleinsten möglichen Drehimpulses, der durch die bereits erwähnte Plancksche Konstante gegeben ist, nämlich $h/2\pi$ (diese Größe bezeichnet man meist durch das Symbol $\hbar$). So gibt es neben Null die möglichen Drehimpulse $\hbar$, $2\hbar$, $3\hbar$ usw.

Drehimpulse sind diskret

Nun hat ein Elektron im Wasserstoffatom auch die Möglichkeit, sich um sich selbst zu drehen; das heißt, es kann einen Eigendrehimpuls haben. Wenn wir uns das Elektron als eine kleine Kugel vorstellen, die sich um sich selbst dreht, so kann natürlich der Eigendrehimpuls des Elektrons beliebige Werte annehmen. Dies ist jedoch im Rahmen der Quantentheorie nicht mehr möglich. Man findet, daß der Eigendrehimpuls eines Elektrons immer $\frac{1}{2}\hbar$ ist, das heißt halb so groß wie der kleinste von Null verschiedene Bahndrehimpulswert. Da der Drehimpuls im allgemeinen und speziell der Eigendrehimpuls des Elektrons eine gerichtete Größe ist (Vektor), gibt es insgesamt zwei Möglichkeiten für den Eigendrehimpuls eines Elektrons, nämlich $+\frac{1}{2}\hbar$ und $-\frac{1}{2}\hbar$. Man spricht auch hier von zwei möglichen Zuständen des Elektrons.

Für den Eigendrehimpuls eines Elektrons hat sich eine spezielle Bezeichnung eingebürgert; man nennt ihn Spin. In diesem Fall kann man sagen, ein Elektron befindet sich in zwei möglichen Spinzuständen. Der Spin kann entweder in eine bestimmte Richtung oder in die dazu entgegengesetzte Richtung zeigen. Dies ist in Abbildung 1-3 veranschaulicht. Wie bereits erwähnt, läßt sich ein Elektron im Atomverband durch die Angabe verschiedener Zahlen, zum Beispiel durch

Was ist Spin?

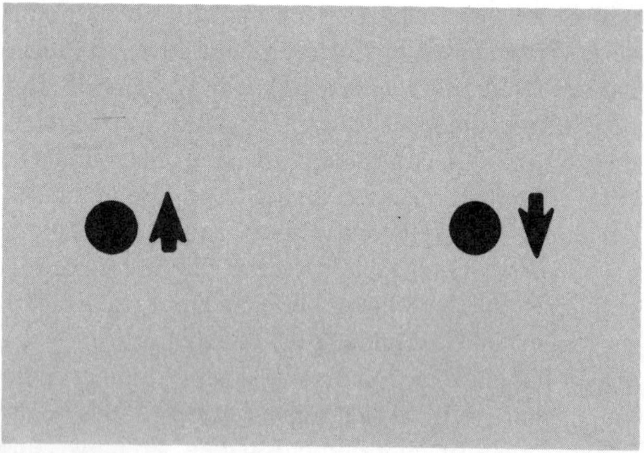

Abb. 1-3 Ein Elektron kann sich in zwei Spinzuständen befinden, nämlich: 1. Spin nach oben, 2. Spin nach unten. Der Spin ist durch den Pfeil veranschaulicht. Jede andere Spinrichtung kann man durch eine geeignete Überlagerung der beiden skizzierten Fälle beschreiben.

die Angabe seines Drehimpulses und seines Spins, eindeutig charakterisieren. Diese Zahlen nennt man Quantenzahlen.

Zwei Spins für ein Elektron

Als man etwa in der Zeit zwischen 1910 und 1925 die Atome genauer studierte, insbesondere die verschiedenen Energiezustände, stellte man sehr eigentümliche Regeln fest. Etwa in der Mitte der zwanziger Jahre fand der damals 25jährige Wolfgang Pauli heraus, daß sich die meisten bisher unverstandenen Regeln verstehen lassen, wenn man postuliert, daß zwei Elektronen in einem Atom niemals die gleichen Quantenzahlen haben dürfen. Diese Regel ist natürlich nur relevant, wenn man mehr als ein Elektron im Atomverband hat; das heißt, man muß ein Atom betrachten, das komplexer als das Wasserstoffatom ist. Diese von Pauli gefundene Regel ist als das sogenannte Pauli-Verbot in die Geschichte der Physik eingegangen.

Das Verbot von Pauli

Etwa zu Beginn der vierziger Jahre fand man

schließlich, daß das Pauli-Verbot eine notwendige Konsequenz der Quantenmechanik ist, wenn man diese durch die Relativitätstheorie ergänzt.

Als eine Konsequenz der Quantenmechanik und der Relativitätstheorie gilt sie für alle Teilchen (also nicht nur für das Elektron), deren Spin $\frac{1}{2}\hbar$ ist (oder kurz gesagt Spin $\frac{1}{2}$; man setzt oft die quantenmechanische Einheit $\hbar$ gleich 1). So gilt eine dem Pauli-Verbot für die Elektronen analoge Regel auch für andere Elementarteilchen, wie zum Beispiel die Protonen oder die Neutronen. Sie gilt allerdings nicht für Teilchen, deren Spin 0, 1, 2, 3 ... (also ganzzahlig) ist. Beispiel von solchen Teilchen sind die später betrachteten π-Mesonen, deren Spin 0 ist (das heißt, diese Teilchen haben keinen Eigendrehimpuls), oder für die Lichtteilchen (die Photonen), die den Spin 1 haben.

Da wir uns später mit der Struktur der Elementarteilchen im Rahmen des Quarkmodells beschäftigen wollen, ist es nicht sehr sinnvoll, hier Einzelheiten der Atome und der Atomphysik zu behandeln. Wer sich dafür näher interessiert, ist auf das Buch von Edgar Lüscher verwiesen (siehe Literaturangaben). Ich möchte jedoch kurz auf die Struktur eines besonderen Objektes eingehen, das dem Wasserstoffatom sehr ähnlich ist: auf das sogenannte Positronium.

Positronium ist ein Gebilde, das aus einem Elektron und seinem Antiteilchen, dem sogenannten Positron, besteht (zur Diskussion der Antiteilchen verweisen wir auf das folgende Kapitel). Positronium ist ebenso ein gebundener Zustand wie das Wasserstoffatom, da die elektrische Ladung des Positrons gleich der elektrischen Ladung des Protons ist. Daraus folgt, daß sich ein Elektron und ein Positron elektrisch anziehen, ebenso wie ein Elektron und ein Proton. Der Unterschied zwischen Positronium und einem Wasserstoff- **Positronium** atom besteht im wesentlichen darin, daß das Proton viel schwerer ist als das Elektron und auch als das Positron. (Die Masse eines Teilchens ist immer gleich der Masse des entsprechenden Antiteilchens.) Aus diesem Grunde kann man im Falle von Positronium auch nicht mehr von einem Kern des Atoms sprechen, da sich das Elektron um das Positron bewegt und ebenso das Positron um das Elektron. Beide Konstituenten des Positronium sind also gleichberechtigt.

Man kann Positronium etwa mit einem Doppelsternsystem in der Astronomie vergleichen, das heißt mit einem System, das aus zwei etwa gleich großen Sternen besteht, die sich umeinander bewegen, während man das Wasserstoffatom mit dem System Erde–Sonne vergleichen kann. Im letzteren ist die Bewegung der Sonne im wesentlichen vernachlässigbar, da die Masse der Sonne sehr viel größer ist als die Masse der Erde.

Sterbendes Positronium

Ein weiterer Unterschied zwischen dem Wasserstoffatom und Positronium besteht darin, daß das Wasserstoffatom faktisch unendlich lange lebt (neuere Ergebnisse der Physik deuten allerdings darauf hin, daß die Lebenszeit des Wasserstoffatoms nicht unendlich ist, siehe hierzu unsere Diskussion am Ende des Buches), während die Lebenszeit von Positronium nur sehr kurz ist, weniger als eine millionstel Sekunde. Der Grund hierfür ist die Tatsache, daß Positronium aus einem Teilchen und seinem Antiteilchen besteht. Nun haben Teilchen und Antiteilchen, wenn man sie nahe zueinander bringt, die Tendenz, sich gegenseitig zu annihilieren, sich gegenseitig »aufzufressen«. Dies ist auch hier der Fall. Nur sehr kurze Zeit, nachdem man Positronium im Laboratorium erzeugt hat, zerstrahlt es in elektromagnetische Strahlung, also in eine besondere Form von Licht. Die Umwandlung von Positronium in elektromagnetische Strahlung, das heißt in Energie, ist eines der eindrucksvollsten Beispiele für die direkte Umwandlung von Masse (das heißt von Materie) in Energie, entsprechend der Äquivalenz von Materie und Energie, die von Einstein gefunden wurde.

Übrigens gilt ähnliches für alle Fälle, in denen man Materie und Antimaterie miteinander reagieren läßt. So zerstrahlen zum Beispiel Systeme, die aus Protonen und Antiprotonen bestehen, ebenso in Strahlung wie Positronium. Es ist seit etwa 1980 möglich, Teilchenstrahlen, die aus sehr vielen Antiprotonen bestehen, herzustellen. Wenn man solche Strahlen auf Materie schießt, etwa auf einen Eisenblock, vernichten sich die Antiprotonen und Protonen paarweise. Am Ende erhält man Energie in Form von Strahlung, bestehend aus Photonen, Elektronen, Positronen und den sogenannten Neutrinos.

Materie und Antimaterie vernichten sich gegenseitig

Es ist auch gelungen, im Laboratorium höhere Formen von Antimaterie zu erzeugen. So hat man zum Beispiel Systeme erzeugt, die aus einem Antiproton und einem Antineutron bestehen, das heißt Antideuteronen. Im Prinzip könnte man recht komplizierte Atomkerne, bestehend aus vielen Antiprotonen und Antineutronen, herstellen, wenn es möglich wäre, Antiprotonen und Antineutronen in großen Mengen zu erzeugen und miteinander reagieren zu lassen.

Dies ist jedoch praktisch unmöglich, denn jede Versuchsapparatur, die wir im Laboratorium aufbauen, muß natürlich aus üblicher Materie bestehen. Die Antiteilchen haben jedoch die Tendenz, mit der Materie der Versuchsapparatur Reaktionen einzugehen, das heißt zu annihilieren. Dies schließt jedoch nicht aus, daß es irgendwo im Kosmos größere Gebilde aus Antimaterie gibt, zum Beispiel ganze Antisterne, Antisternsysteme und Antigalaxien. Bisher hat man allerdings keinen Hinweis gefunden, daß dies der Fall ist, und wir werden später noch einmal auf das Problem der Antimaterie zurückkommen. Im Prinzip kann man sich jedoch vorstellen, daß es Antieisen gibt oder Antigold oder Antiblei usw. Ein Stück Antieisen, hier auf die Erde gebracht, etwa in Form eines Meteoriten, würde sofort mit der Materie auf der Erde zerstrahlen; das heißt, man würde Energie in Form von elektromagnetischer Strahlung erzeugen. Man kann leicht berechnen, wie groß die Energiemengen in solchen Fällen sind. Zum Beispiel genügt es, etwa 1 kg Antimaterie mit 1 kg Materie zerstrahlen zu lassen, um den gesamten Energiebedarf eines Landes wie Bayern für ein Jahr zu decken.

Antiwasser ist wertvoller als Öl

Die Zerstrahlung von Materie und Antimaterie ist auch in dem folgenden Gedicht des amerikanischen Physikers Harold P. Furth zum Ausdruck gebracht; es spielt an auf eine Publikation über die Existenz und Bedeutung der Antimaterie von Edward Teller im »San Francisco Chronicle« (Teller hat bei der Konstruktion der ersten amerikanischen Wasserstoffbombe eine wichtige Rolle gespielt):

Perils of Modern Living

Well up beyond the tropostrata
There is a region stark und stellar
Where, on a streak of anti-matter,
Lived Dr. Edward Anti-Teller.

Remote from Fusion's origin,
He lived unguessed and unawares
With all his antikith and kin,
And kept macassars on his chairs.

One morning, idling by the sea,
He spied a tin of monstrous girth
That bore three letters: A.E.C.
Out stepped a visitor from Earth.

Then, shouting gladly o'er the sands,
Met two who in their alien ways
Were like as lentils. Their right hands
Clasped, and the rest was gamma rays.

(Gedruckt mit Erlaubnis von:
The New Yorker Magazine, Inc.)

Dieses Gedicht wurde im Jahre 1955 veröffentlicht. Ein Jahr später war der Text bereits durch den Fortschritt der Wissenschaft überholt, als man herausfand, daß beim Übergang von Materie zu Antimaterie auch eine Spiegelung des Raumes durchgeführt werden sollte. Strenggenommen müßte also Dr. Teller seine rechte Hand und Dr. Anti-Teller seine linke Hand zum Gruß ausstrecken.

Es ist nützlich, den Aufbau von Positronium noch etwas detaillierter anzuschauen. Sowohl das Elektron als auch das Positron haben Spineigenschaften. Des weiteren kann man den Positroniumzustand im allgemeinen durch den Drehimpuls der beiden Konstituenten beschreiben. Dabei können die Spins der beiden Teilchen in jede beliebige Richtung zeigen. Da es offensichtlich nicht auf diese Richtung ankommt, sondern nur auf die relative Orientierung der beiden Spins, das heißt des Elektron- und des Positronspins, gibt es zwei mögliche Spinzustände von Positronium: erstens die Möglichkeit, daß die beiden Spins gegeneinander gerichtet, oder zweitens, daß die beiden Spins gleichgerichtet sind (siehe Abb. 1-4). Für diese zwei Möglichkeiten hat man spezielle Bezeichnungen

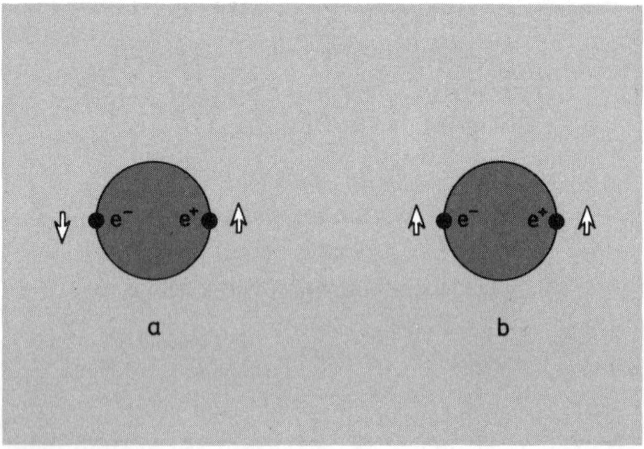

Abb. 1-4 Para- und Orthopositronium. Beide Systeme unterscheiden sich durch die Spins. In Parapositronium (a) sind beide Spins entgegengesetzt gerichtet; in Orthopositronium (b) zeigen beide Spins in dieselbe Richtung.

Ortho- und Parapositronium

eingeführt. Wenn die beiden Spins gleichgerichtet sind, spricht man vom sogenannten Orthopositronium, und wenn die beiden Spins entgegengesetzt gerichtet sind, vom Parapositronium. Im Laboratorium kann man relativ leicht zwischen diesen beiden Zuständen des Positroniums unterscheiden, da die Lebensdauer von Parapositronium viel kürzer ist als die Lebensdauer von Orthopositronium. Dies ist, wie wir später sehen werden, eine Konsequenz der Tatsache, daß die Zerstrahlung von Elektron und Positron im Positroniumzustand durch die elektromagnetische Wechselwirkung erfolgt.

Wenn ich oben von den beiden Positroniumszuständen Ortho- und Para- gesprochen habe, so ist das eigentlich nicht ganz richtig. Im Grunde müßte man von zwei Zustandsklassen sprechen; denn sowohl in der Orthokonfiguration als auch in der Parakonfiguration haben die beiden Konstituenten von Positronium ganz verschiedene Drehimpulsmöglichkeiten für ihre Relativbewegung, und sie können auch entweder relativ nah oder relativ weit voneinander entfernt sein. Diese Konfigurationen sind durch andere Quantenzahlen, wie zum Beispiel die Drehimpulsquantenzahl, gekennzeichnet. Es gibt also im Grunde unendlich viele Zustände von Parapositronium und Orthopositronium. Die Zerstrahlung des Positroniums findet allerdings normalerweise im niedrigsten Energiezustand statt, also im Grundzustand.

Mit diesen Bemerkungen über Positronium möchte ich meine Betrachtungen zur Atomphysik abschließen, und wir wollen uns jetzt den elementaren Wechselwirkungen zwischen den Teilchen zuwenden.

2. Die einheitliche Theorie von Elektrizität und Magnetismus

Zumindest indirekt ist die elektromagnetische Wechselwirkung heutzutage jedermann bekannt. Es ist die Wechselwirkung, die zum Beispiel für die Existenz von elektrischen Strömen verantwortlich ist. Ohne die elektromagnetische Wechselwirkung gäbe es keine Fernsehapparate, keine Autos, praktisch alle Annehmlichkeiten des modernen Lebens würden nicht existieren. Nun hat sich im Laufe der vergangenen 80 Jahre erwiesen, daß die elektromagnetische Wechselwirkung auch für die Struktur der Atome verantwortlich ist, ebenso wie für die chemische Bindung von Atomen zu Molekülen und für die Bildung von Kristallen.

Heute können wir alle diese verschiedenen Phänomene durch eine einzige Theorie beschreiben, die Theorie des Elektromagnetismus. Dies war nicht immer so. Besonders in der ersten Hälfte des vergangenen Jahrhunderts fand man eine ganz andersartige Situation vor. Zu dieser Zeit gab es drei verschiedene Klassen von Phänomenen, die alle den Physikern recht gut bekannt waren und die sich später als verschiedene Manifestationen ein und derselben fundamentalen Wechselwirkung erwiesen haben. Es waren die rein elektrischen Phänomene (zum Beispiel die Anziehung von zwei entgegengesetzt geladenen Objekten), die magnetischen Phänomene (zum Beispiel die Einstel-

Elektrizität, Magnetismus und Licht

lung der Kompaßnadel im Magnetfeld der Erde) und das Licht. Ursprünglich hatte niemand die Idee, diese drei Phänomene könnten irgend etwas miteinander zu tun haben.

Dies änderte sich jedoch plötzlich, als man zu Beginn des 19. Jahrhunderts fand, daß elektrische Ströme magnetische Kräfte hervorrufen können. Zum Beispiel ändert sich die Einstellung einer Kompaßnadel, wenn man zufällig in der Nähe einen elektrischen Strom fließen läßt. Diese Entdeckung geht auf den dänischen Physiker Hans Christian Oersted zurück. Etwas später machte der englische Physiker Michael Faraday eine sehr wichtige Entdeckung. Er fand, daß durch plötzliche Veränderungen von magnetischen Feldern (etwa durch die Bewegung eines Magneten in der Nähe eines Drahtes) elektrische Ströme erzeugt werden können. Dieses Phänomen wird heute im großen Stil bei der Erzeugung von Elektroenergie in Kraftwerken ausgenutzt.

Faradays Vision

Das von Faraday entdeckte Phänomen ist in gewisser Weise die Umkehrung des Oerstedschen Phänomens, und Faraday selbst vermutete bereits im Jahre 1822, kurz nachdem er von Oersteds Versuchen gehört hatte, daß es möglich sein müßte, Magnetismus in Elektrizität umzuwandeln. Um dies zu zeigen, brauchte er insgesamt neun Jahre harter experimenteller Arbeit, bis er am Ende seine Vermutung bestätigt fand.

In jenen Tagen war es üblich, sich die elektrischen oder auch die Gravitationskräfte als Kräfte vorzustellen, die über eine gewisse Distanz hin wirken. So glaubte man, daß die Sonne die Erde anzieht, weil die Gravitationskraft der Sonne auf die Erde über die Entfernung Erde–Sonne hinweg wirkt. Insbesondere glaubte man, daß die Gravitationskraft, die von der Sonne auf die Erde ausgeübt wird, eine Eigenschaft der Sonne sei und nichts zu tun habe mit dem Raum zwischen der Erde und der Sonne und speziell mit dem Raum, der die Erde umgibt. Nach vielen Jahren experimenteller Arbeit entschied sich Faraday, diese Konzeption der sogenannten »Wirkung über eine Distanz« aufzugeben, zumindest im Falle der elektrischen Kraft. (Später wurde das gleiche durch Albert Einstein im Falle der Gravitationskraft durchgeführt.) Faraday stellte sich vor, daß die elektrischen Kräfte (die Anziehung oder die Abstoßung eines elektrisch geladenen Objekts) Konsequenzen von Kraftlinien sind, die von den geladenen Objekten ausgehen, aber ansonsten ein gewisses Eigenleben führen; das heißt, sie füllen gewissermaßen den Raum zwischen den geladenen Objekten aus. Man kann es auch so charakterisieren: Die elektrisch geladenen Körper ziehen sich an oder stoßen sich ab, weil sich der Raum, in dem sie sich befinden, durch die Existenz von Kraftlinien geändert hat. Der Raum zwischen den geladenen Körpern ist mit elektrischen Kraftlinien »angefüllt«.

Kraftlinien füllen den Raum

Mit dieser Idee von Faraday war quasi die moderne Vorstellung des elektromagnetischen Feldes geboren. Mittlerweile hat sich ergeben, insbesondere durch die Entwicklung der Physik seit etwa 1930, daß der Begriff des elektromagnetischen Feldes, oder des Feldes im allgemeinen, vielleicht der fundamentalste Begriff ist, den wir in der Physik kennen. Später werden wir die modernen Theorien der Elementarteilchen diskutieren. Es wird sich erweisen, daß alle diese Theorien sogenannte Feldtheorien sind, das heißt Theorien, die in fundamentaler Weise den Begriff des Feldes benutzen.

Zunächst dachte Faraday, das elektrische Feld sei etwas, was immer mit den elektrisch geladenen Objekten zusammen existiert, das heißt, es gibt kein elektromagnetisches Feld ohne die dazugehörigen elektrisch geladenen Objekte. Es dauerte jedoch nicht lange, bis er auf die Idee kam, daß es auch Felder geben müsse, die nicht direkt mit geladenen Objekten assoziiert sind, sondern die ihr Eigenleben führen. Er stellte sich vor, daß solche Felder aus magnetischen und elektrischen Feldern bestehen, daß sozusagen das magnetische Feld ein dazugehöriges elektrisches Feld impliziert und umgekehrt. Speziell war Faraday der Ansicht, Licht sei nichts weiter als solch ein elektromagnetisches Feldphänomen.

Faraday gelang es allerdings nicht, eine definitive Theorie auf der Basis seiner mehr intuitiven Idee zu konstruieren. Diese sehr schwierige Aufgabe wurde 1861 durch den schottischen Physiker James Clerk Maxwell gelöst (siehe Abb. 2-1). Ihm gelang es, die Gleichungen für die elektromagnetischen Phänomene zu formulieren. Wir wollen diese Gleichungen nicht niederschreiben. Ich möchte jedoch erwähnen, daß die Maxwellschen Gleichungen, die heutzutage je-

Maxwells Gleichungen

Abb. 2-1 Der schottische Physiker James Clerk Maxwell. Ihm gelang es, die richtige Theorie der Elektrizität und des Magnetismus zu formulieren.

dem Physikstudenten im vierten Semester bekannt sind, sehr bemerkenswert sind. Wenn wir diese Gleichungen heute, von unserem modernen Gesichtspunkt aus, betrachten (das heißt weit mehr als 100 Jahre, nachdem sie zuerst niedergeschrieben wurden), so kann man sagen, daß die Maxwellschen Gleichungen ein sehr guter Treffer waren. Selbst heute, nachdem zwei größere Revolutionen unserer theoretischen Vorstellungen in der Physik stattgefunden haben – die Entdeckung der Relativität durch Einstein und der Durchbruch, der durch die Entwicklung der Quantenmechanik erzielt worden ist –, sind die Gleichungen von Maxwell gültig, im wesentlichen in derselben Form, wie sie ursprünglich niedergeschrieben worden sind.

Erfolgreiche Elektrodynamik

Wir wissen heute, daß die Maxwellschen Gleichungen alle elektromagnetischen Phänomene beschreiben, angefangen von den gewaltigen elektromagnetischen Feldern, die man in Galaxien beobachtet, bis hinunter zu Feldern von etwa 10^{-16} cm Ausdehnung, das heißt bis zu Distanzen von der Größe von etwa $1/10000$ der Ausdehnung des Atomkerns.

Was sich mittlerweile allerdings geändert hat seit der ursprünglichen Aufstellung der Maxwellschen Gleichungen, ist ihre Interpretation. Wenn wir die moderne Sprache der Quantenmechanik und der Quantenfeldtheorie benutzen, so sagen wir, daß die Maxwellschen Gleichungen die Ausbreitung von elektromagnetischen Quanten, der sogenannten Photonen (also der Teilchen des Lichtes) im Raum beschreiben. Man kann selbst die elektrische Anziehung oder Abstoßung zwischen geladenen Objekten in dieser Weise beschreiben. Zum Beispiel beeinflussen sich zwei Elektronen, wenn sie nahe aneinander vorbeifliegen, gegenseitig durch ihre elektrische Abstoßung. (Man

Photonen – Quanten des Lichts

spricht in diesem Falle auch von einer Streuung der beiden Elektronen aneinander.) Dieser Prozeß ist schematisch in Abbildung 2-2 beschrieben.

Die beiden Elektronen kommen nahe aneinander und tauschen gegeneinander Photonenquanten aus; in diesem speziellen Fall sogenannte virtuelle Photonen im Unterschied zu den sogenannten reellen Photonen, also zum Beispiel den Quanten des sichtbaren Lichtes. Dieser Austausch von virtuellen Photonen führt zur elektromagnetischen Abstoßung der beiden Elektronen. Bilder, wie das in Abbildung 2-2 angegebene, wurden von Richard Feynman (Abb. 2-3) eingeführt und werden deshalb als Feynman-Diagramme bezeichnet. Sie sind sehr nützlich in der Beschreibung von elektromagnetischen Prozessen mit Hilfe der Sprache der Quantenmechanik.

Feynmans Diagramme

In der Quantenphysik ist es üblich, die Stärke einer Wechselwirkung durch einen Parameter zu beschreiben, den man als eine Kopplungskonstante bezeichnet. Wenn diese groß ist, zum Beispiel größer als 1, so spricht man von einer sehr starken Wechselwirkung. Wenn die Kopplungskonstante viel kleiner als 1 ist, so spricht man von einer schwachen Wechselwirkung. Die Stärke der elektromagnetischen Wechselwirkung wird durch eine Kopplungskonstante beschrieben, die man üblicherweise als α bezeichnet: die sogenannte Feinstrukturkonstante. Diese Konstante wurde ursprünglich von dem deutschen Physiker Arnold Sommerfeld zu Beginn dieses Jahrhunderts eingeführt; sie ist eine reine Zahl und muß im Experiment gemessen werden.

Sommerfelds Konstante α

Es hat sich herausgestellt, daß α eine relativ kleine Zahl ist: $\alpha = 1/137.036$. Die Tatsache, daß α eine so kleine Zahl ist, ist sehr nützlich. Dadurch wurde es nämlich möglich, die sogenannten Quantenkorrekturen zu den

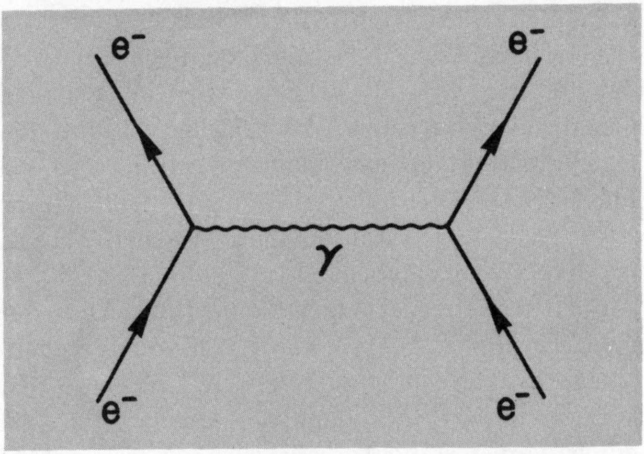

Abb. 2-2 Die Streuung zweier Elektronen, veranschaulicht durch den Austausch eines virtuellen Photons γ.

Abb. 2-3 Der amerikanische Physiker Richard Feynman. Feynman, verstorben 1988, war einer der Begründer der Theorie der Quantenelektrodynamik. Zur Entwicklung der modernen Teilchenphysik hat er viele Beiträge geleistet. Er erhielt 1965 den Nobelpreis für Physik.

bekannten elektromagnetischen Prozessen sehr genau zu berechnen. Bisher haben die Experimente, die man durchführte, um die Theorie der sogenannten Quantenelektrodynamik (das heißt der Theorie, die man erhält, wenn man Quantenmechanik und die Maxwellschen Gleichungen vereinigt) zu prüfen, eine ausgezeichnete Übereinstimmung zwischen Theorie und Experiment ergeben.

Ein wichtiger neuer Aspekt für die Entwicklung der modernen Teilchenphysik wurde 1928 von dem englischen Physiker Paul Dirac gefunden. Dirac versuchte kurz nach der Aufstellung der Quantenmechanik durch Werner Heisenberg, Erwin Schrödinger, Max Born, Wolfgang Pauli und andere, die neuentwickelte Theorie mit den Ideen der Relativität und den Maxwellschen Gleichungen zu kombinieren. Sein Resultat war eine Gleichung für die Bewegung von geladenen Teilchen, die sehr überraschende Eigenschaften hatte.

Diracs Gleichung und Antimaterie

Neben der Tatsache, daß diese nach ihm benannte Diracsche Gleichung die physikalischen Eigenschaften von Elektronen gut beschreibt, fand Dirac heraus, daß seine Gleichung auch die Existenz eines weiteren Teilchens impliziert, eines Teilchens, das die gleiche Masse wie das Elektron hat, aber positive Ladung tragen müßte. Die Existenz dieses Teilchens, das wir heute Positron nennen, wurde kurz darauf festgestellt, als man das Positron in einem Experiment fand, in dem die kosmische Strahlung untersucht wurde. Diese Entdeckung geht auf Charles David Anderson vom California Institute of Technology in Pasadena zurück.

Dirac schlußfolgerte, daß alle Teilchen, die durch seine Gleichung beschrieben werden, ein Antiteilchen haben müssen, insbesondere also das Elektron. Heute wissen wir, daß diese Schlußfolgerung von Dirac nicht nur für die Elektronen zutrifft, sondern daß alle Teilchen Antiteilchen besitzen (wie schon im vorigen Kapitel erwähnt).

Wir haben bereits bemerkt, daß Positronium, also das System, bestehend aus einem Elektron und seinem Antiteilchen, die Eigenschaft hat, binnen kurzer Zeit zu zerstrahlen. Mit Hilfe der Sprache der Feynman-Diagramme kann man sich diesen Prozeß sehr leicht veranschaulichen. So beschreibt man die Zerstrahlung von Parapositronium durch ein Diagramm, in dem Elektron und Positron von links hereinkommen und sich gegenseitig vernichten, wobei zwei Photonquanten erzeugt werden (siehe Abb. 2-4). Ebenso können wir die Zerstrahlung von Orthopositronium durch ein analoges Diagramm beschreiben, indem sich Elektron und Positron vernichten, und zwar in diesem Fall in drei Photonquanten. Die Tatsache, daß Parapositronium immer in zwei Photonen zerstrahlt und Orthopo-

Vernichtung von Positronium in Photonen

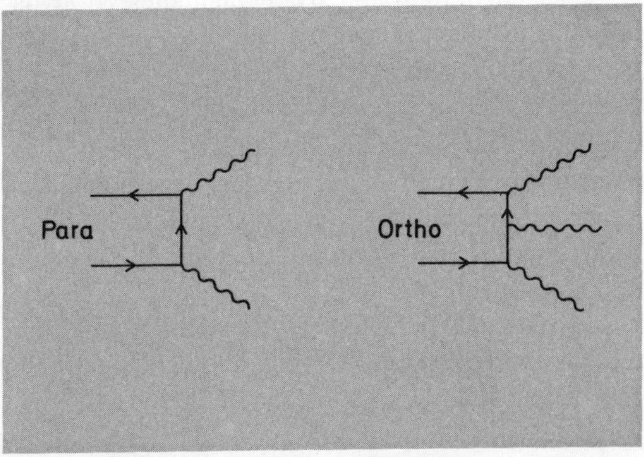

Abb. 2-4 Der Zerfall von Para- und Orthopositronium in Photonquanten. Ein Elektron bezeichnet man durch eine Gerade mit Pfeil, ein Positron durch eine Gerade mit Pfeil in der umgekehrten Richtung und ein Photon durch eine Wellenlinie. Parapositronium zerfällt in zwei Photonen, Orthopositronium in drei. Dies impliziert, daß Orthopositronium länger als Parapositronium lebt.

sitronium immer in drei Photonen, ist eine spezielle Konsequenz der Maxwellschen Gleichungen. Es erweist sich nämlich, daß zwei Photonquanten niemals zusammen einen Zustand mit Drehimpuls 1 (in Einheiten von $\hbar$) bilden können. Nun ist Parapositronium derjenige Zustand von Elektron und Positron, in dem die beiden Spins entgegengesetzt gerichtet sind, das heißt, der Drehimpuls dieses Zustandes ist 0, wenn wir den Zustand mit dem niedrigsten Bahndrehimpuls, nämlich 0, betrachten. Auf der anderen Seite ist Orthopositronium der Zustand, in dem die beiden Spinvektoren gleichgerichtet sind; das heißt, Orthopositronium ist ein Zustand mit Drehimpuls 1. Aus diesem Grunde ist es nicht möglich, daß Orthopositronium ebenso in zwei Photonen zerfällt wie Parapositronium; es kann nur in drei oder mehr Photonen zerfallen.

Die Lebensdauer von Ortho- und Parapositronium ist verschieden. Im Rahmen der Quantenelektrodynamik ist es nämlich so, daß man für jedes weitere Photon, das an einer Reaktion teilnimmt, einen Preis bezahlen muß in Form eines Faktors der Kopplungskonstanten α. Die Stärke des Zerfalls von Orthopositronium ist durch einen Faktor α gegenüber der analogen Zerfallsstärke für Parapositronium unterdrückt. Die Konsequenz ist, daß Orthopositronium viel länger lebt als Parapositronium.

Lang lebe Orthopositronium

Abschließend erwähnen wir die wichtigsten Unterschiede zwischen den Photonen und den Elektronen bzw. Positronen. Das Elektron (Positron) ist elektrisch geladen, besitzt eine Masse und hat den Spin ½. Das Photon ist elektrisch neutral, hat keine Masse und den Spin 1. Es gibt kein spezielles Antiteilchen des Photons; es ist gewissermaßen sein eigenes Antiteilchen.

3. Die starken Kernkräfte

Als die Physiker begannen, über die Struktur der Atomkerne nachzudenken, waren sie mit einem Mysterium konfrontiert. Es war bekannt, daß die Atomkerne aus zwei verschiedenen Typen von Teilchen bestehen, den Protonen und den Neutronen. Speziell in den schweren Atomkernen, wie zum Beispiel im Kern des Uranatoms, befindet sich eine relativ große Anzahl von Protonen und Neutronen. So hat man es im Falle des Urankerns mit 92 Protonen zu tun. Nun ist es im Rahmen der Theorie der Elektrodynamik sehr schwierig, eine solch große Zahl von Protonen in einem so kleinen Volumen wie dem Volumen eines Atomkerns zu konzentrieren. Die Schwierigkeit hierbei besteht in der elektrischen Abstoßung zwischen den Protonen. Die elektrische Abstoßung der Protonen etwa im Inneren eines Urankerns ist so groß, daß man erwarten sollte, der Kern explodiere binnen kurzer Zeit, es sei denn, es gibt andere Kräfte neben den elektrischen Kräften, die den Kern stabilisieren.

Warum explodieren die Atomkerne nicht?

Wir wissen heute, daß solche Kräfte tatsächlich existieren. Man nennt sie die Kernkräfte oder die starken Kräfte bzw. starke Wechselwirkungen. Diese Kräfte sind für die Bildung der Atomkerne verantwortlich. In der Tat sind die Kernkräfte sehr stark. Eine naive Abschätzung ergibt, daß die starke Kraft mindestens hundertmal stärker ist als die elektrische Kraft, deren Stärke durch die bereits diskutierte Feinstrukturkonstante α beschrieben wird.

Verborgene starke Kräfte

Die Frage, die man sich in diesem Zusammenhang sofort stellt, ist die: Warum beobachten wir die Effekte der starken Wechselwirkung nicht in unserem täglichen Leben, in analoger Weise, wie wir die Effekte der elektromagnetischen Wechselwirkung tagtäglich erleben?

Die Antwort ist in einer recht speziellen Eigenschaft der starken Wechselwirkung zu suchen. Die Kernkraft ist nur bei sehr kurzen Abständen stark, nämlich bei Abständen von der Größenordnung von 10^{-13} cm (etwa ein hunderttausendstel der Ausdehnung des Atoms). Wenn wir zum Beispiel zwei Kernteilchen betrachten, die voneinander viel weiter als 10^{-13} cm entfernt sind, etwa 10^{-10} cm, dann spüren diese Teilchen praktisch nichts von der Existenz der starken Wechselwirkung, und die dominierende Kraft zwischen den beiden Teilchen ist die elektromagnetische Kraft. Haben wir es mit zwei Protonen zu tun, so stoßen sich diese beispielsweise voneinander ab. Die Situation ändert sich jedoch drastisch, wenn man die beiden Teilchen näher zueinander bringt. Sobald der Abstand der beiden Teilchen etwa 10^{-13} cm beträgt, fängt die starke Wechselwirkung an zu wirken, und die beiden Teilchen ziehen sich an. Diese Anziehung, diktiert durch die starke Wechselwirkung, ist der Grund für die Bildung der Atomkerne und auch der Grund, warum für die Ausdehnung der Atomkerne die Größenordnung $10^{-12} \ldots 10^{-13}$ cm typisch ist.

Starke Kräfte im Kern

Wir weisen darauf hin, daß die Existenz der starken Wechselwirkung der tiefere Grund für die Verschiedenheit der Elementarteilchen ist. Die Elektronen nehmen an der starken Wechselwirkung nicht teil, sondern nur an der elektromagnetischen, während die

Protonen und Neutronen dies tun. Warum das so ist, müssen wir an dieser Stelle offen lassen.

Da die starke Wechselwirkung nur bei sehr kleinen Abständen (kleiner als 10^{-13} cm) relevant wird, bezeichnet man sie als eine Wechselwirkung von kurzer Reichweite. Die begrenzte Reichweite der starken Wechselwirkung verhindert es, daß wir die Kernkräfte über makroskopische Distanzen hinweg beobachten können. Bei der elektromagnetischen Wechselwirkung ist die Situation anders. Hier kann man keine spezifische Distanz angeben, bei der die elektrischen Kräfte verschwinden (in Analogie etwa zu den 10^{-13} cm der starken Wechselwirkung). Aus diesem Grunde bezeichnet man die elektromagnetische Wechselwirkung als eine Wechselwirkung von unbegrenzter Reichweite.

Kurze Reichweite der Kernkräfte

Wir haben oben bemerkt, daß man die Wechselwirkungen zwischen elektrisch geladenen Objekten (Anziehung oder Abstoßung) durch den Austausch von virtuellen Photonen beschreiben kann. Bezüglich der starken Wechselwirkung können wir uns jetzt die Frage stellen: Kann man die Kernkräfte auf ähnliche Weise deuten? Die ersten Ideen in dieser Richtung wurden in den dreißiger Jahren von dem japanischen Physiker Hideki Yukawa diskutiert. Er schlug vor, die starke Wechselwirkung zwischen den Nukleonen durch den Austausch eines neuen Teilchens zu beschreiben. Im Rahmen der Quantentheorie besteht nun ein enger Zusammenhang zwischen der Masse des ausgetauschten Objekts und der Reichweite der entsprechenden Wechselwirkung. Die Photonen beispielsweise sind masselos. Aus diesem Grunde ist die Reichweite der elektromagnetischen Wechselwirkung unbegrenzt, und wir haben die Möglichkeit, die elektrischen Kräfte auch bei großen Abständen zu beobachten. Infolge der

Yukawas Idee

begrenzten Reichweite der starken Kernkräfte müssen wir also schließen, daß die starke Wechselwirkung durch den Austausch massiver Objekte verursacht wird. Da die charakteristische Länge der starken Wechselwirkung etwa 10^{-13} cm ist, kann man die Masse des ausgetauschten Objekts leicht abschätzen. Man erhält etwa 100 ... 150 MeV, in Energieeinheiten ausgedrückt, also etwa $\frac{1}{7}$ ... $\frac{1}{9}$ der Masse des Protons.

π-Mesonen und die Kernkräfte

Erst etwa zehn Jahre nach dem Vorschlag von Yukawa hat man die entsprechenden Teilchen im Experiment beobachtet, die π-Mesonen. Im Unterschied zu den Nukleonen haben die π-Mesonen keinen Spin. Deshalb nennt man sie auch skalare Teilchen. Die Masse der π-Mesonen ist etwa 140 MeV. Insgesamt beobachtet man drei verschiedene π-Mesonen, ein positiv geladenes (π^+), ein negativ geladenes (π^-) und ein neutrales (π°). Das π^--Teilchen ist das Antiteilchen des π^+, während das π°-Meson sein eigenes Antiteilchen ist.

Wenn wir die π-Mesonen als die Objekte interpretieren, deren Austausch die starke Wechselwirkung verursacht, so können wir eine Theorie dieser Wechselwirkung entwickeln, die der bereits diskutierten Quantenelektrodynamik sehr ähnlich ist. Will man dies durchführen, muß man jedoch mit beträchtlichen Schwierigkeiten kämpfen. Die Stärke der starken Wechselwirkung läßt sich ebenso wie die Stärke der elektromagnetischen Wechselwirkung durch eine Kopplungskonstante beschreiben. Es erweist sich jedoch, daß die Kopplungskonstante für die starke Wechselwirkung nicht nur viel größer als α ist, sondern sogar größer als 1 (etwa 10). Damit ist es nicht möglich, die Theorie der starken Wechselwirkung analog zur Theorie der Quantenelektrodynamik aufzubauen; für die letztere ist es von großer Bedeutung, daß α viel kleiner als 1 ist. Warum dies so ist, sieht man an folgendem Beispiel. Betrachten wir etwa zwei Elektronen, die zum Beispiel 1 cm voneinander entfernt sind. Die abstoßende Kraft zwischen den beiden Elektronen wird durch den Austausch eines virtuellen Photons verursacht. Es gibt jedoch auch die Möglichkeit, zwei oder mehr Photonen zwischen den Elektronen hin und her pendeln zu lassen. Im Rahmen der Quantenelektrodynamik sind diese Zwei- oder Mehrphotonprozesse aber stark unterdrückt. In der Rechnung kostet jedes weitere Photon einen zusätzlichen Faktor der Feinstrukturkonstanten α. Demzufolge können wir in einer guten Näherung die Zweiphotonprozesse vernachlässigen. Stellt man allerdings große Forderungen an die Genauigkeit der Rechnung, so muß man zumindest den Zweiphotonprozeß mit in die Rechnung einschließen. Dies ist nicht schwer; man hat dabei nur mit mathematischen Schwierigkeiten zu kämpfen, speziell mit der Berechnung komplizierter Integrale, nicht aber mit prinzipiellen. Man nennt diese Methode die Störungstheorie; die Zwei- oder Mehrphotonenprozesse werden als kleine Störungen des Grundprozesses, nämlich des Austauschs eines Photons, betrachtet und sind exakt berechenbar.

Elektrodynamik und Störungstheorie

Im Falle der starken Wechselwirkung können wir jedoch die Störungstheorie nicht benutzen. Da der Kopplungsparameter für die starke Wechselwirkung groß ist, hat es keinen Sinn, etwa den Austausch von zwei oder mehreren π-Mesonen zwischen zwei Nukleonen als kleine Störungen der hauptsächlichen Reaktion (Austausch eines einzelnen Mesons) zu betrachten. Im Gegenteil, die Wahrscheinlichkeit, daß zwei oder mehr π-Mesonen an der starken Wechselwirkung zweier Nukleonen teilnehmen, ist viel größer als die Wahrscheinlichkeit, daß nur ein einziges Meson

Probleme für die Kernkraft

ausgetauscht wird. Die Störungstheorie ist unbrauchbar, und bis heute ist es den theoretischen Physikern nicht gelungen, eine andere Methode zur Behandlung der Yukawaschen Theorie zu entwickeln.

Abgesehen von diesem mehr technischen Problem glauben wir jedoch heute, daß die wirkliche Theorie der starken Wechselwirkung nichts mit der alten Theorie von Yukawa zu tun hat. Seit etwa 1970 haben die Elementarteilchenphysiker viele neue Aspekte der starken Wechselwirkung kennengelernt, die nicht in den Rahmen der Yukawa-Theorie passen. Dies wurde durch das Studium des Verhaltens der Nukleonen unter sehr ungewöhnlichen Umständen ermöglicht, zum Beispiel durch das Studium der Kollisionen von Nukleonen bei sehr hohen Energien oder durch die Streuung sehr energetischer Elektronen an Atomkernen.

Neue Aspekte

Die neu gewonnenen Erkenntnisse haben zu einer Theorie geführt, die alle Aussichten hat, eine wirkliche Feldtheorie der starken Wechselwirkung zu sein, der sogenannten Quantenchromodynamik (abgekürzt QCD). Diese Theorie befaßt sich mit sehr eigenartigen Objekten, den sogenannten Quarks. Es ist eines der Ziele dieses Buchs, den Leser mit der Quarkidee und der Idee der Chromodynamik vertraut zu machen. Doch vorher müssen wir uns noch mit einigen anderen Aspekten der modernen Elementarteilchenphysik beschäftigen, insbesondere mit der Tatsache, daß die Anzahl der Elementarteilchen mittlerweile recht stattlich geworden ist.

Quarks

4. Wie viele Elementarteilchen?

Der Teilchenzoo

Etwa im Jahre 1932 waren den Physikern insgesamt vier Teilchenarten bekannt, nämlich die Elektronen, Photonen, Protonen und Neutronen. Abgesehen vom Photon sind diese Teilchen die Bausteine der beobachteten Materie. Man nahm damals an, daß sie elementare Objekte sind, das heißt nicht aus noch kleineren Konstituenten zusammengesetzt. Seit jener Zeit hat sich jedoch die Situation in drastischer Weise geändert; heute kennt man einige hundert Elementarteilchen, und es ist mittlerweile klar geworden, daß die meisten der sogenannten Elementarteilchen gar nicht elementar sind.

Das wohl eigenartigste Teilchen im Zoo der Elementarteilchen ist das Neutrino. Bereits Anfang der dreißiger Jahre unseres Jahrhunderts wurde die Existenz dieses Teilchens von Wolfgang Pauli vorausgesagt, und zwar aufgrund von seltsamen experimentellen Resultaten, die man bei der Untersuchung des sogenannten β-Zerfalls erhielt. Manche Atomkerne und auch das Neutron sind nicht stabil, sondern zerfallen, wobei Elektronen emittiert werden (die sogenannten β-Strahlen).

Der β-Zerfall wird durch einen speziellen Typ von Wechselwirkung hervorgerufen, durch die sogenannte schwache Wechselwirkung. Diese Wechselwirkung existiert in der Natur neben der starken und der elektromagnetischen Wechselwirkung. Wir werden im Laufe unserer Betrachtungen noch oft auf die verschiedenen Eigenschaften der schwachen Wechselwirkung zurückkommen.

Neutronen sind schwerer als Protonen – glücklicherweise

Das Neutron kann in ein Proton und ein Elektron zerfallen, weil es etwas schwerer als das Proton ist. In Energieeinheiten ausgedrückt, ist die Masse des Neutrons etwa 1.3 MeV größer als die Masse des Protons. Falls es umgekehrt wäre, wenn also das Proton schwerer als das Neutron sein würde, wäre das Neutron stabil, und das Proton würde in ein Neutron und ein Positron zerfallen. Glücklicherweise ist das nicht der Fall. Sonst würde insbesondere der Wasserstoff nicht stabil sein, sondern innerhalb weniger Minuten zerfallen. Dies würde bedeuten, daß sich keine organische Materie entwickeln könnte. Leben wäre unmöglich.

Angezogene π Mesonen

Ich möchte bereits an dieser Stelle bemerken, daß wir bis heute nicht verstehen, warum das Neutron schwerer ist als das Proton. In der Tat würde ein unvoreingenommener Physiker annehmen, daß der Massenunterschied zwischen dem Neutron und dem Proton etwas mit der elektromagnetischen Wechselwirkung zu tun hat. Da das Proton infolge seiner elektrischen Ladung von einem elektrischen Feld umgeben ist, nicht aber das Neutron, sollte man annehmen, daß die Masse des Protons etwas größer ist als die Masse des Neutrons: Dem elektrischen Feld des Protons entspricht Energie, und diese müßte sich in einer zusätzlichen Masse des Protons widerspiegeln. Man sieht einen analogen Effekt bei den π-Mesonen. Die geladenen π-Mesonen sind etwas schwerer als die ungeladenen. Wir wissen heute: dies ist so, weil die geladenen π-Mesonen ein elektrisches Feld mit sich »herumtragen«, während die neutralen π-Mesonen dies nicht tun (Abb. 4-1). Im Falle der Nukleonen ist es aber gerade

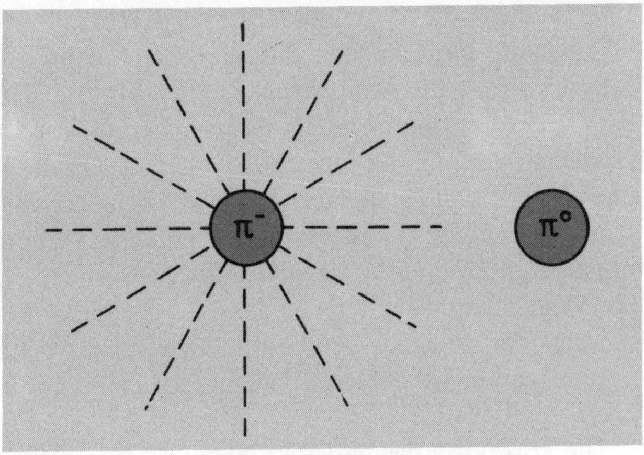

Abb. 4-1 Der Unterschied zwischen den geladenen und neutralen π-Mesonen. Die geladenen π-Mesonen sind von einem elektrischen Feld umgeben. Diesem Feld entspricht Energie, die sich in der Masse des Mesons niederschlägt. Die geladenen π-Mesonen sind etwas schwerer als die neutralen π-Mesonen.

umgekehrt; das neutrale Teilchen (Neutron) ist schwerer als das positiv geladene (Proton).

Eines der fundamentalen Gesetze der Physik ist das Gesetz der Erhaltung der Energie. In jedem physikalischen Prozeß bleibt die Energie erhalten, das heißt, die Energie am Anfang des Prozesses ist genauso groß wie am Ende, vorausgesetzt, der Prozeß spielt sich in einem abgeschlossenen System ab, und es kann keine Energie von außen zugeführt oder abgeführt werden. Das Gesetz von der Erhaltung der Energie gilt auch für Elementarteilchenprozesse. Zum Beispiel erwarten wir natürlich, daß die Energie im β-Zerfall des Neutrons erhalten bleibt. Dies würde bedeuten, daß die Summe der Energien der Endteilchen im Zerfallsprozeß (also Energie des Protons plus Energie des Elektrons) der Energie des ursprünglichen Neutrons genau gleich ist (im Falle eines ruhenden Neutrons ist die

Energie bleibt erhalten

Energie durch die Masse des Neutrons gegeben). Nun ergaben die Experimente, die man seit Anfang des Jahrhunderts in der Atomkernphysik durchführte, daß das Gesetz der Energieerhaltung im β-Zerfall verletzt zu sein scheint. Die Summe der Energien der Endteilchen erwies sich als kleiner als die ursprünglich vorhandene Energie. Damit waren die Physiker mit einem ernsthaften Problem konfrontiert, und es wurde sogar die Möglichkeit diskutiert, ob das Gesetz von der Erhaltung der Energie nicht etwa doch verletzt sein könnte, zumindest bei Reaktionen von Elementarteilchen.

Energiekrise in der Physik

Die korrekte Lösung des Problems wurde schließlich von Wolfgang Pauli gefunden. Er schlug vor, die Existenz eines weiteren neutralen Teilchens anzunehmen, das neben dem Proton und dem Elektron im β-Zerfall emittiert wird. Dieses Teilchen sollte relativ leicht sein (mit einer Masse etwa von der Größenordnung der Masse des Elektrons oder kleiner) und nur an der schwachen Wechselwirkung teilnehmen. Mit den damaligen Methoden war es nicht möglich, ein solches Teilchen direkt nachzuweisen. Das neue Teilchen erhielt von dem italienischen Physiker Enrico Fermi den Namen Neutrino, da man es sich als ein kleines Neutron vorstellen sollte. Es erweist sich als zweckmäßig, daß im β-Zerfall emittierte Neutrino umzutaufen in ein Antineutrino, genauer gesagt in ein Elektron-Antineutrino, kurz mit $\bar{\nu}_e$ bezeichnet (wir werden später sehen, daß es noch andere Neutrinoarten gibt). Damit können wir den Neutronenzerfall kurz schreiben als

Pauli erfindet das Neutrino

$$n \rightarrow p + e^- + \bar{\nu}_e$$

(siehe Abb. 4-2). Pauli selbst war nicht sehr glücklich über seine Erfindung. Er glaubte, daß man das von ihm postulierte Teilchen niemals direkt beobachten könnte und daß demzufolge seine Hypothese nicht

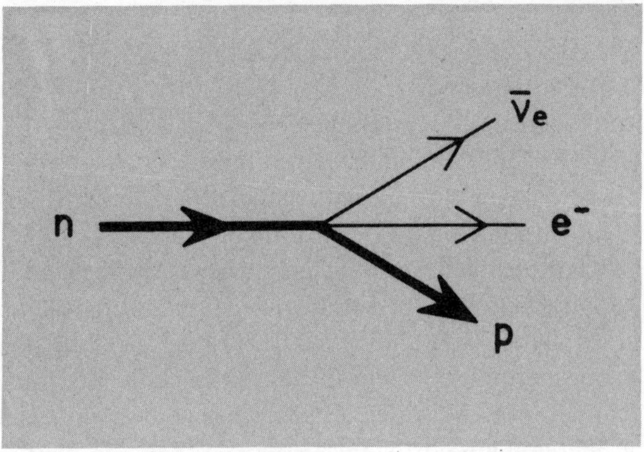

Abb. 4-2 Der β-Zerfall des Neutrons. Das einfallende Neutron (mit n bezeichnet) zerfällt in ein Proton (p), ein Elektron (e^-) und ein Elektron-Antineutrino ($\bar{\nu}_e$).

nachprüfbar wäre. In einem Brief an die »Gruppe der Radioaktiven« anläßlich einer Physikertagung in Tübingen schreibt Pauli im Jahre 1930:

»Physikalisches Institut der Eidg. Technischen
Hochschule, Zürich Zürich, 4. Dez. 1930
Liebe Radioaktive Damen und Herren
wie der Überbringer dieser Zeilen, den ich huldvollst anzuhören bitte, Ihnen des näheren auseinandersetzen wird, bin ich angesichts ... des kontinuierlichen β-Spektrums auf einen verzweifelten Ausweg verfallen, um ... den Energiesatz zu retten. Nämlich die Möglichkeit, es könnten elektrisch neutrale Teilchen, die ich Neutronen nennen will, in den Kernen existieren, welche den Spin ½ haben und das Ausschließungsprinzip befolgen und sich von Lichtquanten außerdem noch dadurch unterscheiden, daß sie nicht mit Lichtgeschwindigkeit laufen. Die Masse der Neutro-

nen müßte von derselben Größenordnung wie die Elektronenmasse sein, und jedenfalls nicht größer als 0.01 Protonenmassen. – Das kontinuierliche β-Spektrum wäre dann verständlich unter der Annahme, daß beim Zerfall mit dem Elektron jeweils noch ein Neutron emittiert wird, derart, daß die Summe der Energien von Neutron und Elektron konstant ist ...

Ich traue mich vorläufig nicht, etwas über diese Idee zu publizieren, und wende mich vertrauensvoll an Euch, liebe Radioaktive, mit der Frage, wie es um den experimentellen Nachweis eines solchen Neutrons stände, wenn dieses ein ebensolches oder etwa 10mal größeres Durchdringungsvermögen besitzen würde wie ein γ-Strahl.

Energiesatz und Steuern

Ich gebe zu, daß mein Ausweg vielleicht von vornherein wenig wahrscheinlich erscheinen mag, weil man die Neutronen, wenn sie existieren, wohl längst gesehen hätte. Aber nur wer wagt, gewinnt, und der Ernst der Situation beim kontinuierlichen β-Spektrum wird durch einen Ausspruch meines verehrten Vorgängers im Amte, Herrn Debye, beleuchtet, der mir kürzlich in Brüssel gesagt hat: ›Oh, daran soll man am besten gar nicht denken, so wie an die neuen Steuern.‹ Darum soll man jeden Weg zur Rettung ernstlich diskutieren. – Also, liebe Radioaktive, prüfet und richtet. – Leider kann ich nicht persönlich in Tübingen erscheinen, da ich infolge eines in der Nacht vom 6. zum 7. Dez. in Zürich stattfindenden Balles hier unabkömmlich bin. – Mit vielen Grüßen an Euch, sowie auch an Herrn Back, Euer untertänigster Diener

W. Pauli.«

Die Schwierigkeiten, das Neutrino (von Pauli in seinem Brief noch als Neutron bezeichnet) experimentell nachzuweisen, wurden von Pauli nicht überschätzt.

Kernreaktoren erzeugen Neutrinos

Man brauchte mehr als zwanzig Jahre, bis es in der ersten Hälfte der fünfziger Jahre entdeckt wurde, und zwar durch den Nachweis von Neutrinostrahlung in der Nähe eines Kernreaktors.

Heute wissen wir mittlerweile eine ganze Menge über die Neutrinos. An den verschiedenen Forschungszentren für Hochenergiephysik, zum Beispiel am CERN bei Genf, hat man spezielle Vorrichtungen gebaut, mit deren Hilfe man hochenergetische Neutrinostrahlen produzieren kann, die für verschiedene Forschungszwecke verwendet werden. Jedenfalls wäre Pauli recht erstaunt, wenn er heute hören könnte, was man mit den Neutrinos alles anstellen kann.

Masselose Neutrinos?

Die Neutrinos haben sich als sehr leichte Teilchen erwiesen. Ihre Masse ist viel kleiner als ursprünglich von Pauli angenommen, und es kann sogar sein, daß die Neutrinos masselos sind wie die Photonen. Jedenfalls gibt es bis heute keinen sicheren Hinweis vom Experiment, daß die Neutrinos massiv sind. Präzisionsexperimente, die man durchgeführt hat, um die Eigenschaften des β-Zerfalls genau zu studieren, haben mittlerweile eine recht kleine obere Grenze an die Masse des im β-Zerfall emittierten Neutrinos gesetzt, nämlich etwa 10 Elektronvolt; das heißt, das im β-Zerfall emittierte Neutrino muß mehr als vierzigtausendmal leichter sein als das leichteste Teilchen, das wir bisher kennengelernt haben, das Elektron.

Die physikalischen Eigenschaften des Neutrinos sind sehr bemerkenswert. Wie bereits erwähnt, ignorieren die starken und elektromagnetischen Wechselwirkungen das Neutrino vollständig. Es nimmt nur an der schwachen Wechselwirkung teil. Daraus folgt, daß die Neutrinos nur wenig mit normaler Materie wechselwirken; sie können größere Ansammlungen von Materie leicht durchdringen. Zum Beispiel geht

Für Neutrinos gibt es kein Gefängnis

ein Neutrinostrahl ohne Schwierigkeiten durch die Erde oder die Sonne hindurch. Nur sehr selten tritt eines der Neutrinos in Wechselwirkung mit einem Atomkern oder einem Elektron in der Atomhülle. Die Eigenschaften des Neutrinos sind treffend in dem folgenden Gedicht von John Updike aus dem Jahre 1960 zusammengefaßt:

Cosmic Call

Neutrinos, they are very small.
They have no charge and have no mass
And do not interact at all.
The earth is just a silly ball
To them, through which they simply pass,
Like dustmaids down a drafty hall
Or photons through a sheet of glass.
They snub the most exquisite gas,
Ignore the most substantial wall,
Cold-shoulder steel and sounding brass,
Insult the stallion in his stall,
And, scorning barriers of class,
Infiltrate you and me! Like tall
And painless guillotines, they fall
Down through our heads into the grass.
At night, they enter at Nepal
And pierce the lover and his lass
From underneath the bed – you call
It wonderful; I call it crass.

Obwohl die Neutrinos nur sehr selten mit Materie wechselwirken, haben sich gerade diese seltenen Reaktionen als äußerst interessant erwiesen. Aus diesem

Grunde ist die Neutrinophysik mittlerweile einer der Schwerpunkte der Elementarteilchenphysik geworden. Wir werden im Laufe unserer Diskussion noch mehrmals auf die wichtigen Resultate der Neutrinophysik zu sprechen kommen.

Neutrinoreaktionen – selten, aber wertvoll

Neben den Neutrinos wurde seit etwa 1950 eine ganze Reihe neuer Teilchen entdeckt. Diese Teilchen haben alle die Eigenschaft, daß sie nicht als Bestandteile der von uns beobachteten Materie fungieren, sondern nur kurze Zeit leben. Man produziert diese Teilchen in den Labors, und nach winzigen Bruchteilen einer Sekunde sind sie bereits wieder in die uns bekannten Teilchen zerfallen. Im Rahmen dieses Buches ist es nicht möglich, eine genauere Beschreibung all dieser Teilchen zu geben; ich werde mich auf eine kurze Skizzierung der gegenwärtigen Situation beschränken.

Der Zoo der Elementarteilchen

Wenn man die neu gefundenen Teilchen näher untersucht, so stellt man fest, daß es nützlich ist, sie in verschiedene Gruppen einzuteilen.

Die erste Gruppe schließt alle stark wechselwirkenden Teilchen ein. Mittlerweile haben wir bereits fünf dieser Teilchen kennengelernt, nämlich das Proton, das Neutron und die drei π-Mesonen. Die stark wechselwirkenden Teilchen nennt man Hadronen. Wir kennen heute eine sehr große Anzahl von Hadronen. Nun findet man, daß es innerhalb der Klasse der Hadronen wiederum zwei verschiedene Familien von Teilchen gibt, die wir als Mesonen und Baryonen bezeichnen. Ein typischer Vertreter der Gruppe der Mesonen ist das π-Meson, übrigens das leichteste Meson, das man kennt. Andere Beispiele von Mesonen sind die K-Mesonen, auf die wir noch im einzelnen zurückkommen werden und deren Masse etwa die Hälfte der Protonmasse beträgt, und die ϱ-Mesonen, deren Masse etwa ¾ der Masse des Protons ist.

Neue Mesonen: K, ϱ ...

Alle Mesonen haben die Eigenschaft, daß sie instabil sind und letztlich in Elektronen, Positronen, Photonen und Neutrinos zerfallen; das heißt, am Ende bleibt kein stark wechselwirkendes Teilchen übrig. Eine weitere Eigenschaft der Mesonen ist, daß sie ganzzahligen Spin haben. Wir wissen bereits, daß das π-Meson Spin 0 hat, und das gleiche gilt für das K-Meson. Das oben erwähnte ϱ-Meson hat Spin 1; die Physiker bezeichnen deshalb das ϱ-Meson auch als ein Vektormeson. Es gibt aber auch Mesonen mit Spin 2, 3, 4 usw. Dabei ist es für das Spektrum der beobachteten Mesonen charakteristisch, daß die Masse der Teilchen mit dem Spin zunimmt. Obwohl die Experimente nicht ganz eindeutig sind, vermuten heute die Elementarteilchenphysiker, daß es unendlich viele Mesonen gibt, und zwar mit beliebig hohem Spin.

Mesonen haben ganzzahligen Spin

Die andere Familie von stark wechselwirkenden Teilchen schließt die uns bereits bekannten Nukleonen ein. Neben den Nukleonen gibt es aber eine ganze Reihe von Teilchen, die den Nukleonen verwandt sind, zum Beispiel die Hyperonen (bezeichnet als Λ, Σ, Ξ) und die sogenannten Δ-Teilchen. Alle diese Teilchen sind schwerer als die Nukleonen, die ihrerseits recht schwer sind, verglichen mit dem leichtesten Meson, dem π-Meson. Aus diesem Grunde nennt man die zweite Familie der stark wechselwirkenden Teilchen die Baryonen (abgeleitet von »baryos«, was »schwer« im Griechischen bedeutet). Das Besondere der Baryonen ist ihr nicht-ganzzahliger Spin. Die Nukleonen wie auch die oben erwähnten Hyperonen haben Spin ½. Die Δ-Teilchen sind Objekte mit Spin 3/2. Darüber hinaus gibt es Baryonen mit dem Spin 5/2, 7/2 usw., und wie im Falle der Mesonen nimmt man an, daß diese Kette nicht abbricht; das heißt, es gibt unendlich viele Baryonen mit beliebig hohem Spin.

Baryonen sind schwer

Alle Baryonen sind instabil, mit Ausnahme des Protons, und alle Baryonen zerfallen so, daß am Ende ein Proton übrigbleibt, neben anderen nicht stark wechselwirkenden Teilchen, wie den Elektronen. Zum Beispiel kann das Λ-Hyperon mit der Masse von 1116 MeV in ein Proton und ein π-Meson zerfallen; die Lebensdauer des Λ-Teilchens ist von der Größenordnung 10^{-10} sec (siehe Abb. 4-3). Dies ist die Konsequenz eines wichtigen Erhaltungsgesetzes, nämlich des Gesetzes von der Erhaltung der Baryonenzahl. Dieses Gesetz besagt, daß die Anzahl der Baryonen minus die Anzahl der Antibaryonen in jedem physikalischen Prozeß erhalten ist. Wenn wir zum Beispiel zwei Protonen aufeinanderschießen, wie das in den Hochenergiephysiklabors tagtäglich geschieht, wobei unter Umständen eine ganze Reihe von neuen Teilchen erzeugt werden, so ist die Anzahl der Baryonen am Anfang zwei. Also muß die Baryonenzahl am Ende ebenfalls zwei sein. Dies kann man auf viele verschie-

Zerfallende Baryonen

Das Mysterium von der Erhaltung der Baryonenzahl

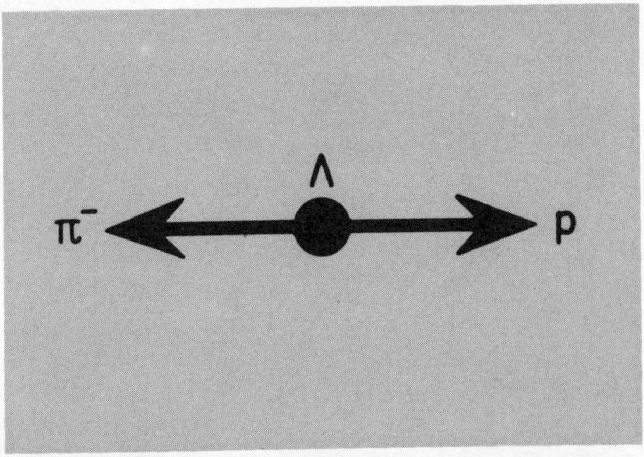

Abb. 4-3 Ein Λ-Teilchen, das sich in Ruhe befindet, zerfällt innerhalb von 10^{-10} Sekunden, indem es zum Beispiel ein Proton und ein π^--Meson emittiert.

dene Weisen erreichen. Die einfachste ist, daß am Ende des Prozesses wiederum zwei Baryonen vorhanden sind, zum Beispiel zwei Protonen, ein Proton und ein Neutron, oder zwei Neutronen (neben anderen Nichtbaryonen wie Mesonen, Elektronen, Positronen usw.). Es kann aber auch sein, daß wir drei Baryonen und ein Antibaryon (etwa $\bar{p}$ oder $\bar{n}$) erhalten, zum Beispiel in dem Prozeß

$$p+p \rightarrow p+n+\bar{n}+p$$

Wiederum ist die Anzahl der Baryonen minus die Anzahl der Antibaryonen gleich zwei. Eine einfache mathematische Beschreibung dieses Sachverhalts erhalten wir, indem wir eine spezielle Quantenzahl einführen, die Baryonenzahl A. Dies geschieht, indem wir jedem Baryon die Baryonenzahl $A=+1$ zuordnen und jedem Antibaryon die Zahl $A=-1$. Den Mesonen ordnet man die Baryonenzahl 0 zu, ebenso den nicht stark wechselwirkenden Teilchen wie den Elektronen. Die Baryonenzahl A bleibt in jedem physikalischen Prozeß erhalten.

Das Gesetz von der Erhaltung der Baryonenzahl ist in seiner Bedeutung für die Physik ähnlich dem Gesetz von der Erhaltung der elektrischen Ladung. In beiden Fällen gibt es bis heute keinen Hinweis, daß die Erhaltungsgesetze nicht exakt gültig sind. Speziell möchten wir betonen: Die Erhaltung der Baryonenzahl garantiert, daß das Proton ein stabiles Teilchen ist. Im Prinzip wäre es ja möglich, daß das Proton nicht stabil ist. Unter Berücksichtigung der Erhaltung der elektrischen Ladung könnte es zum Beispiel in ein Positron und ein Photon zerfallen (siehe Abb. 4-4). Solch ein

Sterbende Protonen?

Prozeß würde jedoch das Gesetz von der Erhaltung der Baryonenzahl verletzen, da die Endprodukte die Baryonenzahl 0 haben, während der Anfangszustand die Baryonenzahl 1 besitzt. Die Erhaltung der Baryo-

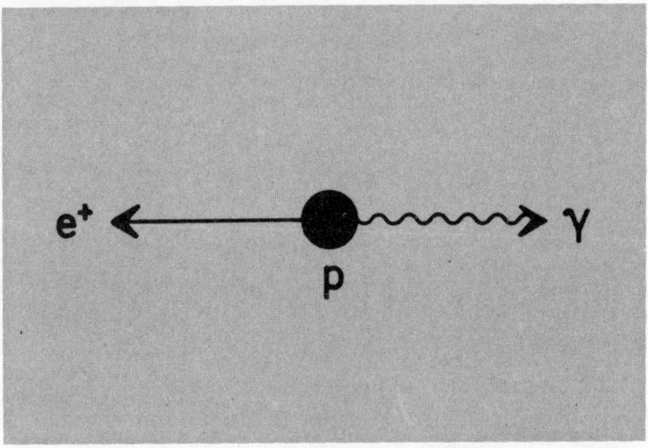

Abb. 4-4 Der hypothetische Zerfall des Protons in ein Positron und ein Photon. Ein solcher Zerfall ist zwar verträglich mit der Erhaltung der elektrischen Ladung, verletzt aber das Gesetz von der Erhaltung der Baryonenzahl.

nenzahl erzwingt also die Stabilität des Protons. Die Erhaltung der Baryonenzahl und die Stabilität der Materie sind miteinander verknüpft.

Wenn die Baryonenzahl exakt erhalten ist, so bedeutet dies natürlich, daß das Proton niemals zerfällt, also unendlich lange lebt. Es könnte aber durchaus sein, daß das Proton zerfällt und daß wir diesen Zerfall bis heute nicht beobachtet haben, da er nur relativ selten passiert. In der Vergangenheit hat man verschiedene Präzisionsexperimente durchgeführt, um den möglichen Zerfall des Protons zu finden. Diese Experimente geben eine untere Grenze für die Lebensdauer des Protons, die für normale Begriffe enorm ist, nämlich 10^{31} Jahre. Man erhält eine Vorstellung von der Größenordnung dieser Zeit, wenn man erwägt, daß das von den Astrophysikern geschätzte Alter des Universums bei etwa zehn Milliarden (10^{10}) Jahren liegt, das heißt, die Lebensdauer des Protons ist um viele

Das Proton lebt viel länger als das Universum

Größenordnungen größer als das Alter des Universums.

Der Leser mag erstaunt sein, wie man ein solches Resultat in den Experimenten finden kann, sind sie doch im Universum, speziell auf der Erde, gemacht worden, und zwar in einem relativ kurzen Zeitraum von maximal einigen Jahren! Das Entscheidende ist, daß man in den Experimenten nicht etwa ein einzelnes Proton betrachtet und mit der Uhr in der Hand darauf wartet, bis es zerfällt. Man untersucht vielmehr einen großen »Brocken« von Materie, der etwa 10^{31} Protonen enthält. Jedes dieser 10^{31} Protonen hat unter Umständen eine gewisse, wenn auch sehr kleine Chance, nach relativ kurzer Zeit (etwa einige Monate nach Beginn des Experiments) zu zerfallen. Auf diese Weise erhält man die überraschend große Zeitdauer für die untere Grenze an die Lebensdauer des Protons.

Die Frage, die sich aber noch immer stellt, ist: Lebt das Proton unendlich lange, oder hat es eine endliche Lebenszeit? Der Leser mag vielleicht erstaunt sein, daß wir uns im Detail mit der Frage der Stabilität des Protons beschäftigen. Warum sollten wir nicht einfach annehmen, daß die Lebensdauer des Protons unendlich ist. Der Grund, warum ich dies nicht von vornherein annehmen will, ist der folgende.

Der kleine Unterschied zwischen elektrischer Ladung und Baryonenzahl

Die Erhaltung der Baryonenzahl ist ein eigenartiges Phänomen in der Physik. Zwischen der Erhaltung der elektrischen Ladung und der Erhaltung der Baryonenzahl gibt es einen wichtigen Unterschied. Die elektrische Ladung ist nicht nur eine Zahl, wie die Baryonenzahl, die man den verschiedenen Teilchen zuordnet (etwa +1 für das Proton, 0 für das Neutron, −1 für das Elektron), sondern beschreibt auch das dynamische Verhalten des Teilchens in einem elektrischen Feld. Ein geladenes Teilchen wird in einem elektrischen

Feld abgelenkt, ein neutrales nicht. Ein elektrisch geladenes Teilchen ist zudem von seinem eigenen elektrischen Feld umgeben, ein neutrales Teilchen besitzt kein elektrisches Feld. Da man elektrische Felder durch entsprechende Apparate relativ leicht messen kann, ist es möglich, die elektrische Ladung eines Objekts selbst von größerer Entfernung aus zu bestimmen, ohne nähere Kenntnis des Objekts.

Analoges gilt jedoch nicht für die Baryonenzahl. Ein Baryon beeinflußt nicht seine Umgebung, etwa durch das Vorhandensein eines Feldes analog dem elektrischen Feld. Es ist deshalb auch nicht möglich, über eine gewisse Entfernung hinweg festzustellen, wie groß die Baryonenzahl eines Objektes ist. Die Baryonenzahl spielt mehr die Rolle eines Buchhalters in der Physik, der sicherstellt, daß alles seine Richtigkeit hat, der aber keinerlei Einfluß auf die Dynamik der ablaufenden Prozesse hat. Nun mag der unvoreingenommene Leser fragen: Vielleicht stimmt dies nicht, und es gibt tatsächlich ein physikalisches Feld, das an die Baryonenzahl oder, wie man auch sagen kann, an die Baryonenladung gekoppelt ist, in Analogie zum elektrischen Feld. Vielleicht ist dieses Feld nur viel schwächer als das elektrische Feld, und man hat es aus diesem Grunde bis heute nicht beobachtet.

Baryonenzahl als Buchhalter

Es ist relativ leicht abzuschätzen, wie schwach ein solches »baryomagnetisches« Feld sein müßte, um sich bis heute der Beobachtung entziehen zu können. Nehmen wir an, daß dieses Feld, abgesehen von seiner Stärke, genauso an die Baryonenzahl gekoppelt ist wie das elektrische Feld an die elektrische Ladung. Nun hat jedes makroskopische Stück von Materie, etwa ein Eisenblock, eine immens große Baryonenzahl, die gleich der Zahl der vorhandenen Nukleonen ist. Da die beobachtete Materie nur aus Baryonen besteht

Gibt es ein baryomagnetisches Feld?

und nicht aus Antibaryonen, ist die Baryonenzahl jedes Materiestückes positiv, das heißt, zwei Materiestücke müßten sich gegenseitig abstoßen. Speziell müßte sich dieser Effekt in der Astronomie bemerkbar machen, zum Beispiel durch eine Abstoßung von Erde und Sonne, die zusätzlich neben der durch die Gravitation bedingten Anziehung besteht. Damit erhält man eine Bedingung für die Stärke der »baryonischen« Kraft: Sie darf nicht stärker als die Gravitationskraft sein.

Andererseits kann man leicht berechnen, wie stark die Abstoßung ist, wenn man annimmt, daß die baryomagnetische Kraft genauso stark ist wie die elektrische Kraft; das heißt, die Kopplungskonstante der baryomagnetischen Kraft wird ebenso groß angenommen wie α. Das Resultat ist enorm: Die durch die baryomagnetische Kraft bewirkte Abstoßung müßte 10^{36}mal stärker sein als die durch die Gravitation bewirkte Anziehung. Dieser Sachverhalt legt die Annahme nahe, daß es überhaupt kein baryomagnetisches Feld gibt.

Warum gibt es keine Antimaterie?

Wir kennen ein anderes physikalisches Phänomen, das mit der Erhaltung der Baryonenladung zusammenhängt, nämlich die Tatsache, daß unsere Welt aus Baryonen besteht und daß es keine Evidenz für die Existenz großer Mengen von Antimaterie im Universum gibt. Dies ist sehr eigenartig, denn im Rahmen der Elementarteilchenphysik herrscht eine Symmetrie zwischen Baryonen und Antibaryonen. Es scheint nichts zu geben, das die Baryonen von den Antibaryonen unterscheidet, wenn die Baryonenzahl exakt erhalten ist, und aus diesem Grunde würde man erwarten, daß im Kosmos genauso viele Baryonen wie Antibaryonen existieren. Es erweist sich nun, daß man das Nichtvorhandensein von Antimaterie im Universum durchaus verstehen könnte, wenn man die exakte Erhaltung der Baryonenzahl aufgibt und damit den Weg ebnet für den Zerfall des Protons. Es wird sich im Laufe unserer Diskussion herausstellen, daß die Nichterhaltung der Baryonenzahl im Rahmen der modernen Feldtheorien der Elementarteilchen etwas ganz Natürliches ist. Man erwartet, daß die Lebensdauer des Protons nur wenig größer ist als die heute vom Experiment gelieferte untere Grenze der Lebensdauer. Seit etwa 1980 werden in verschiedenen Laboratorien in den USA und in Westeuropa Experimente durchgeführt, die es erlauben werden, die Grenze der Lebensdauer des Protons weiter nach oben zu schrauben oder eventuell den Protonzerfall zu beobachten. Wir werden auf diese Problematik gegen Ende des Buches zurückkommen.

Protonen dürfen zerfallen

Es ist nützlich, neben den Mesonen und Baryonen eine weitere Gruppe von Teilchen einzuführen: die Gruppe der Teilchen, die Spin ½ haben und nicht an der starken Wechselwirkung teilnehmen. Zu dieser Gruppe gehören natürlich das Elektron und das oben diskutierte Neutrino. Es gibt jedoch noch weitere dieser Teilchen; man bezeichnet sie als Leptonen. Der Name ist vom Griechischen »leptos« (leicht) abgeleitet, da das Elektron als der prominenteste Vertreter der Leptonengruppe ein im Vergleich zum Proton sehr leichtes Teilchen ist. (Es hat sich in jüngster Zeit herausgestellt, daß der Name Lepton nicht besonders sinnvoll ist. Wir wissen heute, daß es auch schwere Leptonen, das heißt Leptonen, die schwerer als das Proton sind, gibt.)

Leptonen

Bis vor einigen Jahren glaubte man, es gäbe nur vier Leptonen. Neben dem Elektron und seinem Neutrino fand man ein elektrisch geladenes Lepton, das etwa 200mal so schwer ist wie das Elektron, das Myon (mit dem Symbol μ bezeichnet), und ein mit ihm assozi-

Zerfallende Myonen iertes Neutrino, das Myonneutrino ν_μ. Im Unterschied zum Elektron ist das Myon nicht stabil, sondern zerfällt in etwa einer millionstel Sekunde in ein Elektron, ein Antielektronneutrino und ein Myonneutrino:

$$\mu \rightarrow e + \bar{\nu}_e + \nu_\mu$$

Es fällt auf, daß das Elektron, das Myon und die Neutrinos relativ leichte Teilchen sind, wenn man sie mit den Baryonen vergleicht. Man könnte der Ansicht sein, die Leptonen haben deshalb so kleine Massen, weil sie nicht an der starken Wechselwirkung teilnehmen. Diese Ansicht wurde jedoch in der Mitte der siebziger Jahre erschüttert, und zwar durch die am SLAC und am DESY durchgeführten Experimente. Man fand ein neues Lepton, das sogenannte τ-Lepton, das eine Masse von etwa 1.8 GeV hat, also fast zweimal so schwer ist wie das Proton. Neben diesem Lepton gibt es auch ein mit ihm assoziiertes Neutrino, genannt ν_τ. Die Masse des τ-Neutrinos ist unbekannt, muß aber viel kleiner sein als die Masse des τ-Leptons. Es ist nicht ausgeschlossen, daß alle Neutrinos, eingeschlossen das ν_τ, masselos sind.

Schwere Leptonen

Wenn wir die Gruppe der zur Zeit bekannten Leptonen näher betrachten, so fällt eines auf: Die Leptonen scheinen paarweise aufzutreten, wobei ein Paar aus einem Neutrino und einem geladenen Lepton besteht. Es gibt drei solcher Paare, nämlich

Leptonenpaarung

$$\begin{pmatrix} \nu_e \\ e^- \end{pmatrix} \quad \begin{pmatrix} \nu_\mu \\ \mu^- \end{pmatrix} \quad \begin{pmatrix} \nu_\tau \\ \tau^- \end{pmatrix}.$$

Wir werden sehen, daß diese »Paarung« der Leptonen eine tiefere Bedeutung besitzt; sie impliziert ganz spezifische Eigenschaften der Leptonen bezüglich der schwachen Wechselwirkung.

Wenn wir die Welt der Hadronen mit der oben diskutierten Welt der Leptonen vergleichen, so bemerken wir eine eigentümliche Tatsache: Es gibt viel mehr Hadronen als Leptonen. Bis heute kennen wir nur sechs Leptonen, aber einige hundert Hadronen. Hieraus mag man die Schlußfolgerung ziehen, daß die Leptonen fundamentalere Objekte als die Hadronen sind. Während der siebziger Jahre hat sich herausgestellt, daß diese Idee richtig ist. Die Hadronen erwiesen sich als Systeme, die aus elementaren Konstituenten bestehen: den Quarks. Das Quarkkonzept wurde

Leptonen sind elementar

Abb. 4-5 Der amerikanische Physiker Murray Gell-Mann, dessen Arbeiten für die Entwicklung der modernen Elementarteilchenphysik richtungweisend waren. Er erhielt 1969 den Nobelpreis für Physik.

Abb. 4-6 Der amerikanische Physiker George Zweig, der unabhängig von Gell-Mann die Quarks in die Physik einführte (von Zweig als »aces« bezeichnet). Zweig arbeitet heute in den Los Alamos Scientific Laboratories an biophysikalischen Problemen.

Hadronen und Quarks

ursprünglich von Murray Gell-Mann (Abb. 4-5) und George Zweig (Abb. 4-6) vorgeschlagen – im Jahre 1964. Seit dieser Zeit hat sich das Quarkmodell der Hadronen von einer gewagten Hypothese zur modernen Theorie der Hadronen entwickelt.

Wir werden sehen, daß die Zahl 3 eine besondere Rolle im Quarkmodell spielt; das Proton beispielsweise besteht aus drei Quarks. Dies ist der Grund für die Bezeichnung »Quarks«; Gell-Mann wählte diesen Namen unter Bezugnahme auf den Roman »Finnegans Wake« von James Joyce. Dort heißt es auf Seite 383:

Drei Quarks und das Proton

» –Three quarks for Muster Mark!
Sure he hasn't got much of a bark
And sure any he has it's all beside the mark.
But O, Wreneagle Almighty, wouldn't un be a sky of a lark
To see that old buzzard whooping about for uns shirt in the dark
And he hunting round for uns speckled trousers around by Palmerstown Park?«

Der Roman von James Joyce ist voll von schwer zu verstehenden Wortspielen. Manche dieser Wortspiele sind bis heute nicht entschlüsselt. In »Finnegans Wake« wird die Biographie von Herrn Finn beschrieben (der manchmal auch als Herr Mark erscheint, wie in dem oben angegebenen Zitat). Die drei Quarks sind die Kinder von Herrn Finn. Manchmal treten sie für Herrn Finn selbst auf. Damit wird die Assoziation zur Teilchenphysik klar. Herr Finn bzw. Mark stellt das Proton dar. In manchen Situationen verhält sich das Proton so, als wenn es aus drei Quarks bestünde. In den folgenden Kapiteln wird klarwerden, wann dies der Fall ist. Sinnigerweise findet sich das Zitat auf Seite 383 – die Zahlen 3 *und* 8 sind für die Physik der Quarks bedeutsam.

5. Mesonen, Baryonen und Quarks

Wir haben bereits festgestellt, daß ein wesentlicher Unterschied zwischen der hadronischen Welt und der Welt der Leptonen darin besteht, daß es wesentlich mehr Hadronen als Leptonen gibt. Wir möchten jetzt das Spektrum der Hadronen etwas näher betrachten. Im Spektrum der Hadronen beobachten wir verschiedene Regelmäßigkeiten. Eine dieser Regelmäßigkeiten wurde bereits in den dreißiger Jahren, kurz nach der Entdeckung des Neutrons, von Werner Heisenberg bemerkt. Heisenberg wunderte sich darüber, daß das Proton und das Neutron in ihren physikalischen Eigenschaften so ähnlich sind, trotz der Tatsache, daß ihre elektrischen Ladungen verschieden sind. In der Tat sind das Proton und das Neutron sehr ähnlich. Beide haben Spin ½ und die Baryonenzahl +1. Ihre Massen sind fast gleich – das Neutron ist etwas schwerer als das Proton, aber nicht viel. Die Neutron-Proton-Massendifferenz beträgt nur etwa 1.4‰ der Gesamtmasse des Protons. Da sowohl das Proton als auch das Neutron an der starken Wechselwirkung teilnehmen, kam Heisenberg auf die Idee, daß vielleicht die starke Wechselwirkung – das heißt die Wechselwirkung, die die Kernkraft erzeugt – zwischen Neutron und Proton keinen Unterschied macht. Dies würde bedeuten, daß Neutronen und Protonen an der starken Wechselwirkung in gleicher Weise beteiligt sind. In anderen Wor-

Die Neutron-Proton-Verwandtschaft

ten: Die starke Wechselwirkung ist invariant beim Austausch von Neutronen und Protonen untereinander. Diese Invarianz nennt man Isospinsymmetrie.

Es hat sich herausgestellt, daß die Isospinsymmetrie in der Natur, insbesondere in der starken Wechselwirkung, recht gut erfüllt ist. Natürlich kann die Isospinsymmetrie keine vollkommen exakte Symmetrie sein. Wir wissen bereits, daß die elektromagnetische Wechselwirkung sicher die Isospinsymmetrie verletzt, da ja Protonen und Neutronen sich in bezug auf die elektromagnetische Wechselwirkung nicht in gleicher Weise verhalten.

Der Isospin

Teilchen als Partner in Isospinmultipletts

Falls die Idee der Isospinsymmetrie für die Welt der Hadronen überhaupt sinnvoll ist, erwarten wir, daß alle Hadronen in verschiedene Gruppen eingeteilt werden können. Die Angehörigen einer Gruppe haben alle den gleichen Spin, die gleiche Baryonenzahl und auch fast die gleiche Masse, aber verschiedene elektrische Ladungen. Ein Beispiel ist die bereits oben erwähnte Gruppe, die aus einem Proton und einem Neutron besteht. Wenn wir das beobachtete Spektrum der Hadronen betrachten, wird dies sofort bestätigt. Beispiele solcher Isospingruppen oder auch Isospinmultipletts, wie man sie nennt, sind die bereits erwähnten π-Mesonen, nämlich die drei Mesonen π^+, π^0 und π^-, und die sogenannten Δ-Teilchen. Die letzteren wurden Anfang der fünfziger Jahre in Experimenten gefunden, bei denen man π-Mesonen an Nukleonen gestreut hat. Die Δ-Teilchen haben eine Masse von etwa 1230 MeV; das heißt, sie sind etwa 25 % schwerer als das Proton. Es gibt insgesamt vier Δ-Teilchen, nämlich Δ^{++}, Δ^+, Δ^0, Δ^-. Speziell gibt es also hier ein Elementarteilchen der elektrischen Ladung +2, das Teilchen Δ^{++}. Wir kennen auch Teilchen, die keine Isospinpartner haben, sondern sozusagen allein vorkommen,

Neue Baryonen

zum Beispiel das η-Meson. Das letztere ist elektrisch neutral; es ist etwa viermal so schwer wie das π-Meson.

Neue Mesonen

Wir möchten noch die Gruppe der ϱ-Mesonen erwähnen. Diese Teilchen haben Spin 1 und eine Masse von ungefähr ⅔ der Masse des Nukleons. Zudem gibt es ein neutrales Meson, genannt ω, das ebenfalls Spin 1 besitzt und nur wenig schwerer als das ϱ-Meson ist. Das Spektrum dieser Teilchen ist in Abbildung 5-1 dargestellt.

Neben den Isospinmultipletts, die wir oben erwähnt haben, gibt es in der Natur noch viele andere solche Multipletts, deren Teilchen allerdings viel schwerer sind als die oben erwähnten. Die Isospinsymmetrie der starken Wechselwirkung ist heute eine etablierte Tatsache.

Isospin und Quarks

Was ist nun der tiefere physikalische Grund für die Existenz der Isospinsymmetrie? Es hat sich herausgestellt, daß die Isospinsymmetrie eine Folge der inneren Struktur der stark wechselwirkenden Teilchen ist. Wir wissen heute (und werden dies später noch im Detail diskutieren), daß die Hadronen keine elementaren Objekte sind wie etwa die Leptonen, sondern aus Bausteinen (Konstituenten) bestehen: den Quarks. Die Isospinsymmetrie kann man als eine einfache Konsequenz der Quarkstruktur der Hadronen verstehen. Dies wird im Laufe der nachfolgenden Betrachtungen klarwerden.

Wir möchten zunächst versuchen, das folgende Problem zu lösen. Wir betrachten erneut die Isospinmultipletts, die in Abbildung 5-1 dargestellt sind, und konstruieren ein einfaches Modell, in dem diese Teilchen aus Konstituenten zusammengesetzt sind. Welche physikalischen Eigenschaften müßten diese Konstituenten haben? Zum einen müßten sie Spin-½-Objekte

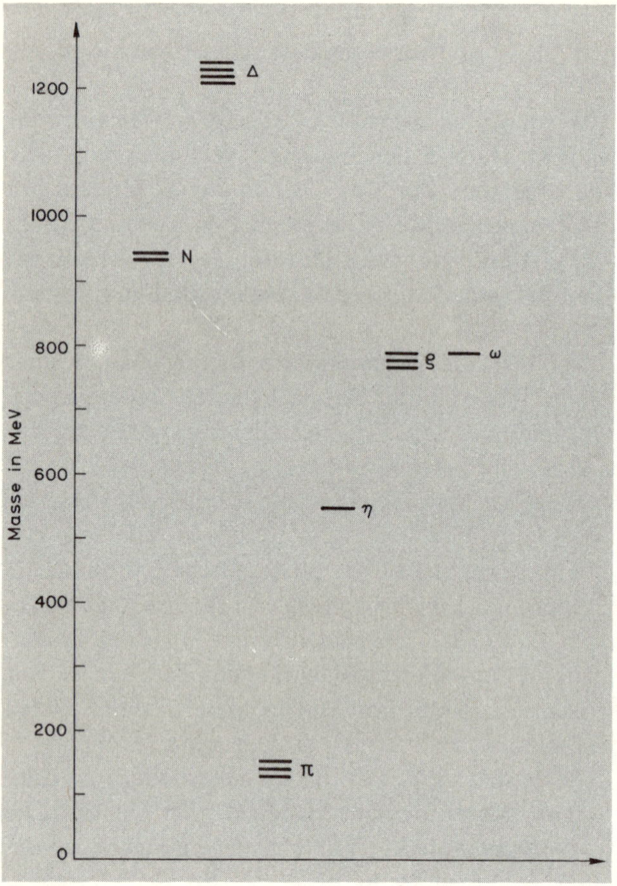

Abb. 5-1 Das Spektrum der relativ leichten Hadronen. Angegeben sind jeweils die Massen der entsprechenden Teilchen in MeV.

sein, da es sonst nicht möglich wäre, die Spin-½-Baryonen (zum Beispiel das Nukleon) aus den Konstituenten aufzubauen. Zum anderen müßten die Bausteine eine gewisse Baryonenzahl haben, da ja die Teilchen, die wir aufbauen wollen, zum Beispiel das Proton, eine Baryonenzahl besitzen. Weiterhin müßten die Bausteine elektrische Ladung tragen, da die meisten der erwähnten Hadronen elektrisch geladen sind.

Es ist relativ leicht, die Mesonen aus Spin-½-Bausteinen aufzubauen. Ein ähnliches Prinzip haben wir ja bereits in der Atomphysik benutzt. Wenn man will, kann man das Wasserstoffatom, das den Drehimpuls 0, 1, 2 ... besitzen kann, als eine spezielle Art von Meson betrachten, bestehend aus zwei Konstituenten, dem Proton und dem Elektron. Ebenso können wir das von uns bereits erwähnte Positronium als ein Meson interpretieren; sowohl das Wasserstoffatom als auch Positronium sind Systeme mit ganzzahligem Drehimpuls. Die Analogie zwischen dem Wasserstoffatom oder Positronium und einem Meson ist allerdings nur sinnvoll, wenn man den Drehimpuls betrachtet. Ansonsten ist das Wasserstoffatom einem Meson nicht sehr ähnlich (das Wasserstoffatom als Ganzes nimmt nicht an der starken Wechselwirkung teil, während ein Meson wie das π-Meson dies natürlich tut). Trotzdem ist die Analogie zwischen Atomen und Mesonen nützlich, und wir werden später noch oft darauf zurückkommen.

Atomare »Mesonen«

Wir wollen jetzt versuchen, die Mesonen aus Spin-½-Bausteinen zu konstruieren. Speziell werden wir die Mesonen aus einem Spin-½-Baustein und einem Antiteilchen aufbauen. Solch ein System hat natürlich einen ganzzahligen Spin (0, 1, 2, 3 ...). Wie viele verschiedene Bausteine müssen wir einführen, um die oben erwähnten Mesonen zu konstruieren? Sicherlich benötigen wir mehr als eine Art von Konstituenten, da sonst alle Mesonen elektrisch neutral sein müßten (ein System, das aus einem Teilchen und seinem Antiteilchen besteht, ist notwendigerweise elektrisch neutral, da die elektrische Ladung des Antiteilchens genau das Negative der elektrischen Ladung des entsprechenden Teilchens ist).

Die Quarks, genannt u und d

Nehmen wir als nächste einfachste Möglichkeit an, daß wir es mit zwei verschiedenen Konstituenten zu tun haben, die wir u- und d-Quarks nennen (u, d für »up«, »down«, die englischen Bezeichnungen für oben und unten). Mit zwei verschiedenen Quarks q können wir insgesamt vier verschiedene Quark-Antiquark-Systeme konstruieren, nämlich $\bar{u}u$, $\bar{u}d$, $\bar{d}u$ und $\bar{d}d$. Jetzt betrachten wir erneut das beobachtete Spektrum der Mesonen. Wir bemerken, daß die Mesonen immer in Vierergruppen auftreten, zum Beispiel die Gruppe π^+, π^0, π^-, η oder die Gruppe ϱ^+, ϱ^0, ϱ^-, ω. Deshalb liegt es nahe, die Mesonen als Quark-Antiquark-Systeme zu betrachten. Bevor wir dies aber im Detail untersuchen, betrachten wir zunächst die Baryonen.

Wenn wir die Baryonen ebenso wie die Mesonen als Systeme interpretieren, die aus mehreren Quarks bestehen, so benötigen wir für den Aufbau eines Nukleons sicher mehr als ein Quark. Andererseits ist es unmöglich, ein Baryon wie zum Beispiel ein Nukleon aus zwei Quarks aufzubauen, da der Spin eines Zwei-Quark-Systems nicht halbzahlig sein kann wie etwa der Spin des Nukleons. Deshalb ist es am einfachsten, die Baryonen als Systeme zu interpretieren, die aus drei Quarks bestehen. Betrachten wir erneut Abbildung 5-1. Ist es möglich, die dort dargestellten Baryonen aus den u- und d-Quarks, die wir oben eingeführt haben, aufzubauen? Wir untersuchen zuerst die Δ-Teilchen. Es ist leicht zu sehen, daß es nur vier verschiedene Möglichkeiten gibt, qqq-Systeme aus den u- und d-Quarks zu konstruieren, nämlich uuu, uud, udd und ddd. Wir identifizieren die vier verschiedenen Δ-Teilchen mit diesen vier Quarkkonfigurationen wie folgt:

Drei Quarks machen ein Nukleon

$\Delta^{++} = (u\,u\,u)$, $\Delta^{+} = (u\,u\,d)$, $\Delta^{0} = (u\,d\,d)$, $\Delta^{-} = (d\,d\,d)$

Mit dieser Identifizierung können wir nun die Eigenschaften, insbesondere die Quantenzahlen, der Quarks bestimmen. Was wir finden, ist sehr eigenartig. Betrachten wir zunächst die Baryonenzahl. Da wir die Baryonen als qqq-Systeme interpretieren, müßte die Baryonenzahl des Quarks ein Drittel der Baryonenzahl des Nukleons sein, das heißt ⅓; *die Baryonenzahl eines Quarks ist nicht ganzzahlig.* Zum anderen haben wir das Δ^{++}-Teilchen als ein System interpretiert, das aus drei u-Quarks besteht. Aus diesem Grunde muß die elektrische Ladung des u-Quarks genau ⅓ der elektrischen Ladung des Δ^{++} sein; das heißt, *die elektrische Ladung des u-Quarks ist ⅔.* Analog ergibt sich die elektrische Ladung des d-Quarks als −⅓. Damit finden wir zum erstenmal in der Physik Objekte, deren Baryonenzahl und deren elektrische Ladung nicht ganzzahlig sind.

Quarks mit ungewöhnlichen Eigenschaften

In analoger Weise können wir jetzt die Nukleonen aus den u- und d-Quarks konstruieren. Das Proton, das die elektrische Ladung +1 hat, müssen wir jetzt als ein System interpretieren, das die Quarkstruktur (uud) besitzt, während das Neutron die Struktur (udd) hat.

Wir kehren kurz zu den Mesonen zurück. Da wir aus den Betrachtungen, die wir oben im Falle der Baryonen angestellt haben, die elektrischen Ladungen der Quarks wissen, ergibt sich die Frage, ob die elektrischen Ladungen der Mesonen, die wir bereits als Quark-Antiquark-System interpretiert haben, richtig herauskommen. Die elektrische Ladung des Systems $\bar{u}\,d$ ist natürlich −1, da die elektrische Ladung des Anti-u-Quarks −⅔ ist. Ebenso ist die Ladung des Systems $\bar{d}u$ +1, und die Ladung von $\bar{u}u$ oder $\bar{d}d$ ist 0. So identifizieren wir $\pi^+ = (\bar{d}u)$, $\pi^- = (\bar{u}d)$, $\varrho^+ = (\bar{d}u)$, $\varrho^- = (\bar{u}d)$. Die neutralen Mesonen π^0 und η oder ϱ^0 und ω haben eine etwas kompliziertere Struktur, denn es erweist sich,

Mesonen als Quark-Antiquark-Systeme

daß diese Systeme aus mehreren neutralen Quark-Antiquark-Konfigurationen zugleich bestehen.

Im allgemeinen können wir also jetzt sagen, daß wir in der Lage sind, die Baryonen und Mesonen, die man in der Natur beobachtet, auf sehr einfache Weise durch die Idee der Quarks zu beschreiben. Die Mesonen sind Quark-Antiquark-Systeme, die Baryonen bestehen aus drei Quarks. In schematischer Weise haben wir diesen Sachverhalt in Abbildung 5-2 dargestellt.

Oben haben wir die π-Mesonen und die ϱ-Mesonen durch die gleiche Quarkkonfiguration beschrieben. Das gleiche gilt für die Nukleonen und zwei der Δ-Teilchen. Auf der anderen Seite haben diese Teilchen ganz verschiedene Massen. Das ϱ-Meson ist zum Beispiel etwa 600 MeV schwerer als das π-Meson, und das Δ-Teilchen ist etwa 300 MeV schwerer als das Nukleon. Wie ist es möglich, Teilchen mit solch verschiedenen Massen durch die gleichen Quarkkonfigurationen zu beschreiben?

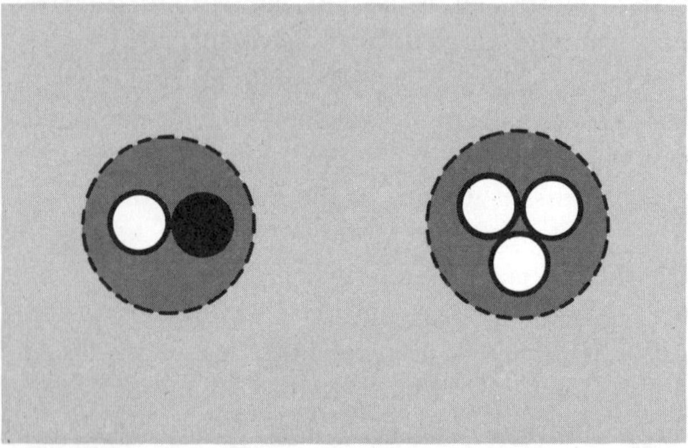

Abb. 5-2 Die Struktur der Mesonen und Baryonen. Mesonen bestehen aus einem Quark und einem Antiquark, Baryonen aus drei Quarks (die Quarks sind durch Kreise, die Antiquarks durch ausgefüllte Kreise dargestellt).

Die Antwort auf diese Frage ist nicht schwer. Bislang haben wir noch nicht den Spin der Quarks in Betracht gezogen. Die π-Mesonen haben Spin 0, und wir müssen deshalb die Spins der beiden Quarks – genauer gesagt, des Quarks und des Antiquarks – so arrangieren, daß das Ergebnis ein Spin-0-Objekt ist. Dies ist genau dann der Fall, wenn die beiden Spins entgegengesetzt gerichtet sind. Die ϱ-Mesonen dagegen haben Spin 1. Die beiden Spins der Quarks müssen also gleichgerichtet sein. Die Situation hier ist analog dem Fall von Positronium, den wir früher studiert haben. Das π-Meson entspricht in seiner Spinstruktur Parapositronium, und das ϱ-Meson hat die gleiche Spinstruktur wie Orthopositronium. Die Δ-Teilchen haben Spin 3/2. Dies kommt zustande, wenn die Spins aller drei Quarks gleichgerichtet sind. Im Nukleon, das Spin 1/2 hat, müssen zwei der Quarks in ihren Spins gleichgerichtet sein, während das dritte Quark seinen Spin dazu entgegengesetzt ausgerichtet hat. Dies ergibt insgesamt den Spin 1/2. Die verschiedenen Spinarrangements der Quarks in den verschiedenen Teilchen sind in Abbildung 5-3 zu sehen.

Auf den Spin kommt es an

Wenn wir jetzt die verschiedenen Spinkonfigurationen betrachten und die Massen der entsprechenden Teilchen näher in Augenschein nehmen, können wir eine sehr wichtige Schlußfolgerung ziehen. Die Kraft, die zwischen den Quarks agiert, muß so sein, daß die Spins in einem Meson nach Möglichkeit entgegengesetzt gerichtet sind und daß es Energie kostet, die Spins in dieselbe Richtung auszurichten, wie etwa im ϱ-Meson. Die Massendifferenz zwischen der Masse des ϱ-Mesons und der Masse des π-Mesons ist nichts weiter als die Energie, die man aufwenden muß, um den Spin eines der Quarks im π-Meson »herumzuklappen«, so daß man ein ϱ-Meson erhält. Ähnliches gilt

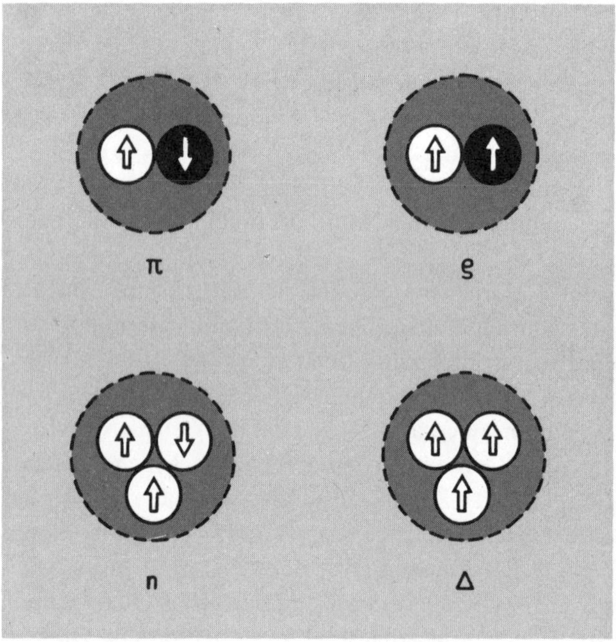

Abb. 5-3 Die Spinarrangements der Quarks in den einfachsten Meson- und Baryonzuständen (π- und ϱ-Meson, Nukleon und Δ-Teilchen).

Spins wollen abgesättigt sein

für die Baryonen. Da die Nukleonen leichter sind als die Δ-Teilchen, muß die Kraft zwischen den Quarks so sein, daß es Energie kostet, alle Quarks in ihren Spins so auszurichten, daß ein Δ-Teilchen entsteht. Wenn jemand eine spezifische Theorie der Quarks und der starken Wechselwirkung aufstellen möchte (und wir werden dies später explizit durchführen), so muß er die oben erwähnten Tatsachen in seine Betrachtungen einbeziehen; es muß möglich sein, diese im Rahmen einer solchen Theorie zu verstehen.

Als die Quarkidee im Jahre 1964 publiziert wurde, gab es nicht wenige Physiker, die der Theorie skeptisch gegenüberstanden. Der Grund hierfür lag in den recht eigenartigen Aspekten des Quarkmodells (die nichtganzzahligen elektrischen Ladungen der Quarks, die Baryonenzahl ⅓). Zudem war es nicht klar, warum die Hadronen ausgerechnet in der Form $\bar{q}q$ oder qqq auftreten sollten und nicht auch in der Form qq oder qqqq. (Konfigurationen der Struktur qq nennt man Diquarks.) In verschiedenen Experimenten hat man nach solchen exotischen Typen von Hadronen gesucht, bislang ohne Erfolg. Wo immer man schaut, sieht man nur die üblichen Hadronen, also Gebilde der Struktur $\bar{q}q$ oder qqq.

Ein weiteres Problem der Quarkidee ist die Tatsache, daß die Quarks selbst bis heute nicht als wirkliche Teilchen beobachtet wurden. Wenn man die Hadronen ganz naiv betrachtet, so könnte man sich vorstellen, daß die Quarkstruktur der Nukleonen nicht so sehr verschieden von der Struktur der Atomkerne ist. In diesem Fall sollte es relativ leicht sein, ein Quark aus einem Kernteilchen herauszubrechen, ebenso wie man mit relativ wenig Aufwand ein Nukleon aus einem Atomkern herausschlagen kann. In zahlreichen Experimenten hat man genau dies versucht. In keinem Fall gelang es, die Quarks als Teilchen aus dem Nukleonverband herauszulösen. Es scheint zumindest sehr schwierig zu sein, sie aus einem Nukleon »herauszuoperieren«.

Quarks als freie Teilchen?

Wenn man die Quarks als wirkliche Teilchen produzieren könnte, so wären sie in der Tat recht exotische Objekte. Sie würden beispielsweise an ihrer nichtganzzahligen elektrischen Ladung zu erkennen sein.

In den folgenden Kapiteln dieses Buches werden wir sehen, wie alle mit dem Quarkmodell verbundenen Probleme innerhalb einer einfachen Theorie gelöst werden können, der sogenannten Chromodynamik. In dieser Theorie erscheinen die Quarks als die fundamentalen Objekte der Hadronenphysik. Die Situation ist analog zur Elektrodynamik, in der das Elektron als das fundamentale Objekt fungiert. In der Theorie der Chromodynamik sind die Quarks zwar mit all den oben erwähnten seltsamen Eigenschaften ausgestattet, können diese aber nicht offen zeigen; sie sind innerhalb der Hadronen permanent gebunden. Es gibt keine Möglichkeit, sie als freie Teilchen zu beobachten wie etwa die Elektronen. Demzufolge mußten sich die Physiker spezielle Möglichkeiten einfallen lassen, um die Quarks zumindest indirekt innerhalb der Hadronen zu beobachten und zu studieren. Eine dieser Möglichkeiten möchten wir im nachfolgenden Kapitel beschreiben.

Quarks – für immer aneinander gekettet

Bemerkenswert war die Reaktion der theoretischen Physiker nach der Aufstellung des Quarkmodells. So schreibt George Zweig, neben Gell-Mann der Begründer der Quarkidee, in einem im Jahre 1980 veröffentlichten Caltech-Report: »Die Reaktion der theoretischen Physiker auf das Modell war im allgemeinen nicht günstig. Um den CERN-Report in der von mir gewünschten Form zu publizieren, hatte ich derartige Schwierigkeiten, daß ich die Sache schließlich aufgab. Die Physik-Fakultät einer großen Universität in den USA plante eine Anstellung für mich. Letztere wurde blockiert, weil der führende Theoretiker dieser Universität vorbrachte, das Quarkmodell sei das Produkt eines ›Scharlatans‹. Die Idee, daß die Hadronen, Bürger einer nuklearen Demokratie, aus noch kleineren Konstituenten bestehen, wurde für verrückt gehalten. Offensichtlich war sie aber richtig.«

6. Die kalifornische Röntgenanalyse des Protons

Wir haben die Quarks eingeführt, um das beobachtete Spektrum der Hadronen zu verstehen. Gibt es aber auch die Möglichkeit, die Quarks mehr oder weniger direkt zu sehen? Wir kommen noch einmal auf die am Anfang diskutierte Methode zur Erforschung der Struktur der Atome zurück. Ernest Rutherford benutzte α-Strahlen, um gewissermaßen in das Innere der Atome hineinzublicken, wie der Röntgenarzt, der die Röntgenstrahlen, also Photonenstrahlen, benutzt, um beispielsweise die Lunge seines Patienten zu durchleuchten. Vielleicht ist es möglich, die Quarks auf eine ähnliche Weise zu beobachten. Dies war zumindest die Idee, die man hatte.

Erforschung der Eingeweide des Protons

Um sie zu verwirklichen, mußte man eine Methode finden, um tief in das Innere des Protons einzudringen. Natürlich ist es nicht möglich, das Rutherford-Experiment einfach bei hoher Energie zu wiederholen. Da wir die Substruktur des Protons erforschen möchten, ist es angebracht, nicht α-Teilchen oder auch Protonen als Testteilchen zu nehmen, sondern Teilchen, die eine weniger komplizierte Struktur als das Proton haben. Hierzu bieten sich die Elektronen an. Diese haben keine starke Wechselwirkung und sollten deshalb fähig sein, tief in das Innere des Protons vorzudringen, vorausgesetzt, ihre Energie ist groß genug. Als Resultat dieser Überlegungen ging man daran, einen speziellen Beschleuniger zu bauen, mit dem man Elektronen auf Energien von mehr als 20000 MeV beschleunigen konnte, das heißt auf Energien, die etwa zwanzig Protonenmassen entsprechen.

SLAC beginnt zu arbeiten

Gegen Ende der sechziger Jahre war der von der amerikanischen Atomenergiekommission gebaute Beschleuniger bereit für die ersten Experimente, nahe dem Campus der Stanford-Universität südlich von San Francisco (siehe Abb. 6-1). Welche Erwartungen hegten die Physiker, als die ersten Elektronen des Stanford Linear Accelerator Center (kurz SLAC genannt) auf Materie gelenkt wurden? Man stellte sich vor, daß die Elektronen ins Innere des Nukleons im Target ein-

Abb. 6-1 Ein Blick in das Innere des Elektronenbeschleunigers am Stanford Linear Accelerator Center. Deutlich ist die Vakuumröhre zu sehen, in der die Elektronen auf hohe Energien beschleunigt werden.

dringen und entsprechend der Struktur des Nukleons abgelenkt werden. Da die Elektronen nicht an der starken, sondern nur an der elektromagnetischen Wechselwirkung teilnehmen, stellt die stark wechselwirkende Materie im Innern des Protons kein Hindernis für die Elektronen dar, sofern sie keine elektrische Ladung trägt. Die Verteilung der elektrischen Ladung innerhalb des Protons ist entscheidend dafür, ob und wie stark ein eindringendes Elektron in seiner Flugrichtung abgelenkt wird.

Zwei Möglichkeiten der Ladungsverteilung

Die folgenden zwei Möglichkeiten wurden ernsthaft diskutiert:

a) Die elektrisch geladene Materie innerhalb des Protons ist mehr oder weniger kontinuierlich im Proton verteilt. In diesem Fall findet ein eindringendes Elektron keine starken Ladungskonzentrationen vor und wird deshalb nur wenig gestreut (Abb. 6-2a).

b) Die elektrische Ladung innerhalb des Protons ist in wenigen Punkten konzentriert (im Rahmen des Quarkmodells sind diese Punkte die Quarks selbst, die als Träger der elektrischen Ladung fungieren; Abb. 6-2b).

Punktförmige elektrische Ladungen

Die ersten Experimente ergaben bereits, daß die zweite Möglichkeit zutrifft. Man fand, daß die Elektronen sehr oft unter großen Winkeln gestreut werden, so als würden sie während ihrer Reise durch das Nukleon elektrisch geladenen punktförmigen Konstituenten begegnen. Wir erinnern den Leser daran, daß etwas ganz Ähnliches am Anfang dieses Jahrhunderts geschah, als man die Atome mit α-Teilchen beschoß (siehe unsere Diskussion des Rutherfordschen Versuchs am Anfang des Buches).

Sind diese Konstituenten mit den Quarks identisch? Um dies zu prüfen, muß man die elektrische Ladung der Konstituenten messen. Dies ist allerdings nicht

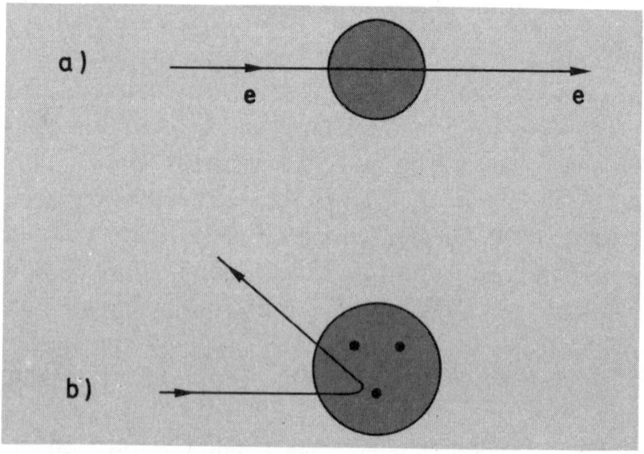

Abb. 6-2 Zwei verschiedene Möglichkeiten für die Streuung eines Elektrons an einem Proton.
a) Die elektrische Ladung innerhalb des Protons ist kontinuierlich verteilt. Das Elektron wird nur sehr wenig abgelenkt.
b) Die elektrische Ladung ist in den Quarks als den punktförmigen Konstituenten des Protons konzentriert. Oftmals wird das Elektron sehr stark abgelenkt.

Man »sieht« die Quarks

leicht, da es im Nukleon mehrere Konstituenten gibt, deren Effekte sich überlagern. Durch detaillierte Messungen und den Vergleich von Streuexperimenten unter Benutzung verschiedener Targets ist es jedoch gelungen, die Beiträge der verschiedenen Konstituenten zur Streuung der Elektronen zu isolieren. Damit konnte man die elektrischen Ladungen bestimmen. Sie erwiesen sich als identisch mit den Quarkladungen, nämlich ⅔ bzw. −⅓. Damit hatte das Quarkmodell einen wichtigen Test bestanden; man »sah« im Inneren des Protons dieselben Bausteine, die man aufgrund der Struktur des hadronischen Spektrums erraten hatte.

Mit Hilfe von SLAC war es nicht nur möglich, die Ladungen der Quarks im Inneren des Protons zu bestimmen, sondern auch die Geschwindigkeiten der

Quarks oder, genauer gesagt, den Beitrag der Quarks zum Gesamtimpuls des Protons, wenn sich dieses mit hoher Geschwindigkeit bewegt. Nun gibt es ein allgemeines Gesetz in der Physik, das besagt, daß der Gesamtimpuls eines Objektes die Summe der Impulse der verschiedenen Teile ist. Aus diesem Grunde erwartet man, daß der Impuls eines Protons hoher Energie aus den Impulsen der verschiedenen Quarks zusammengesetzt werden kann. Da man sowohl den Gesamtimpuls des Protons als auch die Impulse der Quarks kennt, erhält man einen zusätzlichen Test der Quarktheorie: Die Summe der Quarkimpulse muß gleich dem Gesamtimpuls des Nukleons sein.

Der fehlende Impuls

Wenn man diesen Test durchführt, erlebt man eine Überraschung: Er geht nicht auf. Die Summe der Impulse der Quarks ergibt nur etwa die Hälfte des Nukleonimpulses – es fehlen fast 50 % –, und es stellt sich die Frage, wo sich der fehlende Rest befindet. Es gibt nur eine vernünftige Lösung dieses Problems. Neben den Quarks muß es weitere subnukleare Konstituenten geben, die man in den Elektron-Nukleon-Streuexperimenten übersehen hat. Da letztere nur elektrisch geladene Konstituenten »sehen« würden, schließt man, daß die neuen Konstituenten neutral sind. Solche Objekte haben keine elektrische Ladung, tragen aber Impuls und müssen deshalb bei der oben diskutierten Impulsbilanz berücksichtigt werden. Im Hinblick auf die weitere Diskussion nennen wir diese Objekte Gluonen. Dieser Name ist nicht zufällig gewählt. Es wird sich nämlich herausstellen, daß die Gluonen die Bindung der Quarks zu den Hadronen bewirken; sie sind der »Klebstoff« (im Englischen »glue«), der die Nukleonen zusammenhält.

Gluonen – Bausteine neben den Quarks

Wir können also ein sich mit großer Geschwindigkeit bewegendes Nukleon in der folgenden Weise beschreiben: Der Gesamtimpuls des Nukleons setzt sich aus den Impulsen der drei Quarks und der Gluonen zusammen. Die Summe der Quarkimpulse ergibt etwa die Hälfte des Nukleonenimpulses; die andere Hälfte wird von den Impulsen der Gluonen geliefert (siehe Abb. 6-3).

Neutrinos testen das Innere des Protons Eine andere Möglichkeit, die Substruktur des Protons zu untersuchen, ergibt sich mit Hilfe der Neutrinos. Wie die Elektronen tragen die Neutrinos nicht zur starken Wechselwirkung bei. Ebenso wie die Elektronen haben deshalb die Neutrinos die Möglichkeit, relativ ungehindert ins Innere der Nukleonen einzudringen. Wir haben bereits erwähnt, daß die Neutrinos nur an der schwachen Wechselwirkung teilnehmen; mit Hilfe von Neutrinostrahlen könnte man also die Zentren der schwachen Wechselwirkung innerhalb des Nukleons »sehen«.

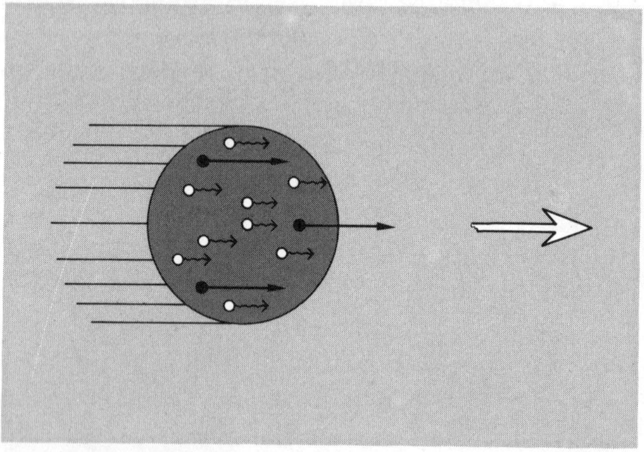

Abb. 6-3 Ein Proton bewegt sich mit hoher Geschwindigkeit in die vom Pfeil angezeigte Richtung. Der Gesamtimpuls des Protons setzt sich aus den Impulsen der drei Quarks (schwarze Kreise) und aus den Impulsen einer größeren Anzahl von Gluonen zusammen (offene Kreise). Die Gluonen tragen etwa soviel zum Gesamtimpuls bei wie die Quarks.

Was passiert mit einem Neutrino, wenn es zum Beispiel innerhalb des Protons mit einem der Quarks zusammentrifft? Dies ist natürlich ein Problem der schwachen Wechselwirkung, die wir noch nicht im einzelnen diskutiert haben, aber ich werde hier bereits vorwegnehmen, daß sich in einem solchen Fall das Neutrino in ein geladenes Lepton (Elektron oder Myon) umwandeln kann. Ein Elektron-Neutrino wandelt sich zum Beispiel in ein Elektron um, ein Anti-Elektronneutrino in ein Positron, ein Myon-Neutrino in ein negativ geladenes Myon usw. Zur selben Zeit verwandelt sich das getroffene Quark in ein anderes Quark, das u-Quark meistens in ein d-Quark und das d-Quark meistens in ein u-Quark. Die Umwandlung des Neutrinos in ein geladenes Lepton ist vom experimentellen Standpunkt aus sehr nützlich, denn dadurch ist es möglich, einen Neutrinostreuprozeß im Laboratorium zu beobachten.

Gargamelle – ein Neutrinomikroskop

Etwa im Jahre 1973 erhielt man die ersten klaren Resultate in der Neutrinostreuung an Nukleonen, und zwar sowohl am europäischen Forschungszentrum CERN als auch in den USA. Speziell für die Neutrinophysik hatte man am CERN eine für damalige Begriffe riesige Blasenkammer gebaut, genannt Gargamelle (siehe Abb. 6-4). Diese, wie jede andere Blasenkammer, war im wesentlichen ein Tank, in dem sich eine Flüssigkeit (zum Beispiel Freon) nahe am Siedepunkt befand und in dem ein gewisser Druck herrschte. Von Zeit zu Zeit wurde der Druck reduziert, und es bildeten sich in der Flüssigkeit kleine Bläschen. Diese Bläschenbildung trat bevorzugt in Regionen auf, durch die ein elektrisch geladenes Teilchen geflogen war; man konnte also die Spur eines solchen Teilchens direkt sehen. Diese Spuren waren den Kondensstreifen ähnlich, die Flugzeuge manchmal am Himmel hinterlassen. Die

Abb. 6-4 Die Blasenkammer Gargamelle am CERN (Außenansicht). Die Kammer war mit einer speziellen Flüssigkeit gefüllt. Immer wenn ein Strahl von Neutrinos durch die Kammer flog, reduzierte man plötzlich den Druck in der Kammer. Die von einem Neutrino erzeugten geladenen Teilchen verursachten aus Bläschen bestehende Spuren in der Kammer, welche fotografiert wurden. Die Kammer war von einem Magneten umgeben, der im Inneren der Kammer ein starkes Magnetfeld erzeugte. Aus Art und Stärke der Ablenkung der geladenen Teilchen im Magnetfeld schloß man auf die Ladung und die Energie des betreffenden Teilchens. Gargamelle ist heute ein Teil der Mikrokosmos-Ausstellung am CERN.

Teilchenspuren wurden fotografiert und später ausgewertet. Außen war die Blasenkammer von einem starken Magneten umgeben, der im Inneren der Kammer ein Magnetfeld erzeugte. Dies hatte den Effekt, daß die Bahnen der elektrisch geladenen Teilchen gekrümmt wurden. Aus der Art und der Stärke der jeweiligen Krümmung konnte man auf die Ladung und die Energie des entsprechenden Teilchens schließen.

Die mit Hilfe von Gargamelle gewonnenen Resultate waren sehr instruktiv. Wie zuvor beim SLAC-Experiment konnte man die Quarks im Inneren des Protons beobachten. Was man sah, deckte sich vollständig mit den Resultaten der Elektron-Proton-Streuung. Damit hatte man eine weitere Möglichkeit in der Hand, die Quarkstruktur der Hadronen zu erforschen (siehe Abbildung 6-5, in der ein typisches Ereignis der Neutrinophysik gezeigt wird).

Das Absterben der starken Wechselwirkung

Die Quarks, die man indirekt in den Elektron- und Neutrinostreuexperimenten beobachtete, schienen strukturlose Objekte zu sein wie die Leptonen. Dies war eine überraschende Eigenschaft, da die Quarks stark wechselwirkende Objekte sind, ungleich den Leptonen. Es sah so aus, als würden die Quarks ihre starke Wechselwirkung »vergessen«, sobald sie von einem Elektron oder Neutrino hoher Energie getroffen wurden (sogenanntes »scaling«-Verhalten).

Was verursachte dieses »Abschalten« der starken Wechselwirkung? Die Theorie der Quarks und der starken Wechselwirkung muß die Eigenschaft haben, daß die Kräfte der starken Wechselwirkung bei hohen Energien plötzlich schwach werden. Die Theoretiker erfanden einen schönen Namen für eine solche Theorie. Man nennt sie »asymptotisch frei«; das heißt, bei hohen Energien agieren die Quarks wie freie Teilchen, ähnlich den Leptonen. Wir werden später sehen, daß

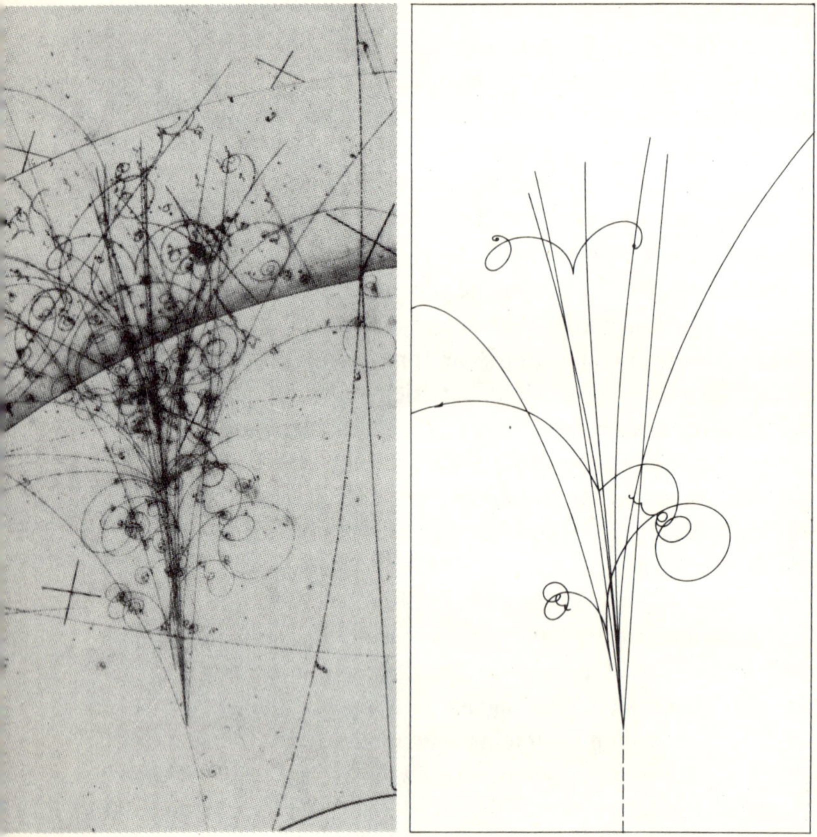

Abb. 6-5 Ein Ereignis der Neutrinophysik, aufgenommen von der großen europäischen Blasenkammer BEBC am CERN. Ein Neutrino hoher Energie tritt von unten ein und trifft auf ein Proton. Das Neutrino verwandelt sich in ein Myon, das seinen Weg nach oben fortsetzt. Das Proton wird durch den Prozeß zerstört, und es wird eine ganze Reihe von geladenen (und hier nicht sichtbaren neutralen) Hadronen erzeugt. Links ist das Blasenkammerfoto zu sehen, rechts sind die relevanten Teilchenspuren nachgezeichnet.

die Theorie der Chromodynamik diese Eigenschaft hat; bei hohen Energien oder – was entsprechend der Quantentheorie das gleiche ist – bei sehr kleinen Distanzen (viel kleiner als die Ausdehnung des Nukleons von etwa 10^{-13} cm) verhalten sich die Quarks fast wie frei existierende Teilchen. Bevor wir dies im Detail diskutieren, erwähnen wir in den folgenden Kapiteln noch einen anderen wichtigen Aspekt der Elementarteilchenphysik: die Existenz weiterer Quarktypen neben u und d.

Die Wichtigkeit der Experimente am SLAC für unser heutiges Verständnis der Struktur der nuklearen Materie wurde etwa zwanzig Jahre nach diesen Experimenten durch die Verleihung des Nobelpreises unterstrichen. Der Nobelpreis des Jahres 1990 ging an den SLAC-Physiker Richard E. Taylor und an die Physiker Jerome J. Friedman und Henry W. Kendall vom Massachusetts Institute of Technology.

7. Seltsames neues Quark

Etwa um 1950 war die Welt der Elementarteilchen einigermaßen einfach. Man hatte es mit Hadronen und Leptonen zu tun. Alle bekannten Hadronen (Nukleonen, π-Mesonen) konnte man mit Hilfe von zwei Quarks (u und d) aufbauen. (Natürlich dachte in jener Zeit niemand an Quarks, so daß obige Behauptung fiktiv ist.) Im Prinzip konnte man die Leptonen und Quarks zu einer Einheit zusammenfügen, etwa durch die Schreibweise:

Einheit der Leptonen und Quarks

$$\left(\begin{array}{c|c} \nu_e & u \\ e & d \end{array}\right).$$

Wenn man die Leptonen und Quarks in der oben angegebenen Weise einander zuordnet, gibt es keinen Platz für das Myon und sein Neutrino. Das Myon ist ein Fremdkörper in der Welt der Teilchen. Mit Recht fragte der amerikanische Kernphysiker und Nobelpreisträger Isidor Rabi: »Das Myon – wer hat denn das bestellt?« Nun kann man als Physiker die Existenz des Myons natürlich nicht hinwegdiskutieren. Die Natur hat sich sicherlich etwas dabei »gedacht«, als das Myon am Anfang der Welt geschaffen wurde, aber was?

Das nicht erwünschte Myon

Heute wissen wir, daß zumindest eine partielle Antwort auf diese Frage durch jene Physiker gefunden wurde, die zu Beginn der fünfziger Jahre einen ganzen Satz neuer Teilchen entdeckten. Man fand diese Teil-

Seltsame neue Teilchen

chen vornehmlich mittels einer sorgfältigen Analyse der kosmischen Strahlung, die ständig auf die Erde auftrifft. Diese Teilchen hatten seltsame Eigenschaften und wurden später auch danach benannt. Man nannte sie »seltsame Teilchen« (im Englischen: »strange particles«). Es begann ein faszinierendes Kapitel in der Entwicklung der Elementarteilchenphysik.

Zuerst fand man ein neutrales Teilchen, genannt Λ, das etwa 20 % schwerer als das Proton ist (es hat eine Masse von 1116 MeV). Die überraschende und zunächst nicht verstandene Eigenschaft des Λ-Teilchens war die Tatsache, daß man es relativ häufig in hadronischen Wechselwirkungen erzeugen kann und daß es andererseits nur sehr langsam zerfällt. Während die meisten Teilchen, die man in hadronischen Prozessen erzeugt, zum Beispiel die Δ-Teilchen, genauso schnell zerfallen, wie man sie erzeugt (die Lebensdauer des Δ-Teilchens ist nur 10^{-24} sec – das ist etwa die Zeit, die ein Lichtstrahl braucht, um ein Nukleon von der Ausdehnung 10^{-13} cm zu durchqueren), lebt das Λ-Teilchen sehr viel länger, nämlich 10^{-10} sec. Außerdem fand man, daß das Λ-Teilchen niemals allein erzeugt wird, sondern immer zusammen mit einem weiteren neuen Teilchen, dem K-Meson, das mehr als dreimal soviel wiegt wie das π-Meson: 495 MeV. Das Phänomen der paarweisen Erzeugung der neuen Teilchen nennt man assoziierte Produktion.

Das Neue entsteht paarweise

Viele verschiedene Hypothesen wurden vorgeschlagen, um die assoziierte Produktion der neuen Teilchen zu verstehen. Schließlich fand man die korrekte Lösung. Es stellte sich heraus, daß neben dem Isospin eine weitere Quantenzahl existiert, die man Seltsamkeit (»strangeness«) nannte. Letztere ist eine Zahl, die man jedem Teilchen zuordnen kann, ähnlich der Baryonenzahl. Sie ist Null für die normalen Teilchen

Seltsamkeit – eine neue Quantenzahl

wie die Nukleonen, die π-Mesonen usw. Dem Λ-Teilchen ordnete man die »strangeness«-Zahl −1 zu. Man nimmt nun an, daß die »strangeness« während eines Prozesses der starken Wechselwirkung erhalten bleibt. Das heißt, wenn man am Anfang die »strangeness« Null hat, zum Beispiel bei der Kollision von zwei Nukleonen, so muß auch die Gesamt-»strangeness« der Endprodukte verschwinden. Dies erklärt, warum man die seltsamen Teilchen nur paarweise erzeugen kann; man erzeugt ein Teilchen der »strangeness« −1 (etwa ein Λ-Teilchen) und gleichzeitig auch ein Teilchen der »strangeness« +1. Damit ist die »strangeness« der Gesamtheit der produzierten Teilchen Null.

Wie zerfallen die seltsamen Teilchen?

Es gibt einen wichtigen Unterschied zwischen der »strangeness«-Quantenzahl und der Baryonenzahl. Die »strangeness«-Zahl ist nicht exakt erhalten, da dann das Λ-Teilchen als leichtestes der »strangeness« −1 nicht zerfallen könnte, sondern stabil wie das Proton sein müßte. Wenn man den Zerfall des Λ-Teilchens näher untersucht (das Λ-Teilchen zerfällt zum Beispiel in ein Proton und ein negativ geladenes π-Meson – es ist also ein Baryon), so bemerkt man, daß der Prozeß, der zum Zerfall führt, etwa von der gleichen Stärke ist wie der Prozeß, der zum β-Zerfall des Neutrons führt. Dies mag den aufmerksamen Leser überraschen, da das Neutron viel länger als das Λ-Teilchen lebt (zehn Minuten, verglichen mit der recht kurzen Zeit von 10^{-10} sec) – es ist aber tatsächlich so. Der Grund, warum das Neutron so viel länger als das Λ-Teilchen lebt, hat nichts mit der Stärke des Zerfallsprozesses zu tun, sondern mit der entsprechenden Massendifferenz. Die Massendifferenz zwischen Neutron und Proton ist sehr klein, verglichen mit der Massendifferenz zwischen Λ und Proton. Wenn die Neutron-Proton-Massendifferenz vergleichbar mit der Λ-Proton-Massendifferenz wäre, so würde auch das Neutron sehr rasch zerfallen (Zerfallszeit etwa 10^{-10} sec).

Wir wissen bereits, daß der β-Zerfall des Neutrons ein Effekt der schwachen Wechselwirkung ist. Damit entpuppt sich der Zerfall der Teilchen mit nichtverschwindender »strangeness« als ein Prozeß der schwachen Wechselwirkung. Es wird klar, warum die seltsamen Teilchen zwar schnell erzeugt werden können, dafür aber sehr langsam zerfallen.

Ein »seltsames« neues Quark

Wir haben bereits die Existenz der Isospinsymmetrie auf die Existenz der zwei Quarks u und d zurückgeführt. Nichts liegt näher, als die Existenz der »strangeness« mit der Existenz eines weiteren Quarks in Verbindung zu bringen, das wir als »strange«-Quark s bezeichnen. Speziell identifizieren wir das Λ-Teilchen mit dem Baryon, in dem alle drei Quarks vorkommen: Λ = (uds). Da die elektrische Ladung des Λ-Teilchens Null ist, können wir die elektrische Ladung des s-Quarks ablesen: sie ist $-1/3$, identisch mit der elektrischen Ladung des d-Quarks.

Das s-Quark – ein schwerer Bruder des d-Quarks

Man sollte sich das s-Quark wie einen Bruder des d-Quarks vorstellen. Es hat die gleiche Ladung wie d, ist nur etwas schwerer. Dies impliziert, daß die Teilchen, die ein oder mehrere s-Quarks beinhalten, schwerer sind als die entsprechenden Teilchen ohne s-Quarks. Der Massenunterschied zwischen dem s-Quark und dem d-Quark ist etwa 150 MeV. Wir können zum Beispiel aus einem Neutron ein Λ-Teilchen herstellen, indem wir eines der d-Quarks im Neutron durch ein s-Quark ersetzen. Um dies zu tun, muß man dem Neutron Energie hinzufügen, nämlich gerade die Energie, die notwendig ist, um aus einem d-Quark ein s-Quark zu machen – etwa 150 MeV. Dies erklärt, warum das Λ-Teilchen etwa 150 MeV schwerer als das Neutron ist.

Wenn wir annehmen, daß neben den u- und d-Quarks ein weiteres s-Quark existiert, können wir die Frage stellen, wie viele neue Teilchen wohl existieren. Wir wollen diese Frage einmal systematisch angehen. Zunächst betrachten wir die »strange«-Partner der Nukleonen. Einen Kandidaten hierfür haben wir bereits erwähnt, das Λ-Teilchen (auch Λ-Hyperon genannt). Ferner sollten ein Teilchen existieren, das der Quarkstruktur (uus) entspricht und demzufolge die elektrische Ladung +1 hat, und ein Teilchen entsprechend der Quarkzusammensetzung (dds) (elektrische Ladung −1).

Die seltsamen Partner der Nukleonen

Man sieht, daß die beiden eben erwähnten Teilchen durch eine Vertauschung von u und d ineinander übergehen; aus (uus) erhält man (dds) und umgekehrt. Da eine u-d-Vertauschung nichts weiter ist als eine der Isospintransformationen, müssen die beiden Teilchen zu einer Gruppe von Teilchen gehören, die durch die Isospinsymmetrie miteinander verbunden sind (man bezeichnet eine solche Gruppe als ein Isospinmultiplett). Wir haben bereits ein Isospinmultiplett kennengelernt, in dem ein geladenes Teilchen der Ladung +1 und eines der Ladung −1 vorhanden waren, die π-Mesonen. Also erwarten wir analog, daß es drei von den oben erwähnten Teilchen gibt, die zwei geladenen plus ein neutrales mit der Quarkkomposition (uds), das heißt mit der gleichen Quarkzusammensetzung wie das Λ-Teilchen. Im Prinzip könnte dieses Teilchen mit dem Λ identisch sein, ist es aber nicht. Die Teilchen, deren Quarkkomposition wir soeben aufgeschrieben haben, sind die Anfang der fünfziger Jahre entdeckten Σ-Hyperonen Σ^+, Σ^0, Σ^-. Sie haben alle etwa die gleiche Masse, da sie ein Isospinmultiplett bilden (in

Die Σ-Teilchen

diesem Fall ein Isospintriplett) und sind schwerer als das Λ-Teilchen (etwa 1190 MeV).

Die oben erwähnte Analogie zwischen den π-Mesonen und den Σ-Teilchen bezieht sich nur auf den Isospin; beide Teilchengruppen sind Isospintripletts. Ein wesentlicher Unterschied zwischen den π-Mesonen und den Σ-Teilchen besteht darin, daß man beim Übergang zu den entsprechenden Antiteilchen im Falle der π-Mesonen innerhalb des Tripletts bleibt (aus π^+ wird π^- und umgekehrt, das π^0 ist sein eigenes Antiteilchen), während die Antiteilchen der Σ-Hyperonen ein neues Triplett bilden, bestehend aus den Antihyperonen: $\bar{\Sigma}^+$, $\bar{\Sigma}^0$, $\bar{\Sigma}^-$.

Wir können die Λ- und Σ-Teilchen gewinnen, indem wir ein Neutron oder ein Proton nehmen und eines der drei Quarks durch ein s-Quark ersetzen. Zum Beispiel erhalten wir das Σ^+-Teilchen, indem wir das d-Quark im Proton durch ein s-Quark ersetzen: (uud) → (uus). Was passiert nun, wenn wir zwei der Quarks im Nukleon durch ein s-Quark ersetzen, zum Beispiel beide d-Quarks im Neutron durch ein s-Quark? In letzterem Fall erhalten wir ein Teilchen der Quarkkomposition uss. Man erwartet, daß diese Teilchen etwa 2×150 MeV = 300 MeV schwerer als die Nukleonen sind.

Baryonen mit zwei s-Quarks

Man fand diese Teilchen kurz nach der Entdeckung der Λ- und Σ-Hyperonen. Es sind die Ξ-Teilchen, die eine Masse von etwa 1320 MeV haben. Da diese Teilchen zwei s-Quarks beinhalten, kann es nur zwei Ξ-Teilchen geben, entsprechend der Quarkstruktur (uss) = Ξ^0 und (dss) = Ξ^-. Die Ξ-Teilchen bilden ein Isospinduplett.

Experimentell findet man, daß die Ξ-Teilchen etwa genauso lange leben wie die Λ-oder Σ-Hyperonen; das heißt, der Zerfall der Ξ-Teilchen wird ebenfalls durch die schwache Wechselwirkung bewirkt. Es erweist sich aber, daß die Ξ-Teilchen immer in ein Λ oder Σ-Hyperon zerfallen. So zerfällt zum Beispiel das Ξ^- sehr häufig in $\Lambda\pi^-$. Andererseits ändert sich im Λ- oder Σ-Zerfall die »strangeness« um eine Einheit – etwa im Zerfall $\Lambda \rightarrow p\pi^-$ wird aus einem Teilchen der »strangeness« −1 ein System der »strangeness« 0. Man könnte deshalb erwarten, daß sich im Zerfall der Ξ-Teilchen ein ähnliches Spiel wiederholt und sich die »strangeness« hier ebenfalls um eine Einheit ändert. Dies ist in der Tat der Fall. Die Ξ-Teilchen erweisen sich als Teilchen der »strangeness« −2. Es wird klar, warum die Ξ-Teilchen in die Λ-Hyperonen zerfallen und nicht etwa in die Nukleonen (einen Zerfall wie etwa $\Xi^0 \rightarrow p\pi^-$ gibt es nicht). Da sich die »strangeness« beim Zerfall nur um eine Einheit ändert, muß das Endsystem die »strangeness« –1 haben; das heißt, wir erhalten unter anderem ein Λ-Teilchen. Letztere zerfallen natürlich ihrerseits, und man erhält eine Art Kaskade, wobei sich bei jedem Schritt die »strangeness« um eine Einheit ändert (siehe Abb. 7-1).

Kaskadenförmige Zerfälle der Ξ-Teilchen

Wenn wir einerseits die »strangeness«-Quantenzahl (−1 für Λ und Σ, −2 für die Ξ-Teilchen) betrachten, zum anderen die Anzahl der s-Quarks in diesen Teilchen (1 für Λ und Σ, 2 für die Ξ-Teilchen), so erkennt man eine offensichtliche Parallele. Die Anzahl der s-Quarks entspricht genau der negativen »strangeness«. Dies ist ein etwas unglücklicher Zufall der Geschichte. Es wäre besser gewesen, man hätte die »strangeness« mit dem anderen Vorzeichen definiert, indem man dem Λ-Hyperon die »strangeness« +1 gegeben hätte. Zu der Zeit, als die »strange«-Teilchen gefunden wurden, wußte man jedoch nichts von den Quarks, und so kam es, daß man bei der Definition der »strangeness« gerade das »falsche« Vorzeichen wählte.

Ein Maß für die Anzahl der s-Quarks

Wie viele Baryonen haben wir bisher gefunden? Ne-

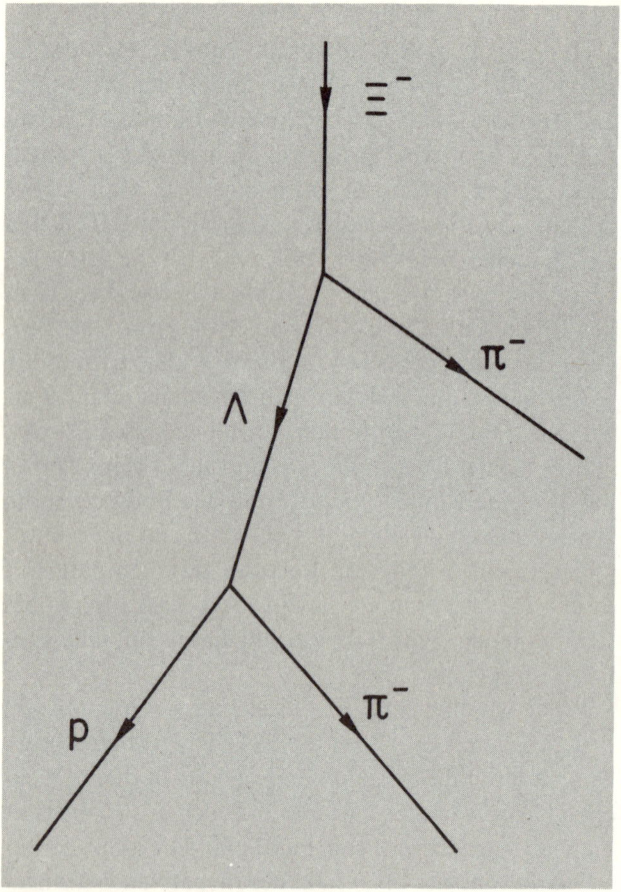

Abb. 7-1 Schematische Darstellung des Ξ-Zerfalls. Das von oben einfallende Ξ-Teilchen zerfällt zuerst in $\Lambda\pi^-$ (aus einem Teilchen der »strangeness« −2 wird ein System, bestehend aus Λ und π^-, das die »strangeness« −1 hat). Das Λ-Teilchen zerfällt anschließend in ein Proton und ein π^-. Am Ende erhalten wir ein System der »strangeness« 0. Die »strangeness« ändert sich »kaskadenförmig«.

ben den zwei Nukleonen gibt es das Λ-Teilchen, die drei Σ-Hyperonen und die zwei Ξ-Teilchen, insgesamt also acht. Nun spielt die Zahl acht eine spezielle Rolle.

Etwa um 1960 wurde von Murray Gell-Mann und dem israelischen Physiker Yuval Ne'eman vorgeschlagen, die neuen seltsamen Teilchen innerhalb eines Schemas zu betrachten, das in gewisser Weise eine Erweiterung des Isospinschemas darstellt. Man benutzte hierzu eine Methode, die in vielen Gebieten der Physik benutzt wird, die Methode der Gruppentheorie. Die mathematische Theorie der Gruppen wurde zu einem großen Teil von dem französischen Mathematiker Élie Joseph Cartan zu Beginn des 19. Jahrhunderts systematisch entwickelt.

Mit Hilfe der Methoden von Cartan gelang es Gell-Mann und Ne'eman, die neuen Teilchen innerhalb der sogenannten unitären Gruppe SU(3) zu beschreiben. Wir werden uns nicht weiter mit diesem Aspekt beschäftigen, da sich unter Zuhilfenahme des Quarkmodells die Gruppe SU(3) als nichts weiter entpuppt als die Beschreibung aller möglichen Kombinationen der drei Quarks u, d und s, die man zum Aufbau der Hadronen benötigt. Mit Hilfe der SU(3)-Gruppentheorie sagt man die Existenz von acht Hadronen voraus, und dies sind gerade die acht Baryonen, die wir oben erwähnt haben; sie formen ein SU(3)-Oktett (siehe Abb. 7-2). Dem Oktett der Gruppe SU(3), genauer gesagt der Oktettdarstellung dieser Gruppe, entspricht in der uns wohlbekannten Gruppe SU(2) (Isospin) das Triplett.

Der achtfache Weg zur Bildung der Baryonen

Wir betrachten nun die Mesonen. Wenn wir drei Quarks zur Verfügung haben, können wir 3·3=9 verschiedene Quark-Antiquark-Systeme aufbauen. Speziell gibt es Mesonen der »strangeness« 1 oder −1, entsprechend den Konfigurationen $\bar{s}u$ bzw. $\bar{u}s$ usw.; dies sind die bereits erwähnten K-Mesonen. Im Rahmen der SU(3)-Gruppentheorie bilden die Mesonen ein Oktett und ein Singulett (zusammen also neun Teilchen). Wir haben diese in Abbildung 7-3 dargestellt.

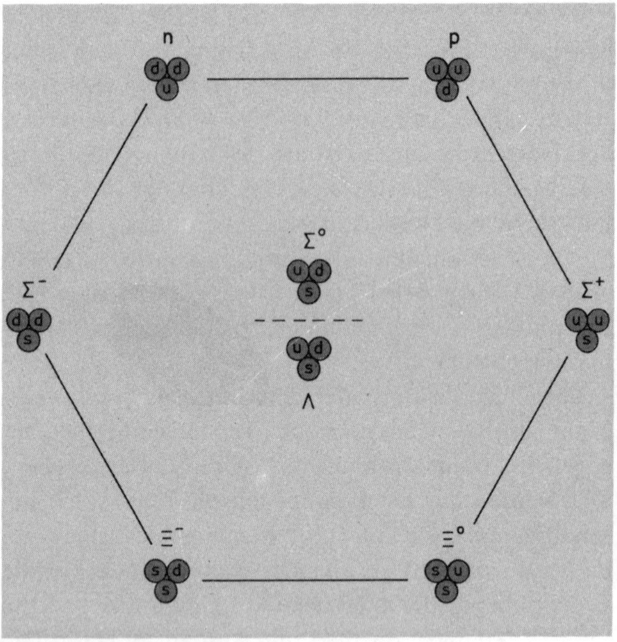

Abb. 7-2 Die acht leichtesten Baryonen, bestehend aus den Quarks u, d und s; sie bilden ein Oktett bezüglich der Gruppe SU (3).

Die neutralen Teilchen mit »strangeness« 0 werden aus den entsprechenden Quark-Antiquark-Konfigurationen gebildet.

Es ist eine Besonderheit der starken Wechselwirkung zwischen den Quarks, daß den neutralen Teilchen keine einfachen Quarkkonfigurationen entsprechen. So ist zum Beispiel das π^0-Teilchen bezüglich der Quarks eine Mischung aus $\bar{u}u$ und $\bar{d}d$; es besteht also zu etwa 50 % aus $\bar{u}u$ und zu 50 % aus $\bar{d}d$. Das η-Meson besteht zu etwa 25 % aus $\bar{u}u$, zu 25 % aus $\bar{d}d$ und zu etwa 50 % aus $\bar{s}s$ wie auch das η' -Meson, das eine Masse von etwa 960 MeV hat.

Gemischte Mesonen

Es gibt natürlich auch die SU(3)-Partner der ϱ-Me-

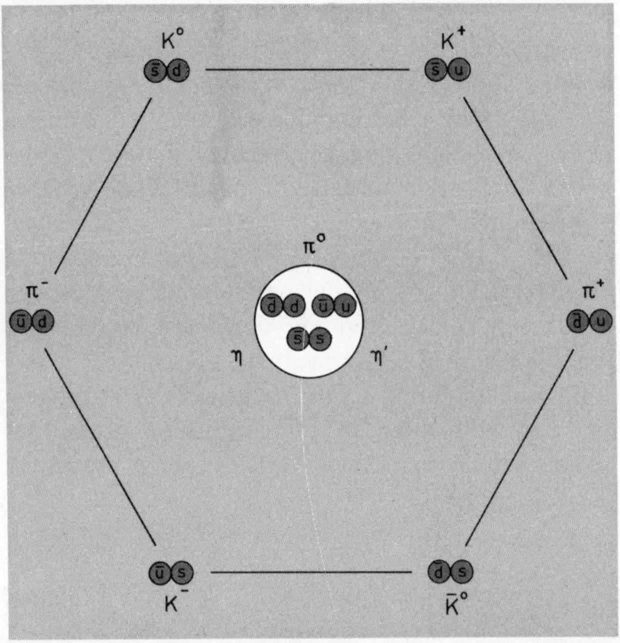

Abb. 7-3 Die neun Mesonen π, K, η, η'. Die neutralen Mesonen der »strangeness« Null sind Superpositionen der Quarkkonfigurationen ūu, d̄d und s̄s; dies ist symbolisch durch einen großen Kreis gekennzeichnet, der die entsprechenden Quarkkonfigurationen umschließt.

Seltsame Vektormesonen

sonen, das heißt Vektormesonen mit der Quarkstruktur ūs, d̄s und s̄s. Man nennt sie K* (ūs, d̄s, s̄u, s̄d) und Φ (s̄s). Ihre Massen sind etwa 890 bzw. 1020 MeV. Ebenso wie die bereits besprochenen Mesonen π, K, η, η' formen die Vektormesonen ein Oktett und ein Singulett bezüglich der Gruppe SU(3). Insgesamt gibt es also neun Vektormesonen.

In diesem Zusammenhang möchten wir ein Phänomen erwähnen, das uns später noch einige Male begegnen wird. Man könnte erwarten, daß die neutralen Vektormesonen ebenso gemischte Objekte sind, wie

Vektormesonen mischen anders als die pseudoskalaren Mesonen

wir sie für die Mesonen oben diskutiert haben. Das ist jedoch nicht richtig. Es erweist sich, daß der Quarkkonfiguration ($\bar{s}s$) ein Teilchen entspricht, nämlich das Φ-Meson. Die beiden anderen neutralen Vektormesonen ϱ_0, ω sind allerdings gemischte Objekte. Sie bestehen zu 50 % aus $\bar{u}u$ und zu 50 % aus $\bar{d}d$. Das Φ-Meson ist faktisch zu 100 % eine reine ($\bar{s}s$)-Konfiguration (siehe Abb. 7-4). Die Dynamik der Vektormesonen muß also von der Dynamik der pseudoskalaren Mesonen (η, η') recht verschieden sein, damit sich ein solch unterschiedliches Mischungsverhalten ergibt.

Zum Abschluß unserer Diskussion der »strange«-Teilchen betrachten wir die »strange«-Partner der Δ-Teilchen. Wie viele neue Teilchen sind zu erwarten?

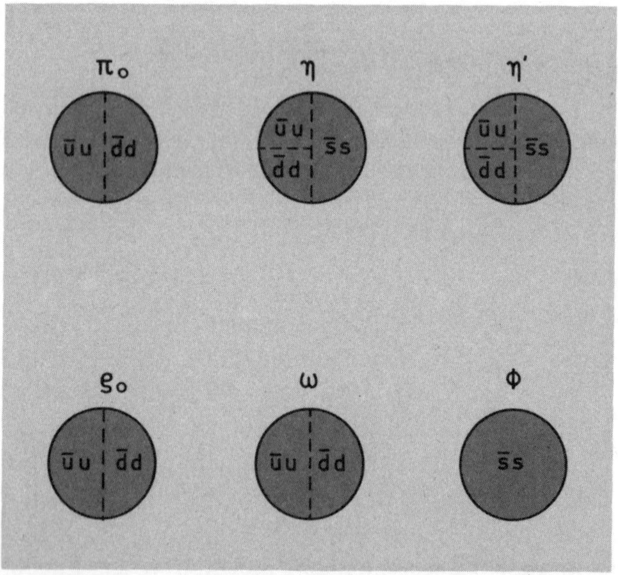

Abb. 7-4 Die neutralen Mesonen sind im allgemeinen Objekte, deren Quarkstruktur gemischt ist. Dabei ist das Mischungsverhalten der Vektormesonen von dem der pseudoskalaren Mesonen (η usw.) recht verschieden.

Die seltsamen Verwandten der Δ-Teilchen

Die vier bereits bekannten Δ-Teilchen haben die Quarkstruktur:

$$\Delta^{++} \sim (uuu)$$
$$\Delta^{+} \sim (uud)$$
$$\Delta^{0} \sim (udd)$$
$$\Delta^{-} \sim (ddd).$$

Durch Hinzufügen des s-Quarks können wir insgesamt sechs neue Konfigurationen erhalten:

(uus)		
(uds)	(uss)	(sss)
(dds)	(dss)	

Demzufolge erwarten wir zehn Teilchen, nämlich die Baryonen der »strangeness« 0 (die Δ-Teilchen), drei Teilchen der »strangeness« −1, die man als Σ^* bezeichnet, zwei der »strangeness« −2, die Ξ^*-Teilchen, und ein Teilchen der »strangeness« −3, genannt Ω^-. Diese zehn Teilchen bilden ein Dekuplett in der SU(3)-Gruppentheorie (siehe Abb. 7-5), das in der Form eines gleichseitigen Dreiecks dargestellt werden kann.

Das Ω^- – König der seltsamen Teilchen

Das Ω^--Teilchen hat in der Entwicklung der Elementarteilchenphysik eine besondere Rolle gespielt. Anfangs der sechziger Jahre, als die SU(3)-Theorie der Hadronen entwickelt wurde, waren nicht alle Teilchen des Dekupletts bekannt; das Ω^--Teilchen fehlte. Die Theoretiker, die an den Problemen der Teilchenspektroskopie arbeiteten, sagten die Existenz eines neuen Teilchens der »strangeness« −3 nicht nur voraus, sondern machten auch eine Vorhersage für die Masse des Teilchens.

Die Jagd nach dem Ω^-

Man erwartete, daß das vorhergesagte Teilchen fast zweimal so schwer wie das Proton ist, nämlich etwa 1670 MeV. Um dieses Teilchen zu finden, wurde eine regelrechte Jagd in den Beschleunigerlaboratorien veranstaltet. Das Rennen gewannen die US-Phy-

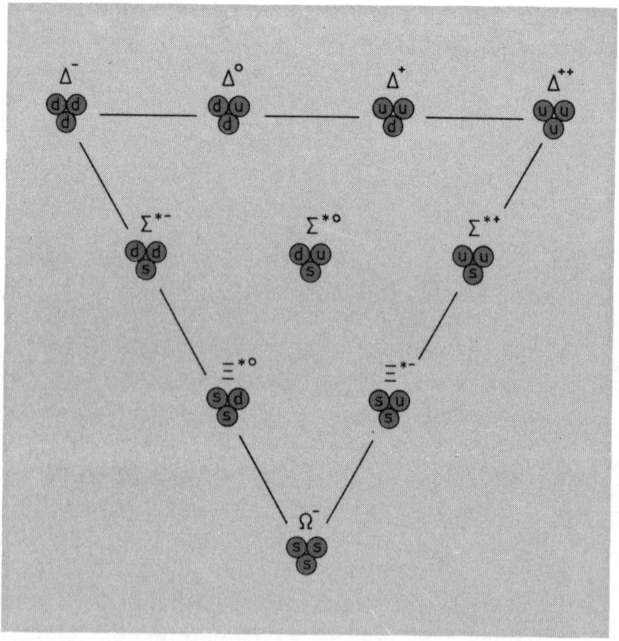

Abb. 7-5 Die zehn Teilchen mit Spin $3/2$, eingeschlossen die vier Δ-Teilchen ohne s-Quarks, die drei Σ*-Teilchen, ein s-Quark enthaltend, die zwei Ξ*-Teilchen mit zwei s-Quarks und schließlich das Ω^-, bestehend aus drei s-Quarks.

siker. Im Jahre 1964 wurde schließlich das Ω^- am Brookhaven National Laboratory auf Long Island bei New York gefunden. Seine Masse ist 1672 MeV. Die Entdeckung des Ω^- war ein wichtiger Schritt in der Entwicklung der Elementarteilchenphysik – damit war erwiesen, daß die theoretischen Vorstellungen, denen man gefolgt war, richtig waren.

Am Ende unserer Betrachtungen über die neuen seltsamen Teilchen angekommen, möchten wir kurz die allgemeine Situation in der Teilchenphysik nach der Entdeckung des Ω^- beschreiben. Alle Hadronen, die man bis etwa 1964 im Laboratorium gefunden hatte, konnte man als Systeme interpretieren, die aus den Quarks u, d und s bestehen. Wir haben bereits erwähnt, daß eine Parallele zwischen den Leptonen und den Quarks bestehen könnte. Insbesondere haben wir das Elektron und sein Neutrino (die leichtesten Leptonen) mit den leichtesten Quarks, den u- und d-Quarks, in Verbindung gebracht. Aus diesem Grunde ist die Existenz eines weiteren Quarks nicht unwillkommen. Wie bereits am Beginn dieses Kapitels ausgeführt, müßte das neue s-Quark mit dem Myon in Verbindung gebracht werden. Bei einer solchen Assoziation taucht jedoch eine ernste Schwierigkeit auf. Neben dem Myon gibt es noch ein weiteres Lepton, das Myon-Neutrino. Man müßte also vier Leptonen mit den drei Quarks assoziieren:

$$\begin{pmatrix} \nu_e & \vdots & \nu_\mu \\ e & \vdots & \mu \end{pmatrix} \leftrightarrow \begin{pmatrix} u & \vdots & \\ d & \vdots & s \end{pmatrix}$$

Ein Quark zuwenig

Ein solches Schema ist in keiner Weise befriedigend. Es sieht zweifelsohne so aus, als würde etwas fehlen. Sicherlich wäre ein Lepton-Quark-Schema des Typs wie oben angedeutet viel attraktiver, wenn es ein weiteres Quark geben würde.

Quarks mit Charm

Dies zumindest war eine der Ideen, die man etwa Mitte der sechziger Jahre hatte, um das Lepton-Quark-Schema zu vervollständigen. Es wurde auch schon ein Name für das eventuell existierende weitere Quark vorgeschlagen: Charm. Gibt es ein weiteres Quark? Das war die Frage, die sich sowohl die Experimentalphysiker als auch die Theoretiker stellten. In der Beantwortung dieser Frage werden wir direkt zu den Entdeckungen in der ersten Hälfte der siebziger Jahre geführt und damit zum Beginn einer neuen, wichtigen Epoche in der Entwicklung der modernen Physik.

8. Teilchen mit Charm und eine neue Naturkraft

Nichts deutete darauf hin, daß etwas Außerordentliches geschehen war, als ich am Montag, dem 11. November 1974, mein Büro am California Institute of Technology betrat. Dies änderte sich jedoch, als ich die erregte Stimme meines Kollegen Richard Feynman vernahm. Er kam zu mir und berichtete über eine neue Entdeckung, von der er gerade am Telefon vernommen hatte. Am SLAC bei San Francisco hatte man wenige Stunden zuvor ein neues Teilchen mit sehr ungewöhnlichen Eigenschaften entdeckt. Dieses Teilchen, genannt ψ, hatte eine Masse von etwa 3100 MeV und lebte ungewöhnlich lange. Da man erwartet, daß ein Teilchen mit einer solch großen Masse infolge der starken Wechselwirkung leicht zerfällt (wie etwa das Δ-Teilchen), sollte es nur sehr kurze Zeit existieren. Das ψ-Teilchen lebte jedoch mehr als tausendmal so lange wie normalerweise erwartet. Damit war klar, daß dieses Teilchen etwas Neues darstellte, etwas, von dem man bislang keine Ahnung hatte.

Ein neues Teilchen mit ungewöhnlichen Eigenschaften

Wie die Physiker in allen Laboratorien der Teilchenphysik in den USA und in Europa diskutierten wir am Caltech die neuen Resultate an jenem denkwürdigen Novembertag 1974 im Detail. Wir sprachen hauptsächlich über die wahrscheinlichste Interpretation des neuen Phänomens: Charm.

Charm und die schwachen Kräfte

Um zu verstehen, warum Charm etwas Nützliches ist, müssen wir erneut die schwachen Wechselwirkungen betrachten, speziell die Wechselwirkungen der Neutrinos mit Materie. Wir haben bereits erwähnt, daß ein Neutrino sich normalerweise in ein geladenes Lepton verwandelt, wenn es mit Materie wechselwirkt. So verwandelt sich ein Elektron-Neutrino in ein Elektron, wenn es mit einem Nukleon eine Wechselwirkung eingeht, und analog verwandelt sich ein Myon-Neutrino in ein Myon (siehe Abb. 8-1). Ein ähnlicher Prozeß ist für den Zerfall des geladenen π-Mesons verantwortlich. Man beschreibt diesen Zerfall durch die Vernichtung des Quark-Antiquark-Paars innerhalb des π-Mesons in ein Myon und ein Myon-Antineutrino (siehe Abb. 8-2). Analog beschreibt man den Zerfall des geladenen K-Mesons. Hier vernichtet sich das (ūs)-Paar innerhalb des K-Mesons in ein Myon und ein Neutrino.

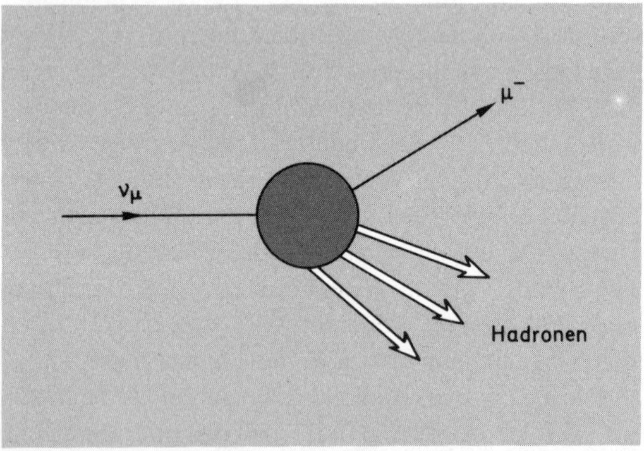

Abb. 8-1 Eine normale Neutrino-Wechselwirkung. Ein Myon-Neutrino trifft auf ein Hadron (zum Beispiel ein Proton) und verwandelt sich in ein Myon. Dem Hadron wird ein großer Teil der Energie des Neutrinos zugeführt. Es wird »aufgeheizt« und zerfällt anschließend in eine Anzahl von Teilchen.

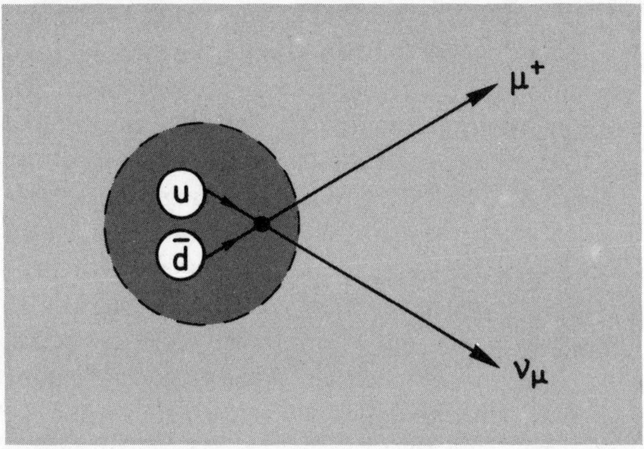

Abb. 8-2 Der Zerfall des positiv geladenen π-Mesons. Das u- und das d̄-Quark vernichten sich gegenseitig, wobei ein Neutrino und ein positiv geladenes Myon produziert werden.

Der schwache Zerfall der Mesonen

Es gibt jedoch einen wichtigen Unterschied zwischen dem π-Zerfall und dem K-Zerfall. Es stellt sich heraus, daß der Zerfall des K-Mesons weniger stark ist als der π-Zerfall. Die K-Mesonen leben etwa zwanzigmal länger, als man naiv erwartet. Es hat sich nun erwiesen, daß der Grund hierfür in der Struktur der schwachen Wechselwirkung selbst zu suchen ist. Der Hauptteil der schwachen Kraft wirkt auf die u- und d-Quarks, während das s-Quark weniger intensiv an der schwachen Wechselwirkung teilnimmt.

Eine neue Naturkraft

Etwa zu Beginn der sechziger Jahre begann man sich die Frage zu stellen: Gibt es eine weitere schwache Kraft, die es erlaubt, daß ein Neutrino mit Materie wechselwirkt, ohne sich in ein geladenes Lepton zu verwandeln? Solch eine Kraft wäre in gewisser Weise der elektrischen Kraft analog. Ein Elektron, dessen Wechselwirkung mit der Materie durch die elektrische Kraft beschrieben wird, verwandelt sich bei der Wechselwirkung nicht. Wenn es auf Materie auftrifft, ändert

Neutrinos bleiben Neutrinos

es zwar seine Energie und seinen Impuls durch die Wechselwirkung, bleibt aber weiterhin ein Elektron. Analog könnte man annehmen, daß zumindest manchmal ein Neutrino auf Materie auftrifft, mit ihr eine Wechselwirkung eingeht, aber trotzdem ein Neutrino bleibt. Solch ein Prozeß ist in Abbildung 8-3 beschrieben. Die entsprechende Wechselwirkung nennt man Wechselwirkung des neutralen Stroms (aus Gründen, die uns später noch beschäftigen werden). Nur wenige Physiker glaubten, daß es eine solche Wechselwirkung gibt, aus dem folgenden einfachen Grund: Wenn es eine Wechselwirkung des neutralen Stroms gäbe, so würde man jene auch in schwachen Zerfällen sehen,

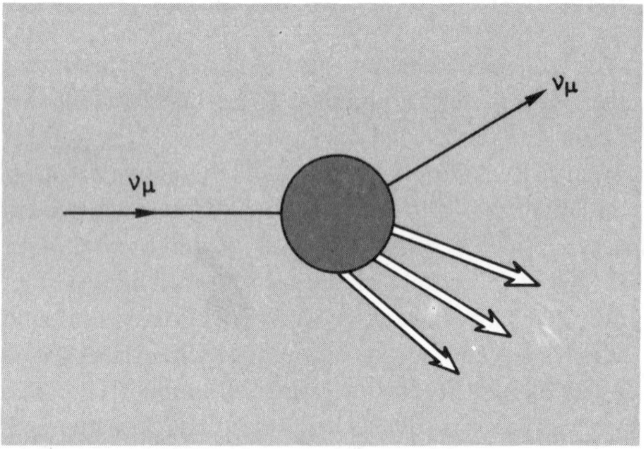

Abb. 8-3 Eine Neutrino-Reaktion, bei der sich das Neutrino nicht in ein geladenes Lepton verwandelt. Das einfallende Neutrino überträgt einen Teil seiner Energie und seines Impulses auf das Hadron (zum Beispiel ein Proton in einem Atomkern). Das letztere wird angeregt und zerfällt anschließend in Hadronen, wobei die Anzahl der produzierten Teilchen von der zugeführten Energie abhängt. Das Neutrino bewahrt seine Identität. Ein solcher Prozeß kann nur stattfinden, wenn es eine neue schwache Kraft gibt, die es erlaubt, daß sich das Neutrino während der schwachen Wechselwirkung nicht umwandelt. Man nennt die entsprechende Wechselwirkung die Wechselwirkung des neutralen Stroms.

ebenso wie man die normale schwache Wechselwirkung (auch Wechselwirkung des geladenen Stroms genannt) im π-Zerfall beobachten kann. Eine Möglichkeit dazu wäre das Studium der Zerfälle der neutralen K-Mesonen. Man erwartet zum Beispiel, daß ein neutrales K-Meson über die Wechselwirkung des neutralen Stroms in ein Paar Myonen zerfallen kann: $K^0 \rightarrow \mu^+\mu^-$. Man hat nach solchen Zerfällen Ausschau gehalten und fand, daß es keine Evidenz für die Existenz einer Wechselwirkung des neutralen Stroms gibt. Die experimentellen Daten sind sehr gut. Wir wissen heute, daß nur ein Zerfall von etwa hundert Millionen Zerfällen des neutralen K-Mesons durch die Emission eines Myonpaars geschieht; die meisten Zerfälle der neutralen K-Mesonen führen zur Erzeugung eines Paars von π-Mesonen, etwa $K^0 \rightarrow \pi^+\pi^-$. Demzufolge schloß man, daß es keine Wechselwirkung des neutralen Stroms geben kann.

Warum das K^0 nicht in $\mu^+\mu^-$ zerfällt

Das oben angegebene Argument ist jedoch nicht hieb- und stichfest. Man kann aus der Nichtexistenz des Zerfalls $K^0 \rightarrow \mu^+\mu^-$ nur schließen, daß die Wechselwirkung des neutralen Stroms (falls es eine solche gibt) nicht auf ein d- und ein $\bar{s}$-Quark wirkt, die Konstituenten des K^0. Insbesondere gibt es kein Problem, wenn die Wechselwirkung des neutralen Stroms niemals den Quarktyp ändert; das heißt, es agiert nur auf $\bar{d}d$ oder $\bar{u}u$ oder $\bar{s}s$, niemals aber auf $\bar{d}s$. Daß solch eine Wechselwirkung nicht unvernünftig ist, sieht man im Fall der elektromagnetischen Wechselwirkung. Diese hat genau die oben beschriebene Eigenschaft. Ein virtuelles Photon kann nur ein Elektron-Positron-Paar erzeugen oder ein Myon-Antimyon-Paar oder ein $\bar{d}d$-Paar, niemals aber ein $\bar{e}\mu$-Paar oder ein $\bar{d}s$-Paar. Sollte die Wechselwirkung des neutralen Stroms die gleiche Eigenschaft haben, so gibt es nur eine Möglichkeit, sie zu entdecken und zu studieren, nämlich durch das Studium von Neutrinowechselwirkungen.

Die Suche nach der eventuell existierenden Wechselwirkung des neutralen Stroms war eine der Hauptaufgaben der Gargamelle-Kollaboration, von der wir bereits sprachen. Im Jahre 1973, nach mehr als einem Jahr Experimentierzeit und nachfolgender Analyse, war die Situation einigermaßen klar. Man fand, daß die Neutrinos manchmal mit Materie wechselwirken, ohne daß sie sich in geladene Leptonen verwandeln. Die Wechselwirkung des neutralen Stroms war damit nachgewiesen. Kurze Zeit nach dieser Entdeckung am CERN-Laboratorium wurde die Existenz der neuen schwachen Kraft durch analoge Experimente am Fermi National Laboratory bei Chicago bestätigt. Wir werden uns später noch eingehender mit der Struktur dieser neuen Wechselwirkung beschäftigen. Dabei wird es sich herausstellen, daß man mit Hilfe der Wechselwirkung des neutralen Stroms eine einheitliche Theorie der schwachen und elektromagnetischen Wechselwirkungen entwickeln kann.

Die Entdekkung einer neuen Wechselwirkung

Als man erkannte, daß die Wechselwirkung des neutralen Stroms tatsächlich existiert, war es ersichtlich, daß es irgendeinen Mechanismus geben müsse, der es nicht erlaubt, daß die neue Wechselwirkung zum Zerfall des neutralen K-Mesons beiträgt. Zur Zeit der Entdeckung der Wechselwirkung des neutralen Stroms gab es jedoch nur eine Möglichkeit, dies zu verhindern, und dieser Mechanismus setzte die Existenz eines neuen Quarks der elektrischen Ladung ⅔ voraus.

Wir haben bereits erwähnt, daß man kurze Zeit nach der Aufstellung des Quarkmodells etwa im Jahre 1964 sich über die seltsame Asymmetrie zwischen den Leptonen und den Quarks wunderte: drei Quarks versus vier Leptonen ergaben keinen rechten Sinn, wenn man an eine Art von Korrespondenz oder Verwandtschaft zwischen den Leptonen und den Quarks glaubte. Die einfachste Möglichkeit einer engen Verwandtschaft zwischen den Leptonen und den Quarks war die Addition eines neuen Quarks der Ladung ⅔, also die Einführung eines schweren Bruders des u-Quarks. Auf diese Weise erhalten wir das folgende Schema:

Die Lepton-Quark-Verwandtschaft

$$\begin{pmatrix} u & c \\ d & s \end{pmatrix} \quad \begin{pmatrix} \nu_e & \nu_\mu \\ e^- & \mu^- \end{pmatrix}$$

In diesem Stadium ist jedoch die Addition des neuen Quarks, des Charmquarks c, einfach einer von vielen möglichen Wegen, das System der Leptonen und Quarks zu vergrößern und eine Korrespondenz zwischen Leptonen und Quarks zu erhalten. Für die meisten Physiker war es eine Möglichkeit, eine Lepton-Quark-Symmetrie niederzuschreiben – einfach, aber in keiner Weise überzeugend.

Erst im Jahre 1970 realisierte man, daß man durch die Einführung eines neuen Quarks, nämlich des c-Quarks, vermeiden kann, daß die Stabilität des neutralen K-Mesons bezüglich seines Zerfalls in Myonen durch die Wechselwirkung des neutralen Stroms gefährdet wird. Das Argument wurde 1970 von Sheldon Glashow und seinen Mitarbeitern an der Harvard-Universität präsentiert. Es ist einfach und überzeugend. Falls es wirklich c-Quarks gibt, wäre es das einfachste anzunehmen, daß die schwache Wechselwirkung innerhalb des u-d-Quarksystems analog der schwachen Wechselwirkung innerhalb des c-s-Quarksystems ist. In diesem Fall erweist es sich nämlich, daß die Wechselwirkung des neutralen Stroms, die zum Zerfall des neutralen K-Mesons in Leptonen führen kann, Beiträge sowohl von der schwachen Kraft, agierend im

Warum es Charmquarks geben muß

u-d-System, als auch von der schwachen Kraft, agierend im c-s-System, erhält. Beide Beiträge sind gleich in ihrer Größe, aber umgekehrt im Vorzeichen. Es folgt, daß die Wechselwirkung des neutralen Stroms nicht einen Quarktyp in einen anderen Quarktyp umwandeln kann, und aus diesem Grunde ist der Zerfall des neutralen K-Mesons in Leptonen verboten.

Charm verhindert den Zerfall des K° in Leptonen

Damit war es 1970 klar, daß es die c-Quarks geben muß, falls die Wechselwirkung des neutralen Stroms existiert. Da nun die letztere etwa drei Jahre später gefunden wurde, waren die meisten Theoretiker etwa im Jahre 1973 überzeugt, daß es den Charm-Freiheitsgrad geben muß. Die Hauptfrage war jedoch: Wo, bei welcher Energie, würden die neuen Effekte des c-Quarks sich zum erstenmal zeigen? Es war sicher, daß die effektive Masse des c-Quarks viel größer sein muß als die effektive Masse des s-Quarks, da andernfalls die Teilchen, die aus den c-Quarks bestehen, sich bereits gezeigt haben müßten.

Wieviel wiegt Charm?

Ich habe oben erwähnt, daß mit Hilfe der Einführung des c-Quarks erreicht wurde, daß sich die beiden verschiedenen Beiträge zur Kraft des neutralen Stroms, die zum Zerfall des neutralen K-Mesons in Leptonen führen, gegenseitig exakt wegheben. Es ist leicht zu sehen, daß dieses Wegheben nur dann exakt ist, falls die effektive Masse der u- und der c-Quarks exakt gleich ist. Wenn es nun zutrifft, daß das c-Quark viel schwerer ist als das u-Quark, wie dies zweifellos in der Natur der Fall ist, dann erzeugt man neue Beiträge in der Wechselwirkung des neutralen Stroms, die an sich unerwünscht sind, da sie zum leptonischen Zerfall des neutralen K-Mesons führen. Diese Beiträge sind um so größer, je größer der Massenunterschied zwischen dem u- und dem c-Quark ist. Aus diesem Grunde kann das c-Quark nicht sehr schwer sein. Eine numerische Analyse dieses Problems ergibt, daß das c-Quark nicht viel schwerer sein kann als etwa 2000 MeV. Dies bedeutete im Jahre 1973, daß die physikalischen Effekte des Charm-Freiheitsgrades im Bereich der Experimente lagen. Vielleicht war es sogar so, wie manche Physiker spekulierten, daß man solche Effekte bereits in verschiedenen Experimenten gesehen und falsch interpretiert hatte.

Charm steht vor der Tür

Wie sollte sich der neue Freiheitsgrad manifestieren? Welche neuen Teilchen erwarten wir, falls es ein Charmquark gibt? Zunächst ist anzunehmen, daß es eine Art von eingefrorener Version des neuen Charm-Freiheitsgrades in Gestalt von $\bar{c}$-c-Zuständen gibt – das neue Quark vereint mit seinem eigenen Antiquark (im Falle des s-Quarks haben wir bereits solch einen Zustand kennengelernt, nämlich das Φ-Meson, dessen Quarkzusammensetzung $\bar{s}$-s ist). Die Zustände der Struktur $\bar{c}$-c erhielten den Namen Charmonium, in Analogie zu Positronium, dem Bindungszustand von Elektron und Positron, der durch die elektrische Kraft zusammengehalten wird.

Eingefrorener Charm

Außerdem erwarten wir die Existenz von Mesonen, die aus einem c-Quark und einem der alten Quarks u bzw. d bestehen. Diese Teilchen würden die neue Quantenzahl Charm tragen, und aus diesem Grunde müßten sie bezüglich der starken Wechselwirkung stabil sein; das heißt, sie könnten nur über die schwache Wechselwirkung zerfallen. Diese neuen Mesonen erhielten den Namen D. Man erwartete, daß die D-Mesonen viel länger leben als zum Beispiel die $\bar{c}$c-Mesonen (die Charmoniumzustände), die durch die starke Wechselwirkung zerfallen können. In Abbildung 8-4 sind die verschiedenen Mesonen, die c-Quarks enthalten, schematisch dargestellt.

Offener Charm

Es kann auch sein, daß das c-Quark zusammen mit

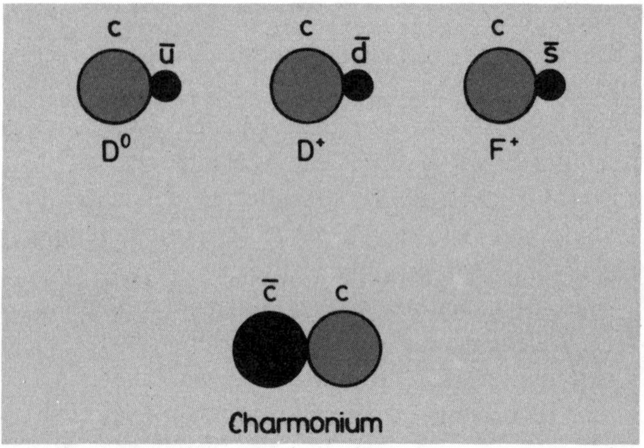

Abb. 8-4 Die neuen Mesonen, die durch das Charmschema vorhergesagt werden.

Charm und Seltsamkeit vereint

einem Anti-s-Quark ein Meson bildet, in diesem Fall ein Meson der elektrischen Ladung + 1. Diese Mesonen nennt man D^s-Mesonen. Außerdem kann das c-Quark zusammen mit zwei anderen Quarks ein Baryon formen, das die neue Charmquantenzahl trägt, zum Beispiel ein Baryon der Struktur c u d (das letztere wäre das Charmanalog des Λ-Hyperons, von dem wir bereits sprachen).

Etwa im Jahre 1970 wurde am Brookhaven-Laboratorium in den USA ein interessantes Experiment unter der Leitung von Leon Lederman durchgeführt. Man richtete einen sehr intensiven Protonenstrahl auf ein Target und interessierte sich nur für einen Typus von Teilchen, der aus der Wechselwirkungszone herauskam, nämlich für Myonen. Speziell sah man sich die Produktion von Myon-Antimyon-Paaren an. Wir wissen bereits, daß Vektormesonen, wie zum Beispiel das Φ-Meson, manchmal via elektromagnetische Wechselwirkung in Myonpaare zerfallen. Aus diesem Grunde war es der Lederman-Gruppe möglich, die Produktion von Vektormesonen in hadronischen Zusammenstößen sehr präzise zu studieren, etwas, was man sonst kaum auf andere Weise tun konnte. Speziell hoffte man, daß man damit auch neue Arten von Teilchen finden könnte. Ein neues Teilchen, das in ein Myonpaar zerfällt, produziert solch ein Teilchenpaar mit einer Masse, die genau der Masse des ursprünglichen Teilchens entspricht. Deshalb kann man hoffen, neue Teilchen zu entdecken, wenn man das Massenspektrum der Myonpaare genauestens untersucht.

Auf der Suche nach neuen Teilchen

Die Lederman-Gruppe untersuchte Myonpaare bis zu einer Masse von etwa 4000 MeV. Man fand kein neues Teilchen bei dieser Suche, jedoch eine eigenartige Struktur in dem Diagramm, das die Massen der Myonpaare zeigte, und zwar bei einer Masse von etwa 3000 MeV. Es sah so aus, als ob hier etwas Neues existierte. Lederman selbst glaubte, daß der gefundene Effekt die Folge der Existenz eines neuen Teilchens ist und daß es nur der Ungenauigkeit seiner Messung der Myonimpulse zuzuschreiben war, daß man das neue Teilchen nicht direkt sehen konnte. Um eine bessere Auflösung der Impulse zu erreichen, entschied er sich, einen neuen Teilchendetektor zu bauen und die Angelegenheit in den neuen Experimenten am Fermi-Laboratorium bei Chicago im Detail zu untersuchen.

Eigenartige Effekte bei 3100 MeV

Mittlerweile führte am Brookhaven-Laboratorium eine andere Forschergruppe unter der Leitung von Sam Ting ein ähnliches Experiment durch. Anstelle von Myonen benutzte die Ting-Gruppe Elektronen, die mit Hilfe einer sehr komplizierten Apparatur gemessen wurden. Im Herbst 1974 begann die Ting-Gruppe nach Elektron-Positron-Paaren zu suchen, die in Proton-Nukleon-Zusammenstößen in der Massenregion zwischen 2000 und 4000 MeV produziert werden. Sie waren sehr überrascht zu sehen, daß besonders viele Elektron-Positron-Paare eine Masse von etwa 3100 MeV hatten. Nach einigen Wochen intensiver Analyse war es klar, daß dies kein Zufall sein kann, sondern daß ein neues Teilchen mit einer Masse von etwa 3100 MeV existieren muß, das aus irgendeinem Grund relativ oft in Elektron-Positron-Paare zerfällt. Wenn dieses Teilchen genausooft auch in Myonpaare zerfällt, so würde man auch die bereits vier Jahre früher gemachte Beobachtung von Lederman verstehen.

SPEAR tritt in Aktion

Eine andere Entwicklung vollzog sich mittlerweile in Kalifornien, am Stanford Linear Accelerator Center. Im Jahre 1973 begann man, am neuen Elektron-Positron-Speicherring SPEAR (Abb. 8-5) zu experimentieren. Die SPEAR-Maschine ist im wesentlichen ein Aggregat von ringförmig angeordneten Magneten, die dazu dienen, jeweils einen Elektron- und einen Positronstrahl in einem Ring laufen zu lassen. In gewissen Abständen kollidieren die Elektronen und Positronen miteinander und vernichten sich gegenseitig.

Im Prinzip stellten die neuen Experimente am SPEAR eine Umkehrung des von der Ting-Gruppe gemachten Experiments dar. Wenn ein Teilchen in der Kollision von Protonen miteinander produziert wird und anschließend in ein Elektron-Positron-Paar zerfällt, so erwartet man, daß dasselbe Teilchen in der Elektron-Positron-Annihilation erzeugt werden kann und anschließend in Hadronen zerfällt. Im Falle der Annihilation hat man jedoch den Vorteil, daß man die Energie der Elektronen und Positronen, die sich vernichten, vorher genau festlegen und insbesondere das in Frage kommende Teilchen mit einer ganz bestimmten Masse erzeugen kann, ohne daß störende Nebeneffekte auftreten. Um neue Teilchen zu finden, mußte man allerdings die zur Verfügung stehende Energieregion genauestens absuchen.

Abb. 8-5 Luftbild des e^+e^--Speicherrings SPEAR am Stanford Linear Accelerator Center bei San Francisco (Foto SLAC).

Die Entdeckung des ψ-Teilchens

Im November 1974 begann man am SPEAR-Ring die Energieregion in der Nähe von 3100 MeV genau zu studieren. Nicht wissend, daß die Gruppe von Ting in Brookhaven ein Teilchen der Masse 3100 MeV gefunden hatte, näherten sich die Physiker in Stanford langsam dieser Energie. Am zweiten Wochenende des November 1974 erreichten sie schließlich die Energie von 3090 MeV. Plötzlich registrierten die Teilchendetektoren, daß viele Teilchen aus der Wechselwirkungszone herauskamen. Die Aktivität der Detektoren war etwa 100mal stärker als üblich. Dieses Ereignis stellte eine der großen Entdeckungen in der Teilchenphysik dar; von den Teilchenphysikern wird es oftmals als Novemberrevolution bezeichnet. Ein neues Teilchen mit sehr ungewöhnlichen Eigenschaften war gefunden worden. Seine Entdeckung wurde gleichzeitig von Sam Ting und von Burton Richter, dem Leiter der Forschergruppe am SPEAR, bekanntgegeben. Da es nicht möglich war, sich auf einen gemeinsamen Namen zu einigen, erhielt das neue Teilchen einen Doppelnamen, nämlich J/ψ. Der Name J wurde von Ting vorgeschlagen (das Symbol J kennzeichnet im Chinesischen den Namen Ting), während die SPEAR-Gruppe beschloß, das Teilchen mit dem Symbol ψ zu kennzeichnen. Für ihre Entdeckung erhielten Ting und Richter im Jahre 1976 den Nobelpreis für Physik.

Die Novemberrevolution

Heute ist ein ganzes Spektrum von neuen Teilchen analog dem J/ψ-Zustand bekannt. Wir haben dieses Spektrum in Abbildung 8-6 dargestellt. Es ist das Spektrum der Charmoniumzustände, das heißt der Zustände, die aus dem neuen c-Quark und seinem Antiquark bestehen, die durch die starke Kraft zusammengehalten werden. Ebenso wie im Fall der anderen Quarks gibt es viele verschiedene Möglichkeiten, die Spins der beiden Quarks zusammen mit den verschiedenen Drehimpulsen zu arrangieren. Dies ist der Anlaß für das reiche Spektrum dieser Zustände. Der J/ψ-Zustand ist nichts anderes als der Grundzustand des Charmoniumspektrums. Der Drehimpuls der beiden Quarks ist 0. Die Spins der beiden Quarks zeigen in dieselbe Richtung, so daß man einen Zustand mit dem Gesamtdrehimpuls 1 erhält. Der J/ψ-Zustand ist also das $\bar{c}$-c-Analog der neutralen Vektormesonen, die wir

Die Charmoniumteilchen

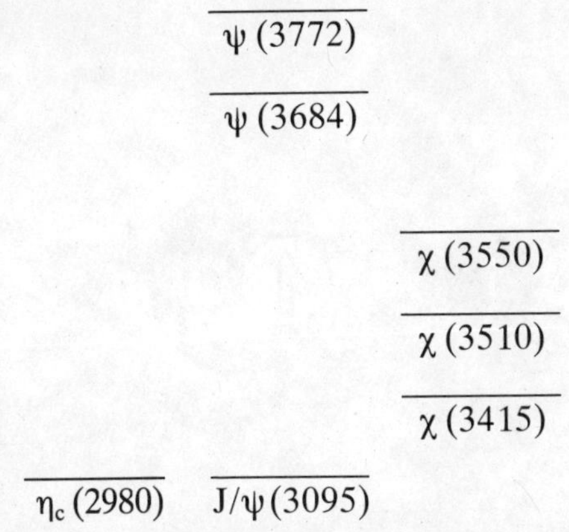

Abb. 8-6 Das Spektrum der Charmoniumzustände, das man in den e^+e^--Annihilationsexperimenten fand (die Masse der entsprechenden Zustände in MeV ist in Klammern angegeben).

bereits vorher kennengelernt haben (das ϱ_0-Meson, das ω-Meson und das Φ-Meson).

Es kann auch sein, daß die Spins des c-Quarks und des c-Antiquarks entgegengesetzt gerichtet sind. In diesem Fall erhält man ein pseudoskalares Teilchen, also ein Teilchen analog dem π-Meson oder dem η-Meson. Man erwartet, daß die Masse dieses Teilchens etwas kleiner ist als die Masse des J/ψ-Teilchens und daß man es durch den Zerfall des J/ψ-Zustandes in ein Photon und das neue Teilchen, genannt η_c (siehe Abb. 8-7), beobachten kann.

Trotz großer Anstrengungen gelang es erst nach Jahren, das η_c-Teilchen im Experiment nachzuweisen. Am SPEAR-Ring in Kalifornien konstruierte man einen speziellen Apparat, die sogenannte Kristallkugel. Diese hat die Eigenschaft, daß man mit ihr besonders gut Photonen nachweisen kann. Mit Hilfe dieses Geräts gelang es im Jahre 1979, das η_c-Teilchen zu identifizieren. Wie erwartet, ist es etwas leichter als das J/ψ-Teilchen. Man fand eine Masse von etwa 2980 MeV.

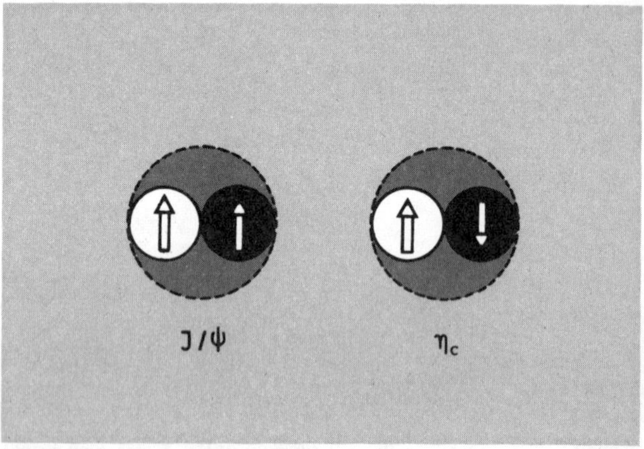

Abb. 8-7 Die Teilchen J/ψ und η_c. Man beachte, daß im J/ψ-Zustand die Spins der beiden Quarks gleichgerichtet sind, im Gegensatz zum η_c-Zustand.

Mesonen mit Charm leben länger

Obwohl die Existenz eines ganzen Spektrums von Charmoniumzuständen, wie wir es eben diskutiert haben, ein klares Anzeichen dafür ist, daß die neuen Teilchen aus einem neuen Quark und seinem Antiquark bestehen, kann man von einem Beweis der Richtigkeit der Charmidee erst sprechen, wenn man die neuen Charmteilchen gefunden hat, das heißt die Teilchen, die aus dem neuen c-Quark bestehen und einem oder mehreren der bereits bekannten Quarks. Man erwartet, daß das leichteste der neuen Charmteilchen das bereits erwähnte Teilchen D^0 ist, ein Teilchen mit der Quarkzusammensetzung $\bar{u}$ c. Die neuen Mesonen tragen die neue Quantenzahl Charm. Aus diesem Grunde ist es ihnen nicht möglich, über die starke Wechselwirkung in andere Teilchen zu zerfallen, wie etwa das J/ψ-Teilchen, sondern nur über die schwache Wechselwirkung. Dies hat zur Folge, daß die neuen Charmteilchen mindestens 100 Millionen mal länger leben als das J/ψ-Teilchen.

Zu Beginn des Jahres 1975 begann an allen Hochenergiephysik-Laboratorien der Welt die Suche nach den Charmteilchen. Wie sollte man sie aufspüren? Welches Experiment und welches Laboratorium hat die besten Aussichten, die Charmteilchen zu entdekken? Dies waren in jenem Jahr offene Fragen. Die meisten Physiker waren überzeugt, daß es am besten ist, nach den Charmteilchen in den e^+e^--Vernichtungsreaktionen zu schauen, das heißt in denselben Prozessen, in denen man das J/ψ-Teilchen gefunden hat.

Die Jagd nach Charm

Das neue c-Quark wurde ursprünglich von den theoretischen Physikern eingeführt, und zwar als schwerer Partner des s-Quarks. Deshalb erwartet man, daß sich ein c-Quark mit Hilfe der schwachen Kraft in ein s-Quark verwandeln kann, ebenso wie sich ein u-Quark über die schwache Wechselwirkung in ein d-Quark verwandeln kann. Insbesondere sollte sich ein D-Meson mit Hilfe der schwachen Wechselwirkung in einen Zustand umwandeln, der ein s-Quark enthält. Solch ein Zustand müßte also Teilchen mit »strangeness« enthalten, zum Beispiel ein K-Meson. Eine mögliche Endkonfiguration, die man erhält, ist etwa $K\pi\pi$, ein Zustand, bestehend aus einem K-Meson und zwei π-Mesonen. Die theoretischen Physiker erwarteten auch, daß beim schwachen Zerfall des c-Quarks manchmal neben dem s-Quark ein Leptonpaar, bestehend aus einem Neutrino und einem Elektron oder einem Myon, gebildet wird. Dies eröffnete die Möglichkeit, nach den Charmteilchen zu suchen, indem man nach der Produktion von Elektronen oder Myonen schaut.

Aus Charm wird Seltsamkeit

Nach etwa eineinhalbjährigem Forschen gelang es den Physikern in Stanford, die Charmteilchen zu identifizieren. Man fand sie, indem man prüfte, was die Masse von $K\pi\pi$-Zuständen ist, die man in der

Abb. 8-8 Ein Blick ins Innere des erfolgreichsten Detektors in der Geschichte der Elementarteilchenphysik, des Mark-1-Detektors am SLAC. Mit Hilfe dieses Apparats wurden das J/ψ-Teilchen, die Charmonium-Mesonen und die D-Mesonen entdeckt (Foto SLAC).

e^+e^--Vernichtung bei hohen Energien erzeugt. Es erwies sich, daß besonders viele solcher Zustände eine Masse von etwa 1.86 GeV haben. Nachfolgende Experimente haben die ursprüngliche Vermutung bestätigt, daß es sich hierbei um die D-Mesonen handelt. Etwa zur gleichen Zeit fand man am DESY-Laboratorium in Hamburg, daß sich in der e^+e^--Vernichtung bei hohen Energien die Anzahl der produzierten Elektronen und Myonen vergrößert. Eingehende Untersuchungen ergaben, daß man den gefundenen Sachverhalt nur verstehen kann, wenn man annimmt, daß im Elektron-Positron-Vernichtungsprozeß bei Energien etwas über 4 GeV (also bei Energien größer als die Masse des J/ψ-Teilchens) neue Teilchen produziert werden, die nur über die schwache Wechselwirkung zerfallen. Die Charmteilchen waren die wahrscheinlichsten Kandidaten hierfür. Damit hatte man an zwei unabhängigen Laboratorien Hinweise für die Existenz der Charmteilchen erhalten. Zwei der Apparate, mit deren Hilfe man dies erreicht hatte, sind in den Abbildungen 8-8 und 8-9 zu sehen. Danach ist es auch gelungen, die Produktion von D-Mesonen in der Neutrinostreuung nachzuweisen (siehe Abb. 8-10).

Die Entdekkung der D-Mesonen

Wir haben bislang nur über die Charm-Mesonen gesprochen. Wie steht es mit den Charm-Baryonen? Wie wir bereits wissen, ist das leichteste »strange«-Baryon das Λ-Teilchen, das die Quarkkomposition (u d s) besitzt. Bezüglich der starken Wechselwirkung, also auch bezüglich der Kraft, die die Quarks zu den Teilchen zusammenfügt, ist das c-Quark nichts weiter als ein schwerer Partner des s-Quarks. Wir können deshalb das leichteste Baryon, das ein c-Quark besitzt, konstruieren, indem wir eine einfache Operation durchführen. Wir entfernen das s-Quark aus der Λ-Konfiguration und setzen anstelle des s-Quarks ein

Protonen mit Charm

Abb.8-9 Der DASP-Detektor am DESY in Hamburg. Mit ihm gelang es, die physikalischen Eigenschaften der D-Mesonen zu studieren (Foto DESY).

c-Quark ein. Wir erhalten somit das Charmanalog des Λ-Teilchens, ein Teilchen der Quarkkomposition (u d c). Dieses Teilchen erhielt den Namen Λ_c. Wir betonen, daß die elektrische Ladung des Λ_c-Zustandes nicht 0 ist, wie die Ladung des üblichen Λ-Teilchens, sondern +1 (die elektrische Ladung des c-Quarks ist +⅔). Da das c-Quark viel schwerer ist als das s-Quark, erwartet man, daß das Λ_c-Teilchen ebenfalls viel schwerer ist als das beobachtete Λ-Teilchen. Eine grobe Abschätzung ergibt, daß das c-Quark etwa 1 GeV schwerer ist als das s-Quark, und man stellt sich deshalb vor, daß die Masse des Λ_c-Baryons etwa 1 GeV größer ist als die Masse des Λ, das heißt $M(\Lambda_c) \approx 2.2 \ldots 2.3$ GeV.

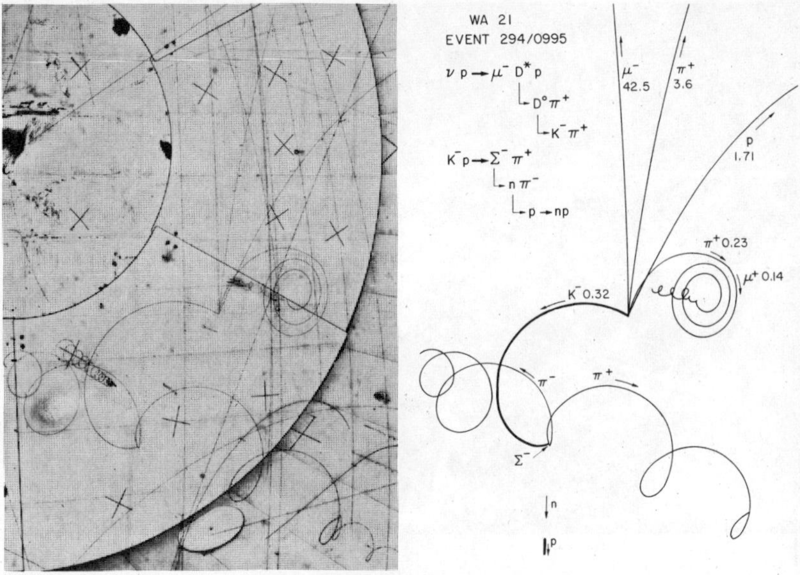

Abb. 8-10 Eines der am CERN gefundenen Ereignisse, in denen ein D-Meson in der Streuung von Neutrinos an Hadronen erzeugt wird. Auf der linken Seite sieht man das Foto der BEBC-Blasenkammer, mit deren Hilfe das Ereignis gefunden wurde. Auf der rechten Seite sind die relevanten Teilchenspuren nachgezeichnet. Das einfallende Neutrino (unsichtbar) reagiert mit einem Quark im Inneren eines der Protonen in der Blasenkammer. Das Neutrino wandelt sich in ein Myon um, dessen Spur deutlich zu sehen ist. Das getroffene Proton wird angeregt und verwandelt sich in ein Proton und ein D-Meson. Letzteres zerfällt in $K^-\pi^+\pi^+$. Alle vier Teilchen sind deutlich an ihren Spuren zu erkennen. Die angegebenen Zahlen kennzeichnen die Impulse der Teilchen in GeV.

Seit etwa 1975 hat man nach den Charm-Baryonen in vielen verschiedenen Experimenten gesucht. Aus mehreren, vor allem experimentellen, Gründen ist es viel schwieriger, die Charm-Baryonen zu beobachten als die Charm-Mesonen. Erst im Jahre 1979 hat man einen direkten Hinweis erhalten, daß die Charm-Baryonen wirklich existieren. Speziell das Λ_c-Teilchen hat man in verschiedenen Experimenten nachge-

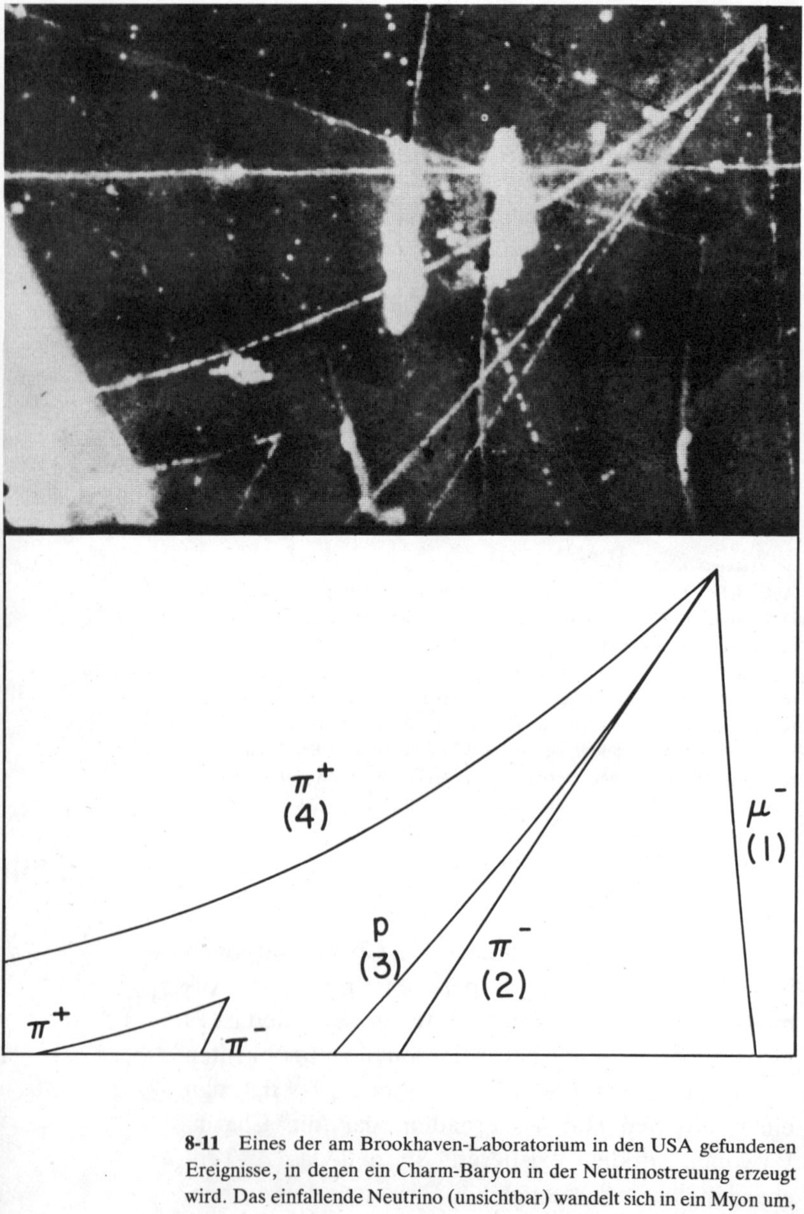

8-11 Eines der am Brookhaven-Laboratorium in den USA gefundenen Ereignisse, in denen ein Charm-Baryon in der Neutrinostreuung erzeugt wird. Das einfallende Neutrino (unsichtbar) wandelt sich in ein Myon um, wiesen (siehe Abb. 8-11). Seine Masse ist etwa die, die man aus den theoretischen Überlegungen abgeleitet hatte, nämlich 2,282 MeV. Man beobachtete es in den Zerfällen $\Lambda_c \rightarrow \Lambda\pi^+\pi^+\pi^-$ und $pK^-\pi^+$.

Die Entdeckung des Λ_c-Teilchens stellt das Ende des ersten Teils eines neuen Kapitels in der Entwicklung der Teilchenphysik dar, das im November 1974 begann. Ein ganzer Satz neuer Teilchen, die Teilchen bestehend aus den Charm-Quarks, wurde gefunden. Eine neue Art von Materie wurde also entdeckt, die in der freien Natur nirgends vorkommt, ausgenommen die extremen Situationen, die in den Hochenergiephysik-Laboratorien geschaffen werden.

Eine neue Art von Materie

dessen Spur deutlich zu sehen ist. Das Charm-Baryon (es handelt sich um das positiv geladene $\Lambda^+{}_c$-Teilchen) zerfällt in $p+\pi^++\pi^-+\overline{K}^0$. Das neutrale K-Meson ist selbst nicht sichtbar, sondern nur durch seinen Zerfall in $\pi^++\pi^-$ zu erkennen.

9. Rote, grüne und blaue Quarks

Wie wir sahen, spielen die Quarks eine fundamentale Rolle im Verständnis der Hadronen und ihrer Wechselwirkungen. Jedoch scheinen sie nicht als freie Teilchen zu existieren, wie etwa die π-Mesonen oder die Protonen. Was ist der Grund für diesen eigenartigen Umstand? Es kann sein, wie bereits früher erwähnt, daß die Erklärung hierfür einfach ist: daß nämlich die Quarks relativ schwere Teilchen sind und daß es bis heute noch nicht gelungen ist, sie zu sehen, da die hierzu erforderliche Energie bislang nicht erreicht wurde. Es gibt jedoch verschiedene Hinweise, sowohl experimenteller als auch theoretischer Natur, daß dies nicht die richtige Begründung ist. Einer der seltsamen Aspekte der Quarktheorie ist, daß die Hadronen entweder 3-Quark-Systeme (Baryonen) oder Quark-Antiquark-Systeme (Mesonen) sind. A priori könnte man denken, daß es in der Natur auch andere Konfigurationen gibt, zum Beispiel 2-Quark-Systeme (q q) oder 4-Quark-Systeme (q q q q). Da die elektrischen Ladungen der Quarks entweder ⅔ oder −⅓ sind, müßten solche Objekte natürlich nichtganzzahlige elektrische Ladungen haben (der 2-Quark-Zustand (u u) zum Beispiel hätte die elektrische Ladung 4/3). Solche Objekte wurden nie im Experiment gefunden; das heißt, sie scheinen ebenso wie die Quarks selbst nicht frei zu existieren.

Quarks existieren nicht als freie Teilchen

Wir erwähnen einen anderen eigenartigen Aspekt

des Quarkmodells, den wir am besten im Falle des Δ^{++} studieren können. Das Δ^{++}-Teilchen hat die Masse von 1232 MeV und besteht aus drei u-Quarks. Es hat den Drehimpuls $3/2$, der dadurch zustande kommt, daß die drei u-Quarks mit ihren Spins in dieselbe Richtung zeigen können (siehe Abb. 9-1). Das Δ^{++}-Teilchen ist das leichteste Teilchen der elektrischen Ladung 2, welches in der Natur existiert. Aus diesem Grunde erwartet man, daß die drei u-Quarks im Δ^{++}-Zustand sich mehr oder weniger bezüglich einander in Ruhe befinden, abgesehen von kleinen Bewegungen, die durch die Gesetze der Quantenmechanik gefordert werden. Man nennt einen solchen Zustand den Grundzustand des Systems, bestehend aus den drei u-Quarks. Betrachten wir nun den Δ^{++}-Zustand, wie er in der Abbildung 9-1 gezeigt ist. Nehmen wir an, daß wir zwei der u-Quarks in der Δ^{++}-Konfiguration miteinander austauschen. Das Resultat, das wir erhalten, ist das gleiche wie vorher: Die Δ^{++}-Konfiguration ist symmetrisch bezüglich des Austausches zweier Quarks.

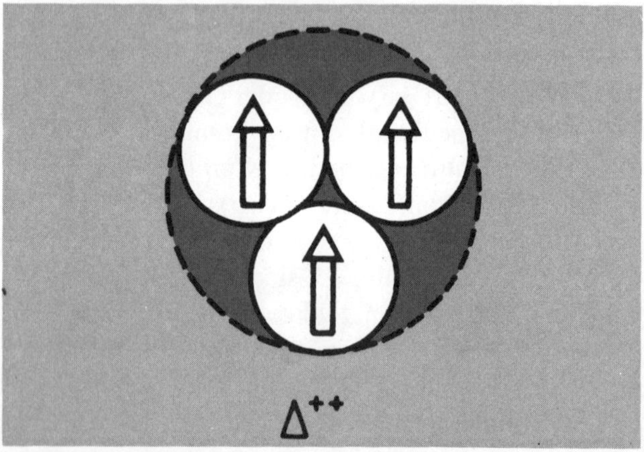

Abb. 9-1 Das Δ^{++}-Teilchen, bestehend aus drei u-Quarks, deren Spins in dieselbe Richtung zeigen.

Nun sind die Quarks Spin-½-Objekte, wie etwa die Elektronen. Wir erwähnten bereits, daß diese einem Gesetz gehorchen, das von dem österreichischen Physiker Wolfgang Pauli gefunden wurde. Es besagt, daß zwei Spin-½-Objekte sich niemals in einer symmetrischen Konfiguration befinden können, sondern immer nur in einer antisymmetrischen. (Man nennt dieses Gesetz manchmal auch das Pauli-Verbot.) Alle in der Natur beobachteten Spin-½-Teilchen genügen dem Pauli-Prinzip, speziell auch die Elektronen und Protonen. Es gibt keinen Grund zu glauben, daß dieses Prinzip nicht auch für die Quarks gilt. Wir schließen deshalb, daß die Δ^{++}-Konfiguration antisymmetrisch bezüglich des Austausches zweier u-Quarks ist und nicht symmetrisch, wie oben dargelegt. Damit stehen wir vor einem Rätsel der Quarktheorie. Das eben besprochene Paradoxon hat die Physiker seit der Aufstellung des Quarkmodells im Jahre 1964 beschäftigt.

Das rätselhafte Teilchen Δ^{++}

Vielleicht gibt es im Falle der Quarks, die ja als freie Teilchen nicht existieren, ein spezielles Prinzip, das vom Pauli-Prinzip abweicht. Dies wurde kurz nach der Aufstellung des Quarkmodells von Wally Greenberg etwa im Jahre 1965 vorgeschlagen und kurz danach in verschiedener Form von T. Han und Y. Nambu. Speziell hat man einen neuen Typ des Pauli-Prinzips diskutiert (die sogenannte Para-Statistik vom Rang drei). Mit Hilfe einer solchen Art modifizierten Pauli-Prinzips ist es unter Umständen möglich, zu verstehen, warum der Δ^{++}-Zustand symmetrisch ist und nicht antisymmetrisch bezüglich des Austauschs zweier Quarks. Fünf Jahre später, im Jahre 1970, wurde diese Idee von Murray Gell-Mann und mir wieder aufgegriffen und modifiziert. Dies führte schließlich zur Einführung einer neuen Quantenzahl, der Farbquantenzahl,

Ein neues Pauli-Prinzip?

die wir unten diskutieren werden, und zur Entwicklung der modernen Theorie der starken Wechselwirkung, der Quantenchromodynamik.

Die drei Farben der Quarks

Ein einfacher Weg, das oben diskutierte Problem mit dem Pauli-Prinzip zu umgehen, ist der folgende. Nehmen wir an, daß jedes Quark in drei verschiedenen Ausgaben oder Formen existieren kann, die wir als Farben bezeichnen, sagen wir, in einer roten, einer grünen und einer blauen.

In diesem Fall können wir die Δ^{++}-Konfiguration aufbauen, indem wir Quarks mit verschiedenen Farben benutzen. Falls die Quarks in drei verschiedenen Farben vorkommen, ist es sehr einfach, die Δ^{++}-Konfiguration so zu konstruieren, daß sie bezüglich des Austauschs zweier Quarks antisymmetrisch ist. Wir müssen hierfür nur sicherstellen, daß die Konfiguration antisymmetrisch in den Farbquantenzahlen ist; das heißt, wir schreiben die Δ^{++}-Konfiguration als eine Superposition von sechs verschiedenen Möglichkeiten, die in Abbildung 9-2 gezeigt sind.

Die farbige Struktur des Δ^{++}

Jede dieser Möglichkeiten ist mit der nächstfolgenden durch den Austausch zweier farbiger Quarks verbunden. Zum Beispiel erhält man die zweite Möglichkeit aus der ersten durch den Austausch des roten und des grünen Quarks, während das blaue Quark unverändert bleibt. Da die Vorzeichen der sechs verschiedenen Terme sich jeweils abwechseln, ist die Summe aller Terme antisymmetrisch bezüglich des Austauschs eines jeden Quarkpaars, wie es durch das Pauli-Prinzip gefordert ist.

Wir können diese Idee nun für alle Baryonen verallgemeinern, indem wir fordern, daß alle Baryonen, das heißt alle 3-Quark-Konfigurationen, total antisymmetrisch in der Farbquantenzahl sind. Zum Beispiel erhalten wir die Protonkonfiguration aus der Δ^{++}-Kon-

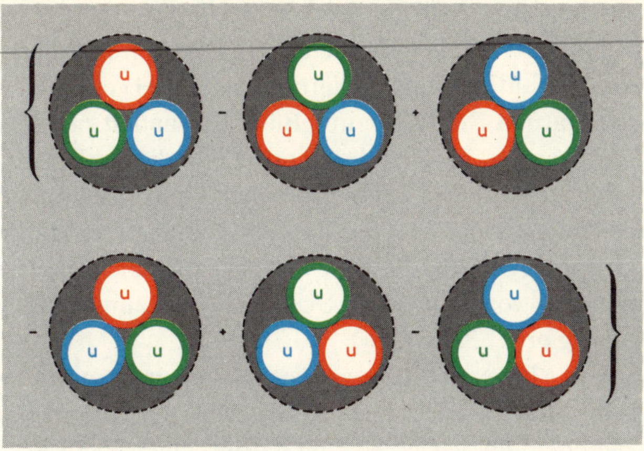

Abb. 9-2 Die Quarkkonfiguration des Δ^{++}-Teilchens besteht aus sechs verschiedenen Anteilen mit alternierendem Vorzeichen. Die Summe aller Terme ist antisymmetrisch bezüglich des Vertauschens zweier Quarks.

figuration (Abb. 9-2) durch den Austausch eines u-Quarks mit einem d-Quark sowie durch ein Umordnen der Spins, so daß ein Spin-½-Teilchen entsteht.

Wenn wir die Baryonkonfiguration, etwa die in Abbildung 9-2 dargestellte, näher anschauen, so bemerken wir das Folgende: Jede Farbe hat sozusagen die gleichen Rechte. Keine Farbe ist gegenüber der anderen im Vorzug. So sind beispielsweise die roten Quarks genauso oft repräsentiert wie die grünen. Die Mathematiker haben einen speziellen Namen für solche Konfigurationen: Man nennt sie Farbsinguletts, nämlich Singuletts unter der Farbgruppe, das heißt der Gruppe aller mathematischen Transformationen, die man im Farbraum durchführen kann. Da es insgesamt drei Farben gibt, ist diese Gruppe die Gruppe SU(3); das heißt, es ist dieselbe Gruppe, die bereits in der Meson- und Baryon-Spektroskopie eine wichtige Rolle gespielt hat und die wir bereits näher diskutiert haben.

Demokratie im Farbraum

Im letzteren Fall hat jedoch die Gruppe SU(3) im Raum der drei verschiedenen Quarktypen u, d und s agiert. Nun agiert sie im Farbraum der drei verschiedenen Farben Rot, Grün und Blau. Es handelt sich also um zwei ganz verschiedene Dinge. Nur die mathematische Struktur der entsprechenden Transformationen ist die gleiche. Was die Physik anbelangt, so ist die Gruppe SU(3) für die Teilchenspektroskopie ganz verschieden von der Gruppe SU(3), die im Raum der Farben agiert.

Um Mißverständnisse zu vermeiden, werden wir die folgenden Bezeichnungen einführen. Es ist wichtig, zwischen den verschiedenen Farben, die wir mit Rot, Grün und Blau bezeichnen (natürlich haben die hier benutzten Farben nichts mit wirklichen Farben der Quarks zu tun, sondern sind nur anschauliche Bezeichnungen für die verschiedenen Zustände der Quarks), und den verschiedenen Quarks u, d, s, c usw. zu unterscheiden. Für die letzteren führen wir den Namen »Typ« ein. Damit können wir jeden Quarkzustand durch zwei verschiedene Indices charakterisieren: seine Farbe und seinen »Typ«. Der Farbindex läuft immer von eins (Rot) bis drei (Blau), während der »Typenindex« entweder u, d, s oder c oder eventuell weitere Quarks bezeichnet. Es gibt einen wichtigen Unterschied zwischen dem Farbindex und dem »Typenindex«. Der Farbindex läuft immer nur von eins bis drei: Es gibt nur drei verschiedene Farben. Wir betonen, daß unsere vorgebrachten Argumente für die Einführung der Farbquantenzahl nur Sinn haben, wenn es genau drei Farben gibt. Das Problem mit dem Pauli-Prinzip, das wir oben im Falle der Δ^{++}-Konfiguration diskutiert haben, kann nur gelöst werden, wenn wir drei Farben zur Verfügung haben und nicht etwa zwei oder vier oder mehr. Die Dreiheit der Farbquantenzahl ist

Verschiedene Quarktypen

Drei Farben und die drei Quarks im Nukleon

eng verbunden mit der Tatsache, daß die Baryonen aus drei Quarks bestehen.

Ein ähnliches Argument kann man jedoch im Falle der Quarktypen nicht ins Feld führen. Nichts wäre falsch im Hinblick auf die Welt der starken Wechselwirkung, wenn es etwa nur zwei Quarktypen, sagen wir u und d, geben würde. Es könnte sogar nur einen Quarktyp geben, etwa den des u-Quarks. Im letzteren Fall könnte jedoch das Proton nicht existieren. Das leichteste Baryon wäre jetzt das Δ^{++}-Teilchen, das stabil sein würde, da es kein anderes Teilchen gibt, in das es zerfallen könnte. In unserer realen Welt zerfällt es unmittelbar nach seiner Erzeugung, beispielsweise in ein Proton und ein π^{+}-Meson.

Wir haben oben gesehen, daß die Baryonen Farbsingulett-Konfigurationen darstellen. Ist es möglich, die Mesonkonfigurationen in ähnlicher Weise zu beschreiben? Wir müssen die Mesonkonfigurationen so konstruieren, daß jeder Farbindex mit dem gleichen Gewicht vorkommt. Wir müssen deshalb annehmen, daß die Mesonen Superpositionen dreier verschiedener Quark-Antiquark-Terme sind, einer bestehend aus einem roten Quark und seinem Antiquark, ein zweiter bestehend aus einem grünen Quark und seinem Antiquark und schließlich ein dritter bestehend aus einem blauen Quark und seinem Antiquark. Damit erhalten wir die Konfiguration, die in Abbildung 9-3 dargestellt ist. Wir betonen, daß im Fall der Mesonkonfiguration jede Farbe gleich oft vorkommt: Wir haben es wiederum mit Farbsinguletts zu tun.

Mesonen und farbige Quarks

Wenn wir die Farbquantenzahl einführen, können wir eine sehr einfache Vorschrift benutzen, um Hadronen zu formen. Nehmen wir einmal an, daß alle Hadronen (die Mesonen und Baryonen) Singuletts innerhalb der Farbgruppe sind, in der Art, wie wir sie

Abb. 9-3 Die Struktur der Mesonen in der Theorie der farbigen Quarks. Ein Meson besteht aus einer Summe von drei Konfigurationen: Rot plus Grün plus Blau. Jede Konfiguration kommt mit derselben Wahrscheinlichkeit vor; die Summe der drei Konfigurationen ist ein Farbsingulett – ein weißer Zustand.

oben beschrieben haben. In diesem Fall erhalten wir gerade die Konfigurationen, die wir in der Natur beobachten, nämlich die Baryonen als 3-Quark-Konfigurationen und die Mesonen als Quark-Antiquark-Konfigurationen. Alle anderen Konfigurationen sind ausgeschlossen, zum Beispiel die bereits erwähnten Diquark-Systeme, die aus zwei Quarks bestehen. Man kann leicht sehen, daß ein 2-Quark-System niemals in einem Farbsingulett-Zustand sein kann. Zum Beispiel besteht die 2-Quark-Konfiguration Rot-Grün aus den Farben Rot und Grün, aber nicht Blau; das heißt, wir haben keine Farbsingulett-Konfiguration vor uns, da eine der drei Farben, nämlich Blau, vor den anderen ausgezeichnet ist. Dasselbe kann man von den 4-Quark-Zuständen sagen. Auch sie können niemals in einem Farbsingulett-Zustand sein. Es gibt nur zwei einfache Möglichkeiten, Farbsinguletts zu bilden, und

Die Hadronen sind Farbsinguletts

das sind die Quark-Antiquark-Systeme oder die 3-Quark-Systeme. Jemand, der wünscht, die beobachteten Mesonen und Baryonen auf sehr einfache Weise zu beschreiben, könnte sagen, wir wollen drei Farben einführen und einfach postulieren, daß alle beobachteten Hadronen Farbsinguletts sind. Wenn er danach gefragt würde, was es mit all den anderen Konfigurationen auf sich habe, die nicht Farbsinguletts sind, zum Beispiel den Quarks selbst (die Tripletts unter der Farbgruppe sind) oder den Diquarks (die entweder Farbtripletts oder Farbsextetts sind), könnte er sagen: »Zur Zeit weiß ich nicht, warum dies so ist. Aber vielleicht gibt es einen bis jetzt unbekannten Mechanismus, welcher es verbietet, daß Teilchen mit Farbe existieren. Ich sehe, daß die beobachteten Hadronen Farbsinguletts sind, und ich betrachte dies als einen Fingerzeig dahin gehend, daß nur Farbsinguletts in der Natur vorkommen können. Ich postuliere deshalb, daß die Farbe selbst in der Natur nicht vorkommt und daß die farbigen Teilchen wie die Quarks permanent gebunden sind. Natürlich weiß ich zur Zeit nicht, ob dieses Postulat wirklich stimmt. Ich benutze es deshalb nur als eine Art Arbeitshypothese, die ich eine Zeitlang gebrauche. Zu einem späteren Zeitpunkt werde ich aber zu diesem Problem zurückkehren und sehen, ob es tatsächlich einen Mechanismus gibt, der es den farbigen Objekten unmöglich macht, als freie Teilchen zu existieren.«

Farbige Teilchen gibt es nicht – die Hadronen sind weiß

Dies war die Vorstellung, die einige Physiker hatten, als sie zu Beginn der siebziger Jahre anfingen, eine Theorie der Hadronen aufzustellen. Es ist in der Physik durchaus üblich, Annahmen wie die oben beschriebene zu machen und deren Konsequenzen zu studieren, ohne von vornherein zu wissen, ob die Hypothesen richtig sind. So nahm zum Beispiel Niels Bohr an, daß die Elektronen in einem Wasserstoffatom sich nur auf ganz bestimmten Bahnen bewegen können. Nicht alle durch die Gesetze der klassischen Mechanik erlaubten Bahnen waren also möglich. Er wußte nicht, warum das so ist, entschied aber, sich eine Zeitlang darüber nicht zu beunruhigen, sondern die Konsequenzen seiner Hypothese zu betrachten. Auf diese Weise erhielt er die richtigen Ausdrücke für die Energieterme im Wasserstoffatom. Erst ein Jahrzehnt später wurden seine Annahmen durch die Entwicklung der Quantenmechanik bestätigt.

Bohrs Vision

Wieso kann es sinnvoll sein anzunehmen, daß nur die Farbsingulett-Konfigurationen als wirkliche Teilchen in der Natur vorkommen? Betrachten wir einmal die Situation, wie sie sich in der Elektrodynamik darstellt. Nehmen wir an, daß die Farbquantenzahl (Farbladung) etwas ist, das etwa zur elektrischen Ladung analog ist. Es ist allgemein bekannt, daß die elektrische Kraft zwischen geladenen Objekten die Eigenschaft hat, daß entgegengesetzt geladene Objekte sich anziehen, während Objekte, die dieselbe elektrische Ladung tragen, sich abstoßen. Zum Beispiel ziehen sich ein Elektron und sein Antiteilchen an. Sie bilden einen gebundenen Zustand, den wir bereits näher betrachtet haben: das Positronium (siehe Abb. 9-4). Die elektrische Ladung des Elektrons ist -1, die des Positrons ist $+1$. Der Gesamtzustand hat die elektrische Ladung 0; wir können den Gesamtzustand als einen Ladungssingulett-Zustand bezeichnen. Auf der anderen Seite haben zwei Elektronen die Gesamtladung -2 und zwei Positronen die Gesamtladung $+2$. Die beiden Elektronen bzw. Positronen stoßen sich ab, es entsteht kein gebundener Zustand. Diese aus zwei Elektronen oder zwei Positronen bestehenden Zustände sind keine Ladungssinguletts. Es erweist sich also, daß

Die Farbe als Ladung

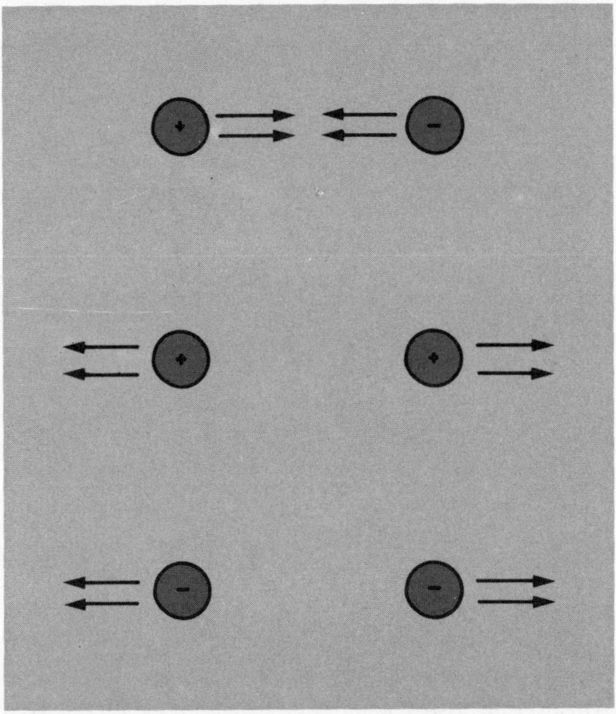

Abb. 9-4 Ein Elektron und ein Positron ziehen sich an und bilden einen Bindungszustand der elektrischen Ladung 0 (»Ladungssingulett«). Zwei Elektronen oder zwei Positronen, die Zustände der Ladung – 2 oder + 2 bilden, stoßen sich einander ab; es entstehen keine gebundenen Zustände.

Elektro- und Farbdynamik

die Dynamik der elektrischen Kraft, so wie sie sich in der Natur darstellt, der Dynamik der Farbe ähnlich ist, in dem Sinne, daß Singuletts unter der entsprechenden Symmetrie (Ladungssymmetrie versus Farbsymmetrie) als gebundene Zustände existieren. Alle anderen Zustände, die keine Singuletts bilden, tun dies nicht. Es gibt jedoch einen fundamentalen Unterschied zwischen der Dynamik der elektrischen Kraft und der Farbdynamik. Die Elektronen, als die Konstituenten, die elektrische Ladung tragen, kann man als freie Teilchen in der Natur beobachten, während die Quarks, als die Konstituenten, die die Farbladung tragen, in der Natur offensichtlich nicht vorkommen.

Wenn wir die Elektrodynamik und die Dynamik der Farbe vergleichen, so bemerken wir einen anderen wichtigen Unterschied. Drei Quarks können ein Farbsingulett bilden, nämlich einen Baryonenzustand. Auf der anderen Seite bilden drei Elektronen einen Zustand der elektrischen Ladung – 3, einen Zustand, der kein Ladungssingulett ist. Warum ist dies so? Der Unterschied zwischen der Elektrodynamik und der Farbdynamik besteht in der Tatsache, daß die Ladungssymmetrie in der Elektrodynamik eine sehr einfache Symmetrie ist. Die Gesamtladung eines physikalischen Systems erhält man einfach durch das Abzählen der Ladungen der verschiedenen Konstituenten, indem man −1 für ein Elektron und +1 für ein Positron zählt. Aus diesem Grunde muß ein Zustand der Ladung 0 (ein Singulettzustand) immer ein Zustand sein, in dem die Anzahl der positiv geladenen Teilchen gleich der Anzahl der negativ geladenen Teilchen ist.

Drei Quarks bilden ein Farbsingulett

Nicht so jedoch im Falle der farbigen Quarks. Hier haben wir es mit insgesamt drei verschiedenen Farben zu tun, also mit mehreren Ladungen. Aus diesem Grunde ist es nicht möglich, die Gesamtladung eines Systems durch das Addieren und Subtrahieren der verschiedenen Ladungen der Quarks zu erhalten, also durch Addieren und Subtrahieren von Zahlen. Die Addition der Farbladung ist schwieriger, ist ähnlich der Addition von Vektoren in einem dreidimensionalen Raum. Wie jeder weiß, kann man niemals null erhalten, wenn man zum Beispiel drei Zahlen der gleichen Größe addiert. Es ist jedoch möglich, null zu bekommen, wenn man drei Vektoren der gleichen

Addition der Farben

Länge addiert. Man muß nur sicherstellen, daß die Vektoren in geeigneten Winkeln zueinander stehen, so daß der Endpunkt des dritten Vektors mit dem Anfangspunkt des ersten Vektors zusammenfällt. Dies ist natürlich nur eine Analogie, und die genauen Gesetze der Addition von Farbladungen kann man nur verstehen, wenn man die Gruppentheorie der Farbsymmetrie im einzelnen studiert. Wir werden dies nicht tun, sondern erwähnen nur das Resultat. Im Falle von drei Farben ist es möglich, daß drei Quarks einen Farbsingulettzustand bilden, also einen weißen Zustand, ebenso ein Quark und ein Antiquark.

Hinweise auf die Farben der Quarks

Wenn es die Farbquantenzahl in der Natur wirklich gibt, so müßte man sie direkt nachweisen können. Dies ist in der Tat möglich. Der erste Hinweis darauf, daß es so etwas wie die Farbquantenzahl wirklich gibt, wurde im Jahre 1971 gefunden. Unter Benutzung einer speziellen Technik, der sogenannten Stromalgebra, die von Murray Gell-Mann zu Beginn der sechziger Jahre eingeführt wurde, konnte man zeigen, daß die Stärke des Zerfalls des neutralen π-Mesons berechenbar ist, vorausgesetzt, man kennt die Konstituenten der Hadronen. Unmittelbar nach der Einführung des Quarkmodells hat man die Stärke dieses Zerfalls ermittelt, speziell die Stärke des Zerfalls des neutralen π-Mesons in zwei Photonen (dieser Zerfall ist ein Prozeß der elektromagnetischen Wechselwirkung). Man erhielt ein Resultat, das erheblich von dem gemessenen Resultat abwich, nämlich um einen Faktor 9. Man berechnete die Lebensdauer des neutralen π-Mesons zu etwa $0{,}75 \cdot 10^{-15}$ sec. Es erwies sich jedoch, daß die Lebensdauer des neutralen π-Mesons $0{,}83 \cdot 10^{-16}$ sec ist. Dies stellte eines der Hauptprobleme für die Quarktheorie dar.

Wie kann nun die Einführung der Farbquantenzahl

die Situation ändern? Es erweist sich, daß die Lebensdauer des neutralen π-Mesons direkt von der Anzahl der Farben der u- und d-Quark-»Flavors« abhängt. Je mehr Farben existieren, um so schneller zerfällt das neutrale π-Meson. Im Falle von drei Farben erwartet man, daß der Zerfall neunmal schneller ist als der Zerfall, den man erwarten würde, wenn es keine Farbquantenzahl gäbe, und man sagt voraus, daß die Lebensdauer des neutralen π-Mesons $0.83 \cdot 10^{-16}$ sec ist. Dies ist genau die beobachtete Lebensdauer, und wir schließen daraus, daß es drei verschiedene Farben geben sollte, in Übereinstimmung mit unseren Schlußfolgerungen, die wir aufgrund der Analyse des hadronischen Spektrums gemacht haben.

Wie lange lebt das π^0?

Eine andere Möglichkeit, die Anzahl der Farben zu zählen, ist der Prozeß der Elektron-Positron-Vernichtung in Hadronen bei hohen Energien. Dieser Prozeß wurde in verschiedenen Laboratorien seit etwa 1972 mit Hilfe der Elektron-Positron-Speicherringe im Detail untersucht. Wenn Elektronen und Positronen sich gegenseitig vernichten, so tun sie dies, indem sie entweder ein Paar Leptonen (Elektronen, Myonen) oder ein Quark-Antiquark-Paar erzeugen. Speziell erwartet man, daß die Produktion von Hadronen im Prozeß der Elektronen-Positronen-Vernichtung dadurch geschieht, daß man zuerst ein Quark-Antiquark-Paar erzeugt, welches am Ende das hadronische System bildet (siehe Abb. 9-5).

Die Abzählung der Farben

Es ist sehr schwierig vorherzusagen, wie oft eine bestimmte hadronische Konfiguration – sagen wir ein System, das aus drei π-Mesonen besteht – in der Elektron-Positron-Annihilation bei hohen Energien erzeugt wird. Jedoch ist leicht vorherzusagen, wie oft überhaupt Hadronen erzeugt werden, zumindest bei sehr hohen Energien, das heißt bei Energien, die groß

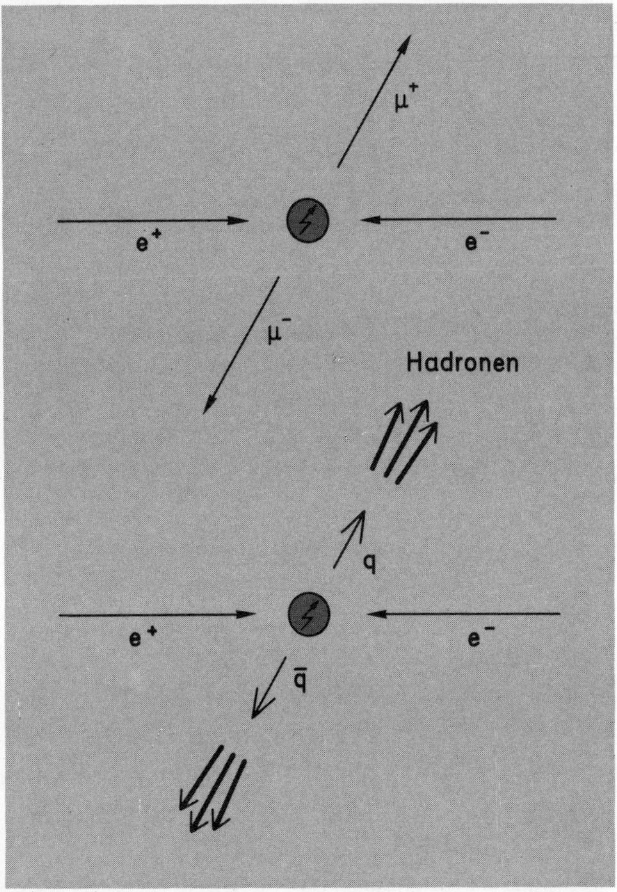

Abb. 9-5 Die Vernichtung eines Elektrons und eines Positrons in ein Paar Myonen und ein Quark-Antiquark-Paar. Die Bildung eines Quark-Antiquark-Paares führt zur Erzeugung von Hadronen, die man in geeigneten Teilchendetektoren nachweisen kann.

sind gegenüber typischen hadronischen Massen wie zum Beispiel der Masse des Protons oder der Masse des ϱ-Mesons. In diesem Fall nimmt man an, daß die totale hadronische Produktionsrate und die Rate für die Produktion eines Paars von Leptonen, zum Beispiel eines Paars Myonen, einfach gegeben sind durch die Quadrate der Ladungen der Quarks. Dies kommt daher, daß die Elektron-Positron-Vernichtung und die nachfolgende Produktion eines Quark-Antiquark-Paars mittels der elektromagnetischen Wechselwirkung geschehen und daß letztere in ihrer Stärke durch die Ladung der entsprechenden Objekte, in diesem Fall durch die Ladung der Quarks, bestimmt ist (genauer durch die Quadrate der Ladungen). Nehmen wir an, daß wir die Energie in der Elektron-Positron-Vernichtung so einrichten, daß wir gerade unterhalb der Schwelle für die Produktion der Charmteilchen sind. In diesem Fall können wir also nur u-Quarks, d-Quarks und eventuell s-Quarks »erzeugen«, und wir erwarten:

$$R = \frac{\text{Produktionsrate für Hadronen}}{\text{Produktionsrate für Myonen}}$$

$$= \frac{3[e_u^2+e_d^2+e_s^2]}{e_\mu^2} = 3[(2/3)^2+(-1/3)^2+(-1/3)^2] = 2$$

Der Faktor 3 steht hier für die Anzahl der Farben. Wir haben die Beiträge der drei farbigen u-Quarks, der drei farbigen d-Quarks und der drei farbigen s-Quarks summiert. Das endgültige Resultat ist, daß die Wahrscheinlichkeit, Hadronen in der Elektron-Positron-Annihilation in der Energieregion etwa zwischen 2 und 4 GeV zu produzieren, etwa zweimal so groß ist wie die Wahrscheinlichkeit, ein Paar Myonen zu produzieren.

Farbige Quarks und e^+e^--Vernichtung

Die Experimente, die man seit etwa 1973 durchführte, haben ergeben, daß das Verhältnis, das oben eingeführt wurde, in der Tat sehr nahe bei 2 ist. Man findet etwa ein Verhältnis von 2.2: Das Verhältnis ist nur etwa 10% größer als durch die Farbtheorie vorausgesagt. Dies kann man als einen Erfolg für die Farbidee betrachten. Wir erwähnen, daß ohne die Einführung der Farbquantenzahl das oben erwähnte Verhältnis dreimal kleiner sein würde, nämlich ⅔ – eine Zahl, die durch das Experiment ausgeschlossen ist.

Wir schließen: Es gibt drei verschiedene Phänomene in der Natur, die einen Hinweis auf die Existenz der Farbquantenzahl darstellen. Diese sind:

a) die Struktur des hadronischen Spektrums, speziell des Spektrums der Baryonen,

b) die Lebensdauer des neutralen π-Mesons,

c) die Rate für die Produktion von Hadronen in der Elektron-Positron-Annihilation.

Der wirkliche Erfolg der Farbtheorie jedoch wurde bisher noch nicht erwähnt. Wie wir sehen werden, erlaubt die Einführung der Farbquantenzahl die Konstruktion einer neuen Theorie der Hadronen und der starken Wechselwirkung: der Quantenchromodynamik.

10. Quantenchromodynamik – die Theorie der Hadronen und der starken Wechselwirkung

Wie wir oben erwähnten, besteht ein wichtiger Unterschied zwischen der Elektrodynamik und der Quarktheorie darin, daß drei Elektronen niemals einen gebundenen Zustand bilden, während drei Quarks dies leicht tun können. Welche Art von Kraft ist nötig, um dieses eigenartige Phänomen zu erklären? Es müßte eine Kraft sein, die so beschaffen ist, daß zwischen drei Quarks in verschiedenen Farben eine attraktive Kraft besteht. Um zu sehen, welche Eigenschaft eine solche Kraft haben müßte, betrachten wir die folgenden zwei Konfigurationen. Zuerst schauen wir auf eine typische Baryonenkonfiguration, die von drei Quarks der Farben Rot, Grün und Blau aufgebaut wird. Dann betrachten wir eine Konfiguration, die aus zwei roten Quarks und einem blauen Quark besteht. Die erste Konfiguration, in der alle drei Farben vorkommen, kann in einem Farbsingulett-Zustand sein. In der zweiten Konfiguration fehlt das grüne Quark. Deshalb kann diese Konfiguration niemals in einem Farbsingulett-Zustand sein.

Das Besondere der Farbsinguletts

Würden wir nun annehmen, daß die Kräfte zwischen den Quarks gar nicht von den Farben abhängen, also farbenblind sind, so würde es nicht möglich sein, zwischen den beiden oben betrachteten Zuständen zu unterscheiden. Dies würde implizieren, daß die beiden Konfigurationen die gleiche Energie hätten. In anderen Worten: Farbsinguletts und Zustände, die nicht Farbsinguletts sind, wären überhaupt nicht voneinander verschieden. Dies ist gerade nicht die Situation, die wir haben möchten. Wir müssen sicherstellen, daß die Farbsinguletts von den Nicht-Farbsinguletts sehr verschieden sind. Zumindest müßte es so sein, daß die Farbsinguletts die Zustände mit der kleinsten Energie (das heißt mit der kleinsten Masse) sind, während die Nicht-Singuletts eine höhere Energie haben oder – und das wäre das Beste – überhaupt nicht existieren.

Eine farbabhängige Kraft

Dies kann man nur erreichen, wenn man eine Kraft einführt, die explizit von der Farbe abhängt, das heißt eine Kraft, die auf den drei verschiedenen Farben mit verschiedener Stärke agiert.

Wir betrachten erneut die Situation in der Elektrodynamik. Hier wird die attraktive Kraft zwischen zwei geladenen Objekten, die unterschiedliche elektrische Ladung tragen, durch das elektromagnetische Feld zwischen ihnen erzeugt: das Coulombsche Kraftfeld. In der Sprache der Quantentheorie sagt man: Die Kraft wird durch den Austausch von virtuellen Photonen zwischen den geladenen Objekten erzeugt. Diese Photonen koppeln an die geladenen Konstituenten mit einer Stärke, die durch die elektrische Ladung des entsprechenden Objekts gegeben ist.

Gluonen und die Farbkräfte

Nehmen wir nun einmal an, daß die Kräfte zwischen den Quarks gewissermaßen analog den Kräften zwischen Elektronen und Positronen sind, und zwar in dem Sinn, daß wir sie ebenso durch den Austausch von virtuellen Objekten ähnlich denen der virtuellen Photonen beschreiben, die wir als Gluonen bezeichnen. Nehmen wir weiter an, daß die Kopplung der Gluonen an die Quarks proportional zu den Farbladungen der Quarks ist. Wir konstruieren also eine Art von Elektrodynamik im Raum der Farben, wobei die Rolle der elektrischen Ladung jetzt durch die Farbladungen übernommen wird und die Photonen durch die Gluonen ersetzt werden.

Die Kopplung der Gluonen an die Quarks ist jedoch komplizierter als die Kopplung der Photonen an die Elektronen oder Positronen. Wenn ein Photon mit einem Elektron eine Wechselwirkung eingeht, so bleibt das Elektron ein Elektron; das heißt, an der Struktur des Elektrons, zum Beispiel an seiner elektrischen Ladung, ändert sich nichts. Auf der anderen Seite hat jedoch ein Gluon, welches mit einem Quark eine Wechselwirkung durchführt, die Möglichkeit, die Farbe des Quarks zu ändern. Zum Beispiel kann ein rotes Quark während der Wechselwirkung mit einem Gluon in ein grünes Quark transformiert werden (siehe Abb. 10-1). Die verschiedenen Gluonen kann man entsprechend ihrer Farbtransporteigenschaften kennzeichnen. Im Falle von drei Farben gibt es insgesamt

Quarks ändern ihre Farbe

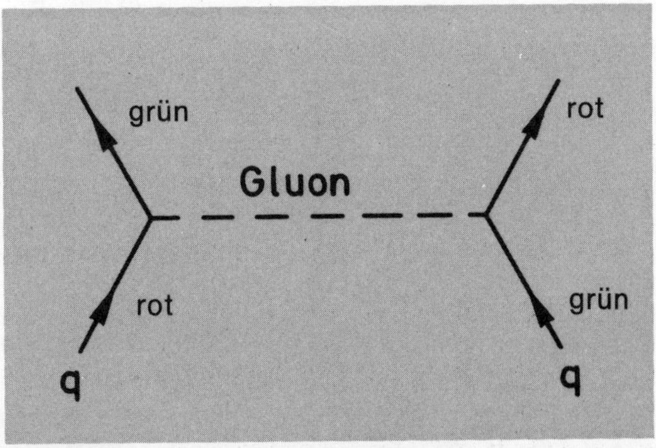

Abb. 10-1 Ein Beispiel einer Gluonwechselwirkung zwischen zwei Quarks. Die Farben der Quarks können sich durch die Wechselwirkung mit einem Gluon ändern.

neun verschiedene Möglichkeiten, wie die Gluonen an die Quarks koppeln können:

Rot	→	Grün
Rot	→	Blau
Grün	→	Rot
Grün	→	Blau
Blau	→	Rot
Blau	→	Grün
Rot	→	Rot
Grün	→	Grün
Blau	→	Blau

Die letzten drei Möglichkeiten sind jedoch von den anderen verschieden in dem Sinne, daß hier keine Änderung der Farbe erfolgt. Es gibt nun eine Möglichkeit, die bezüglich der Farbquantenzahl total symmetrisch ist, nämlich die Superposition Rot → Rot + Grün → Grün + Blau → Blau. Diese Kopplungsmöglichkeit läßt man außer acht, da sie ihrerseits ein Farbsingulett darstellt. Die verbleibenden acht Möglichkeiten bilden die acht Ladungen der Farbgruppe SU(3). Wir nehmen nun an, daß für jede dieser Farbladungen ein spezielles Gluon existiert; das heißt, wir haben insgesamt acht verschiedene Gluonen.

Acht Gluonen erzeugen die starke Kraft

So vorbereitet, können wir nun daran gehen, die Kräfte zwischen den Quarks näher zu betrachten. Hierzu ist einige Kenntnis der Gruppentheorie notwendig, und wir können dies nicht im Detail diskutieren. Was man erhält, ist äußerst einfach. Man findet, daß Farbsinguletts die Bindungszustände der Theorie sind, genauso wie die Ladungssinguletts die Bindungszustände in der Elektrodynamik bilden. Die Quarks haben also die Tendenz, in Farbsingulettzuständen zu existieren, falls die Kräfte zwischen den Quarks durch die Farbladung gegeben sind. Wir können nun die Frage stellen: Ist es möglich, eine wirkliche Theorie der Quarks und der Gluonen zu konstruieren, in der die oben erwähnte Eigenschaft realisiert ist? Im Falle der elektrischen Kräfte gibt es eine solche Theorie, nämlich die Maxwellsche Theorie und ihre quantisierte Version, die Quantenelektrodynamik (QED).

Wir suchen also nach einem Farbanalog der Quantenelektrodynamik, wobei die Rolle der elektrischen Ladung von den Farbladungen übernommen wird. Wir beschreiben dies, indem wir eine Art Wörterbuch angeben, das die verschiedenen Begriffe der Elektrodynamik in die entsprechenden Begriffe der Quantenchromodynamik (QCD) übersetzt:

QED	QCD
Elektron	u-Quark
Myon	d-Quark
...	...
elektrische Ladung	Farbladung
Photon	Gluon
Atom	Meson, Baryon

Der kleine Unterschied zwischen QED und QCD

Bei Betrachtung dieses Wörterbuches ist man versucht zu meinen, die Quantenelektrodynamik (QED) und die Quantenchromodynamik (QCD) seien vollkommen analog. Dies ist jedoch nicht der Fall. Der wesentliche Unterschied zwischen der Elektrodynamik und der Chromodynamik besteht in der Tatsache, daß es acht verschiedene Farbladungen gibt, während andererseits nur eine elektrische Ladung existiert. Wie bereits erwähnt, bilden die acht verschiedenen Farbladungen eine Gruppe, die sogenannte Farbgruppe SU(3). Man nennt diese Gruppe die Eichgruppe der Chromodynamik, und aus diesem Grunde bezeichnet

Chromodynamik als Eichtheorie

man die Theorie der Chromodynamik als eine sogenannte nichtabelsche Eichtheorie (die Gruppe SU(3) ist ein Beispiel einer nichtabelschen Gruppe). Theorien dieser Art wurden zuerst 1953 von den theoretischen Physikern C. N. Yang und R. Mills in den Vereinigten Staaten untersucht.

Die wohl wichtigste Eigenschaft der Chromodynamik ist, daß die Gluonen selbst Farbladungen tragen. Die Gluonen haben die gleichen Farbeigenschaften wie die Farbladungen; das heißt, sie sind Oktetts bezüglich der Farbsymmetrie. Die acht Gluonen können durch ihre Farbtransporteigenschaften charakterisiert werden. Oben haben wir beschrieben, wie die verschiedenen Gluonen bzw. die Farbladungen die Farbe eines Quarks ändern können: Rot → Grün usw. In Abbildung 10-2 beschreiben wir eine solche Änderung der Farbe eines Quarks durch ein Gluon (man nennt dies einen Quark-Gluon-Vertex). Man kann die Gluonen durch Linien bezeichnen, die zwei Farbindizes tragen.

Gluonen sind bunt

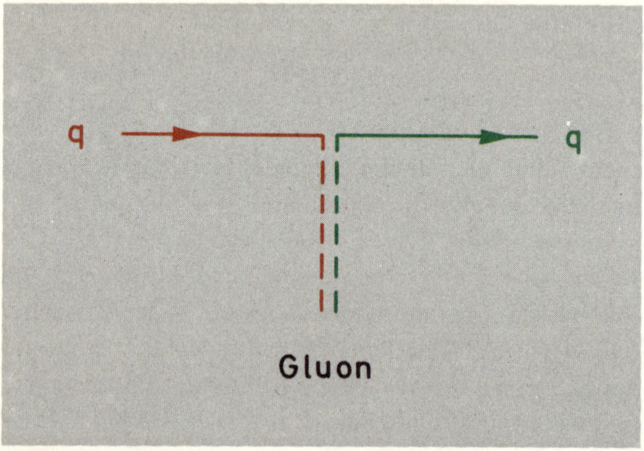

Abb. 10-2 Ein Beispiel eines Quark-Gluon-Vertex. Das Gluon wird durch die unterbrochene rot-grüne Linie bezeichnet. Diese zeigt an, daß ein rotes Quark in ein grünes Quark transformiert wird.

Diese geben an, welche Farbe in welche andere Farbe transformiert wird.

Die Tatsache, daß die Gluonen in der QCD selbst farbige Objekte sind, ist, wie wir später sehen werden, von entscheidender Bedeutung für die Physik der starken Wechselwirkung. Wir erwähnen zunächst, daß hierdurch eine Situation entsteht, die von der Elektrodynamik sehr verschieden ist. Im Falle der Elektrodynamik sind die elektrisch geladenen Teilchen jeweils Fermionen: die Elektronen, Positronen, Protonen usw. Das Photon als das physikalische Objekt, das für die Existenz der elektrischen Kräfte zwischen den geladenen Teilchen verantwortlich ist, ist selbst elektrisch neutral. Dies ist sehr wichtig für die Physik der elektromagnetischen Wechselwirkung. Es impliziert, daß bei Abwesenheit von Materie die elektromagnetischen Wellen, etwa Lichtwellen, sich frei durch den Raum ausbreiten können. Ein Lichtstrahl ist nichts anderes als ein Strahl von Photonen, die sich unbeeinflußt voneinander in dieselbe Richtung bewegen. Da die Photonen elektrisch neutral sind, beeinflussen sie sich gegenseitig nicht. Dies wäre natürlich nicht so, wenn die Photonen selbst elektrische Ladungen tragen würden. Dann würden sich die Photonen gegenseitig abstoßen oder anziehen, und wir hätten eine recht komplizierte Situation vor uns.

Photonen sind neutral

In gewisser Weise ist die Chromodynamik eine Theorie dieser Art. Die Gluonen sind selbst farbige Objekte. Demzufolge gibt es eine direkte Wechselwirkung nicht nur zwischen den Gluonen und den Quarks, sondern auch zwischen den Gluonen selbst; das heißt, es gibt einen Vertex zwischen drei verschiedenen Gluonen. In Abbildung 10-3 haben wir solch einen Vertex dargestellt. Hier treffen sich ein rot-grünes Gluon und ein rot-blaues Gluon, um ein grün-blaues

Kräfte zwischen Gluonen

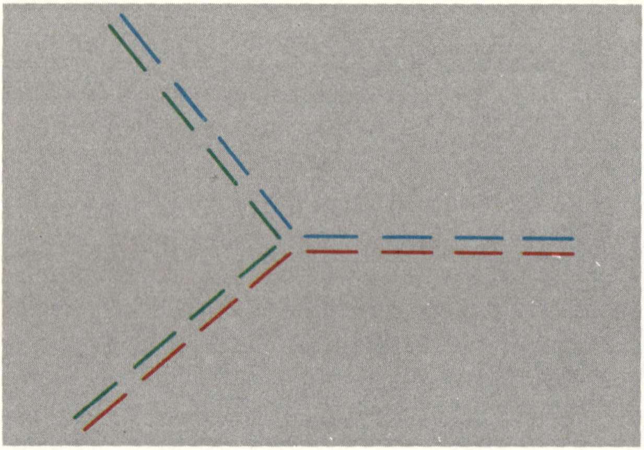

Abb. 10-3 Die schematische Darstellung eines Drei-Gluon-Vertex. Die verschiedenen Farblinien fließen kontinuierlich von einem Gluon zum anderen.

Gluon zu erzeugen. Man bemerkt, daß jede der drei Farben von einem Gluon zum anderen kontinuierlich übergeht. Es gibt keine Farblinie, die irgendwo endet oder irgendwo anfängt. Zum Beispiel gibt es keinen Gluonen-Vertex derart, daß ein rot-grünes und ein rot-blaues Gluon sich zusammenfinden, um ein rot-grünes Gluon zu erzeugen. Dies würde ja implizieren, daß die blaue Linie, die von links in der Abbildung 10-3 hereinkommt, irgendwo aufhören muß und daß eine andere rote Linie anfängt. Dies ist verboten durch die Spielregeln der Chromodynamik, das heißt durch die mathematischen Regeln der QCD als spezielles Beispiel einer nichtabelschen Eichtheorie.

Das Spiel der Farben

Es ist instruktiv, die Quanteneigenschaften der Chromodynamik näher zu betrachten. Wieder schauen wir zuerst die entsprechende Situation in der Elektrodynamik an. Wir haben oben erwähnt, daß im Falle der Abwesenheit von Materie, das heißt im Vakuum, die elektromagnetischen Wellen sich frei im Raum

Das Vakuum ist nicht leer

ausbreiten können, da sie auf ihrem Weg nicht durch elektrisch geladene Teilchen gestört werden. Dies ist jedoch exakt nur richtig im Sinne der klassischen Physik. Im Rahmen der Quantentheorie ist das Vakuum, das für einen makroskopischen Beobachter recht harmlos aussieht, ein sehr kompliziertes System. Entsprechend den Unschärferelationen der Quantenmechanik, deren Bedeutung von Werner Heisenberg in den zwanziger Jahren zuerst erkannt worden ist, kann man den Impuls oder die Energie eines Teilchens nur dann mit sehr hoher Präzision messen, wenn man recht viel Raum oder Zeit hierfür zur Verfügung hat. Wenn wir jedoch die Struktur eines Objektes bei sehr kleinen Distanzen untersuchen wollen, sagen wir Distanzen von weniger als 10^{-12} cm, ist es nicht möglich, die Impulse oder die Energien von Teilchen sehr genau zu bestimmen. Im Gegenteil, die Unschärfe in den Impulsen der Teilchen ist recht groß.

Speziell in der Elektrodynamik passiert etwas sehr Ungewöhnliches, falls die Unschärfe in der Energie größer ist als zweimal die Masse eines Elektrons (dies geschieht etwa bei einer Distanz von 10^{-11} cm). In diesem Fall kann man nämlich ein Paar von Teilchen, bestehend aus einem Elektron und einem Positron, erzeugen. Man erzeugt dieses Teilchenpaar einfach aus dem Vakuum, und auf die gleiche Weise kann es wieder verschwinden, indem sich das Elektron und das Positron gegenseitig vernichten. Nun kann man aber diese Vernichtung verhindern, wenn man von außen genügend Energie zuführt. Wenn die von außen zugeführte Energie größer ist als die Gesamtmasse des Elektron-Positron-Paars, so kann man diese Teilchen als wirkliche (reelle) Teilchen erzeugen, ohne daß man das Gesetz von der Erhaltung der Energie verletzt. Ohne eine solche Zufuhr von Energie könnte das Elektron-

Positron-Paar nicht als ein Paar reeller Teilchen existieren, sondern nur als ein Paar sogenannter virtueller Teilchen. Nun ist das Vakuum angefüllt mit sehr vielen, genau gesagt mit unendlich vielen, solchen virtuellen Elektron-Positron-Paaren. Diese können die Physik bei sehr kleinen Abständen modifizieren, spielen aber für die makroskopische Physik keine Rolle.

Virtuelle Teilchen im Vakuum

Die virtuellen Elektron-Positron-Paare im Vakuum beeinflussen die Struktur eines Elektrons. Nehmen wir an, daß wir die elektrische Ladung eines Elektrons im Labor messen. Dies können wir zum Beispiel tun, indem wir die Streuung zweier Elektronen betrachten. Die beiden Elektronen stoßen sich gegenseitig ab. Die abstoßende Kraft zwischen ihnen ist dem Quadrat der elektrischen Ladung der Elektronen proportional, entsprechend dem Coulombschen Gesetz. Im Normalfall ist es so, daß die beiden Elektronen bei der Streuung nicht besonders nahe aneinander vorbeifliegen. Die Distanz zwischen den beiden Elektronen ist typischerweise größer als die oben erwähnte kritische Distanz von etwa 10^{-11} cm. In diesem Fall ist die Kraft zwischen zwei Elektronen recht genau durch das Coulombsche Gesetz beschrieben.

Das Coulomb-Gesetz versagt

Was geschieht nun, wenn wir versuchen, die Kraft zwischen zwei Elektronen bei Distanzen zu messen, die viel kleiner als 10^{-11} cm sind (dies kann man tun, indem man die Energie der sich streuenden Elektronen entsprechend erhöht)? In diesem Fall entdeckt man, daß das Coulombsche Kraftgesetz nicht mehr gilt, wenn die beiden Elektronen einander näherkommen als etwa 10^{-11} cm. Man beobachtet, daß die Kräfte zwischen den Elektronen etwas größer sind als die Kräfte, die man aufgrund des Coulombschen Gesetzes erwarten würde. Wie kann man diesen Effekt verstehen?

Wir beobachten hier die Effekte, die durch die Präsenz der virtuellen Elektron-Positron-Paare im Vakuum erzeugt werden. Nehmen wir einmal an, wir hätten die Möglichkeit, ein Elektron von außen in das Vakuum hineinzugeben. Da das Elektron elektrisch negativ geladen ist, wird es alle virtuellen Elektronen in seiner Nachbarschaft abstoßen und alle virtuellen Positronen entsprechend anziehen. Das Resultat ist, daß das Elektron sich mit einer Wolke von virtuellen Positronen umgibt. Man sagt, das Elektron polarisiert das umgebende Vakuum (siehe Abb. 10-4). Die das Elektron umgebende Wolke von virtuellen Positronen schirmt die elektrische Ladung des Elektrons teilweise ab. Wenn wir also ein Elektron von einer Distanz aus betrachten, die so groß ist, daß die Vakuumpolarisationseffekte sich nicht mehr bemerkbar machen, so sehen wir das Elektron und seine aus virtuellen Teilchen bestehende Wolke als eine Einheit; es ist dann nicht möglich, die gesamte elektrische Ladung des Elektrons

Elektronen sind nicht nackt

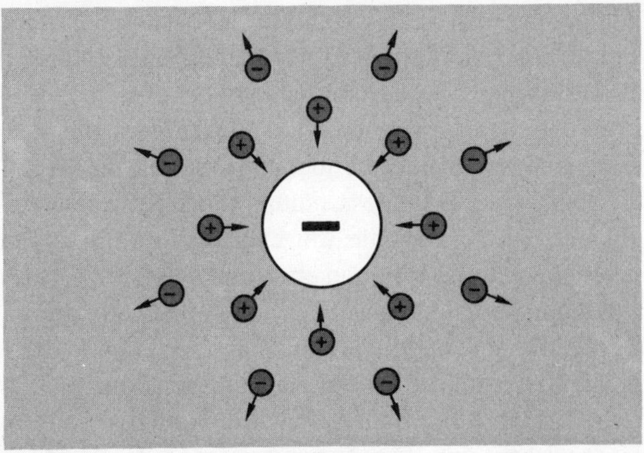

Abb. 10-4 Die Vakuumpolarisation in der Elektrodynamik. Ein Elektron (großer Kreis) umgibt sich mit virtuellen Positronen. Diese schirmen die elektrische Ladung des Elektrons teilweise ab.

aufzuteilen in den Teil, der vom Elektron selbst kommt, und den Teil, der von der virtuellen Teilchenwolke geliefert wird. Die Physiker nennen ein solches Objekt ein physikalisches Elektron. Letzteres besteht also aus einem Elektron und seiner Vakuumpolarisationswolke. Andererseits bezeichnet man das Elektron ohne seine Vakuumpolarisationswolke als ein nacktes Elektron.

Welches ist nun das wirkliche Elektron, dessen Existenz die Ursache für die verschiedenen elektromagnetischen Phänomene ist? Die Antwort hierfür hängt ab von der Situation, das heißt von der Energie des entsprechenden Prozesses. In jenen Prozessen, wo die Energien der Elektronen gegenüber der Masse des Elektrons klein sind, kann man die Vakuumpolarisationseffekte nicht explizit sehen, und in solchen Fällen hat man es mit dem physikalischen Elektron, das heißt dem Elektron inklusive seiner Vakuumpolarisationswolke, zu tun. Wenn die Energien jedoch gegenüber der Masse des Elektrons groß sind, kann man die Vakuumpolarisationseffekte direkt beobachten. Da die elektrische Ladung des nackten Elektrons größer ist als die Ladung des physikalischen Elektrons, ist die abstoßende Kraft zwischen zwei Elektronen, die sich sehr nahe aneinander befinden, größer als die Kraft, die man auf der Basis des Coulombschen Kraftgesetzes ableitet. Dies erklärt die Abweichung vom Coulombschen Gesetz, die wir oben erwähnt haben.

Die Wichtigkeit der Vakuumpolarisation

Bislang haben wir unsere Diskussion auf qualitative Betrachtungen aufgebaut, und man mag fragen, ob es möglich ist, exakte quantitative Aussagen für jene Prozesse zu machen, in denen die Vakuumpolarisationseffekte wichtig sind. Die Antwort auf diese Frage ist ja. Die Theorie, die es uns erlaubt, solche Berechnungen durchzuführen, ist die Quantenelektrodynamik. Man hat im Laufe der vergangenen 20 Jahre festgestellt, daß die Theorie der Quantenelektrodynamik die beobachteten Prozesse nicht nur auf befriedigende Art und Weise beschreibt, daß sie sogar viel besser ist, als man ursprünglich erwartete. Man hat mittlerweile sehr präzise Tests der Quantenelektrodynamik durchgeführt. Es hat sich herausgestellt, daß die Theorie die Phänomene viel genauer beschreibt als zu etwa einem Tausendstel eines Prozents. Wir können deshalb sagen, daß es bezüglich der Wechselwirkung von Elektronen und Photonen nichts Ungeklärtes gibt. Die elektromagnetische Wechselwirkung ist vollkommen verstanden, nicht nur innerhalb der klassischen Physik, sondern auch, wenn wir Quanteneffekte betrachten. Dies ist sehr wichtig, denn es zeigt, daß die Methoden der theoretischen Physiker, insbesondere die Methoden der Quantenmechanik, geeignet sind, die Natur selbst bei sehr kleinen Abständen richtig zu beschreiben.

Der phänomenale Erfolg der QED

Unserer Korrespondenz zwischen Elektrodynamik und Chromodynamik folgend, können wir nun die Effekte der Vakuumpolarisation in der Chromodynamik studieren. Das vom Physiker untersuchte Vakuum ist nicht nur mit virtuellen Elektronen, Positronen und Photonen angefüllt, sondern auch mit virtuellen Quarks, Antiquarks und Gluonen. Ähnlich wie im Falle des Elektrons untersuchen wir jetzt ein Quark, das sich im Vakuum befindet. Dies ist natürlich eine hypothetische Prozedur, da es ja nach unseren vorausgegangenen Überlegungen keine freien Quarks geben sollte. Trotzdem können wir uns vorstellen, daß es unter Umständen ein freies Quark gibt: Wir machen also ein »Gedankenexperiment«.

Wenn wir ein Quark in das Vakuum »hineinsetzen«, so erwarten wir im Rahmen der Chromodynamik, daß es das gleiche tut wie ein Elektron unter ähnlichen Umständen: Es polarisiert das Vakuum. Da das Quark eine Farbladung trägt, zieht es die sich in seiner Umgebung befindlichen Antiquarks an und stößt die entsprechenden Quarks ab. Diese Situation ist der entsprechenden Situation in der Elektrodynamik vollkommen analog. Wir erhalten einen ähnlichen Effekt wie in der Elektrodynamik: Die Farbladung des Quarks wird teilweise abgeschirmt, und das nackte Quark wird durch eine Wolke von virtuellen Quarks »angezogen«. Man erhält ein »physikalisches« Quark.

Ein Quark wird »angezogen«

Ist dies alles, was im Rahmen der QCD geschieht? In keiner Weise; wir haben nämlich bislang den wichtigsten Effekt außer acht gelassen. Das Vakuum ist nicht nur mit virtuellen Quarks und Antiquarks angefüllt, sondern auch mit virtuellen Gluonen. Analog ist in der Elektrodynamik das Vakuum nicht nur mit virtuellen Elektronen und Positronen angefüllt, sondern auch mit virtuellen Photonen. Warum haben wir letztere bei unserer Diskussion der Vakuumpolarisation nicht beachtet? In der Elektrodynamik spielen die virtuellen Photonen keine Rolle, jedenfalls nicht für die Vakuumpolarisation des Elektrons, denn sie sind elektrisch neutral. Wenn wir ein Elektron in das Vakuum »hineinsetzen«, beeinflussen wir zwar den »See« der Elektron-Positron-Paare, aber nicht den »See« der virtuellen Photonen. Dies ist jedoch gerade nicht so in der Chromodynamik, da die Gluonen selbst eine Farbladung tragen. Ein Quark wird also nicht nur den »See« der virtuellen Quark-Antiquark-Paare beeinflussen, sondern auch den »See« der virtuellen Gluonen. Mit anderen Worten: Die Vakuumpolarisationswolke eines Quarks besteht nicht nur aus virtuellen Quarks und Antiquarks, sondern auch aus virtuellen Gluonen.

Gluonen polarisieren das Vakuum

Man könnte nun denken, daß die Vakuumpolarisationswolke der Gluonen auf ein Quark den gleichen Effekt ausübt wie die Quark-Antiquark-Paare; das heißt, das »physikalische« Quark hat eine Farbladung, die kleiner als die Farbladung des »nackten« Quarks ist. Das ist natürlich nur eine Vermutung, und um genau zu sehen, was passiert, muß man die Effekte der Gluonen im Rahmen der Chromodynamik berechnen. Man findet ein überraschendes Ergebnis. Die durch die virtuellen Gluonen verursachten Effekte sind nicht so, wie oben vermutet, sondern genau entgegengesetzt. Die »Wolke« der virtuellen Gluonen verringert nicht die Farbladung eines Quarks, sondern vergrößert sie.

Ein überraschendes Ergebnis

Um dieses überraschende Phänomen zu veranschaulichen, betrachten wir ein Modell, das der Elektrodynamik ähnlich ist. Wir ändern jedoch die Gesetze der Elektrodynamik in grundlegender Weise, und zwar derart, daß sich gleichnamige Ladungen anziehen, während sich ungleichnamige Ladungen abstoßen. Was würde in diesem Fall geschehen? Ein Elektron im Vakuum würde sich mit einer Wolke von virtuellen Elektronen umgeben und die Positronen in seiner Umgebung abstoßen. Hierdurch würde sich die elektrische Ladung des Elektrons vergrößern (siehe Abb. 10-5). Die Folge wäre, daß das Elektron samt seiner Elektronenwolke noch stärker auf seine Umgebung einwirkt und noch mehr Elektronen anzieht. Man sieht sofort, daß dieser Prozeß kein Ende haben würde. Die Vakuumpolarisationswolke würde größer und größer werden, indem es mehr und mehr Elektronen aus dem »See« der virtuellen Elektron-Positron-Paare aufnimmt. Wir erhalten eine Art »Explosion«. Dies ist ein deutliches Zeichen dafür, daß in unserer modifizierten Elektrodynamik etwas nicht stabil ist,

Explosion des Vakuums

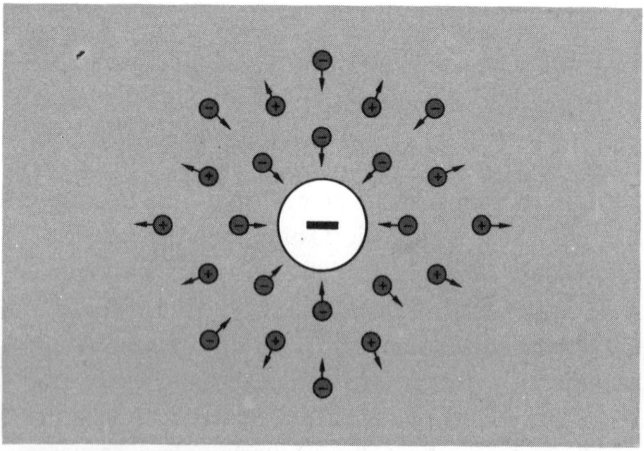

Abb. 10-5 Die Vakuumpolarisation in der modifizierten Elektrodynamik. Gleichnamige Ladungen ziehen sich an, entgegengesetzt geladene Objekte stoßen sich ab. Ein Elektron umgibt sich mit einer Wolke von virtuellen Elektronen. Hierdurch vergrößert sich die effektive Ladung des Elektrons, und die Umgebung des Elektrons wird um so stärker beeinflußt. Man erhält eine unstabile Situation.

und man lernt die gewöhnliche Elektrodynamik schätzen, in der solche »Explosionen« nicht vorkommen. Wir bemerken auch, warum das so ist. Da sich in der gewöhnlichen Elektrodynamik ungleichnamige Ladungen anziehen, verringert die Vakuumpolarisationswolke die elektrische Ladung eines Elektrons. Die teilweise Abschirmung der Elektronenladung bewirkt, daß das Elektron auf seine Umgebung nur in verminderter Form einwirkt. Man erhält hierdurch sehr schnell eine stabile Situation.

Die Elektrodynamik ist stabil

Wie wäre die modifizierte Elektrodynamik, die wir oben diskutiert haben, nun zu interpretieren? Wir erhielten die oben beschriebene unstabile Situation, weil wir ein geladenes Elektron im Vakuum betrachtet haben. Offensichtlich gäbe es keine Probleme, wenn es überhaupt keine elektrisch geladenen Objekte in isolierter Form geben würde, sondern nur neutrale Objekte, bestehend aus Elektronen und Positronen. Vielleicht sind in der modifizierten Elektrodynamik die elektrisch geladenen Objekte permanent gebunden.

Quarks und die seltsamen Eigenschaften des Vakuums

Wir wollen die oben beschriebene modifizierte Elektrodynamik hier nicht näher studieren. Wir haben sie jedoch erwähnt, weil sich die Vakuumpolarisationswolke der Gluonen in der Chromodynamik ähnlich wie die Elektronenwolke in der modifizierten Elektrodynamik verhält. Die Gluonen umgeben ein Quark und vergrößern dadurch die Farbladung des Quarks. Die Folge ist, daß das Quark nun noch stärker durch seine Farbladung auf die Umgebung einwirkt und die Polarisationswolke noch größer wird. Ein Quark in der Chromodynamik verhält sich etwa wie ein Raubtier, dessen Appetit mit der Menge der verspeisten Beute zunimmt. Auch hier ist die Situation unstabil; sehr bald wird sich das Tier zu Tode gefressen haben, und die Konsequenz wäre, daß innerhalb kürzester Frist alle Raubtiere dieser Art verschwunden sind.

Der einfachste Weg, die oben erwähnten Probleme zu vermeiden, ist die Annahme, daß es überhaupt keine Quarks in isolierter Form gibt. Falls es stimmt, daß die Quarks nur innerhalb von Farbsingulettobjekten (Baryonen, Mesonen) vorkommen, so hätte man überhaupt kein Problem. Dies ist natürlich genau die Situation, die wir von vornherein anvisiert haben und die man in der Natur beobachtet.

Ist es nun wirklich so, daß im Rahmen der Chromodynamik die Quarks und darüber hinaus alle farbigen Objekte nicht in isolierter Form existieren können? Unsere oben durchgeführten Betrachtungen machen dies zwar sehr plausibel, stellen aber keinen Beweis dar. Es gibt auch bis heute keinen Beweis für die permanente Bindung (»confinement«) der farbigen Objekte in der QCD. Es gibt jedoch viele Hinweise sowohl theoretischer als auch experimenteller Art, daß dies so ist. Für unsere weiteren Betrachtungen werden wir einfach annehmen, daß in der Chromodynamik nur die »weißen« Konfigurationen (Farbsinguletts) als isolierte Teilchen vorkommen. Quarks, Gluonen und darüber hinaus alle farbigen Objekte existieren nur innerhalb von »weißen« Teilchen.

Warum es keine freien Quarks gibt

11. Quarks und die chromoelektrischen Kräfte

Was ist der physikalische Grund für die oben diskutierte Instabilität in der QCD? Bevor wir darauf näher eingehen, betrachten wir wieder zuerst die analoge Situation in der Elektrodynamik. Die Photonenquanten, die Teilchen des Lichtes, existieren in zwei verschiedenen Formen. Es gibt eine spezielle Art von virtuellen Photonen, die zur elektrischen Anziehung zweier elektrisch geladener Objekte führt, etwa zur Anziehung eines Elektrons und eines Protons innerhalb des Wasserstoffatoms. Wir werden diese Photonen Coulomb-Quanten nennen, unter Bezugnahme auf das Coulombsche Gesetz der Elektrodynamik, das die elektrischen Kräfte zwischen geladenen Objekten beschreibt. Die Coulomb-Quanten existieren nur beim Vorhandensein von elektrisch geladenen Objekten, nicht in isolierter Form.

Zwei Arten von Photonen

Die Photonen der zweiten Art bezeichnen wir als magnetische Quanten. Diese sind beispielsweise verantwortlich für das Auftreten von magnetischen Kräften. Die magnetischen Quanten können als freie Teilchen existieren, zum Beispiel als die Konstituenten eines Lichtstrahls.

In der Chromodynamik können wir die Gluonen auf ähnliche Art in Coulomb-Gluonen und in magnetische Gluonen einteilen. Es erweist sich nun in den speziellen Berechnungen der Vakuumpolarisation in der QCD, daß die Instabilität der Gluonenwolke durch ein merkwürdiges Zwischenspiel zwischen den Coulomb-Gluonen und den magnetischen Gluonen zustande kommt. In der Chromodynamik gibt es nämlich eine Wechselwirkung zwischen den Coulomb-Gluonen und den magnetischen Gluonen. (In der Elektrodynamik ist eine solche Wechselwirkung nicht möglich, da die Photonen keine elektrische Ladung tragen.) Es ist zum Beispiel möglich, daß ein Coulomb-Gluon sich in ein anderes Coulomb-Gluon und ein magnetisches Gluon aufspaltet. Letztere können sich am Ende wieder zu einem einzigen Coulomb-Gluon vereinigen (siehe Abb. 11-1).

Gluonen beeinflussen sich gegenseitig

Wir illustrieren die Wichtigkeit dieses Phänomens wie folgt. Die oben diskutierten Instabilitäten in der Chromodynamik treten nur bei relativ großen Distan-

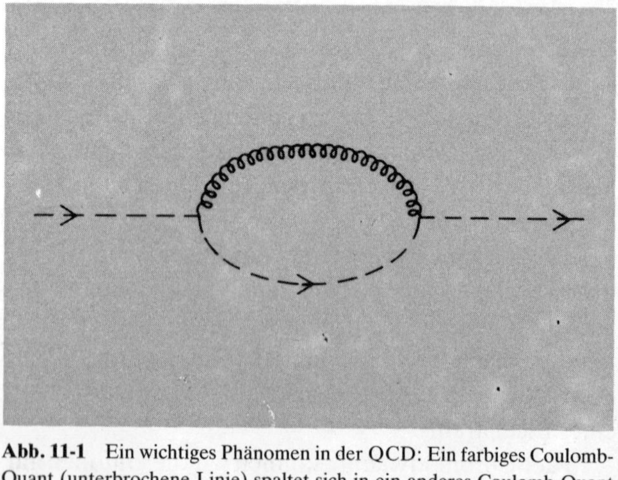

Abb. 11-1 Ein wichtiges Phänomen in der QCD: Ein farbiges Coulomb-Quant (unterbrochene Linie) spaltet sich in ein anderes Coulomb-Quant und in ein magnetisches Quant auf. Beide vereinigen sich wieder zu einem Coulomb-Quant.

zen auf, das heißt groß gegenüber der Ausdehnung eines Protons (etwa 10^{-13} cm). In diesem Bereich wird die effektive Farbladung eines Quarks durch die gluonischen Vakuumpolarisationseffekte so groß, daß es nicht mehr möglich ist, konkrete Rechnungen durchzuführen. Letzteres kann man aber tun, wenn man die Quarks und Gluonen bei sehr kleinen Distanzen anschaut. In diesem Fall kann man im Rahmen der Chromodynamik ebenso verfahren wie im Rahmen der Elektrodynamik und die Effekte der Vakuumpolarisation konkret berechnen. Um dies zu tun, führen wir den folgenden Trick ein. Wir betrachten ein möglichst schweres Quark und das entsprechende Antiquark. Beide bilden ein schweres Meson. Als Beispiel könnten wir ein schweres Quark mit der effektiven Masse von 50000 MeV nehmen. Der entsprechende Quark-Antiquark-Bindungszustand wäre dann mehr als hundertmal so schwer wie das Proton. Zwar wissen wir, daß es Quarks mit einer solchen Masse in der Natur nicht gibt. Aber wir haben stets die Möglichkeit, ein solches Quark formell einzuführen, daß heißt ein Gedankenexperiment durchzuführen.

Superschwere Quarks?

Die Bindungszustände der schweren Quarks haben die Eigenschaft, daß die beiden Konstituenten sehr nahe beieinander sind. Die Ausdehnung eines solchen Mesonzustandes schätzt man auf die Größenordnung von etwa 10^{-15} cm oder weniger. Diese Zustände sind also mehr als fünfzigmal kleiner als das Proton, dessen Ausdehnung etwa 10^{-13} cm ist. Wenn die schweren Quarks so nahe beieinander sind, können wir die Effekte, die durch die gluonische Wolke der Vakuumpolarisation erzeugt werden, vernachlässigen. Die Kraft zwischen den Quarks wird dann im wesentlichen beschrieben durch das Coulomb-Gesetz. Die schweren Mesonen werden also in ihrer Struktur den Elektron-

Positron-Bindungszuständen in der Elektrodynamik oder auch dem Wasserstoffatom sehr ähnlich sein. Dies zumindest erwarten wir im Rahmen der Chromodynamik für sehr schwere Quark-Antiquark-Systeme. Falls es in der Natur wirklich solche schweren Systeme gibt, wäre es interessant zu sehen, ob das Spektrum dieser Zustände tatsächlich so ist, wie man es aufgrund der Überlegungen in der Chromodynamik annimmt.

Das Bild der schweren Quark-Antiquark-Systeme, das wir oben gezeichnet haben, ist jedoch nicht vollständig richtig. Die Gluonen, die die Quarks jeweils umgeben, spielen eine gewisse Rolle selbst bei sehr schweren Quark-Antiquark-Systemen. Man kann die Coulomb-Kraft zwischen zwei schweren Quarks durch die Angabe der chromoelektrischen Feldlinien beschreiben. Diese Feldlinien sind den allgemein bekannten Feldlinien in der Elektrodynamik ganz analog. Wir haben diese in Abbildung 11-2 dargestellt. Die chromoelektrischen Feldlinien gehen jeweils von einem Quark aus und enden am entsprechenden Antiquark. Je dünner die Feldlinien im Raum verteilt sind, desto schwächer ist die entsprechende Farbkraft am betreffenden Punkt. Wenn wir die beiden Quarks voneinander entfernen, verdünnen sich die chromoelektrischen Feldlinien mehr und mehr, und deswegen wird die Kraft zwischen den beiden Quarks schwächer und schwächer. Falls die Kraft durch das Coulomb-Gesetz beschrieben ist, fällt sie wie das Quadrat des Abstandes zwischen den beiden Quarks ab.

Chromoelektrische Feldlinien

Nun betrachten wir die Effekte der Vakuumpolarisation durch die Gluonen. Man kann diese Effekte sehr einfach folgendermaßen beschreiben. Wir erinnern daran, daß in der Chromodynamik die Coulomb-Quanten direkt mit magnetischen Gluonquanten wechselwirken können (siehe Abb. 11-1). In unserem Feldlinienbild heißt dies, daß es eine farbmagnetische Anziehung zwischen den farbelektrischen Feldlinien gibt. Diese Anziehung wird durch die magnetischen Quanten erzeugt, die von einer Feldlinie zur anderen hinüberlaufen. Wir haben das in Abbildung 11-2 schematisch dargestellt. Im Rahmen der Chromodynamik können wir diese chromomagnetische Anziehung der chromoelektrischen Feldlinien direkt berechnen, falls die Quarks genügend nahe beieinander sind. Was man erhält, ist intuitiv sehr einleuchtend. Die Feldlinien werden durch die chromomagnetische Anziehung zusammengepreßt; das heißt, sie sind dichter im Raum verteilt, als man aufgrund des Coulombschen Kraftgesetzes berechnet. Genau das würden wir aufgrund unserer vorausgegangenen Betrachtungen erwarten. Bei

Das Vakuum komprimiert die chromoelektrischen Feldlinien

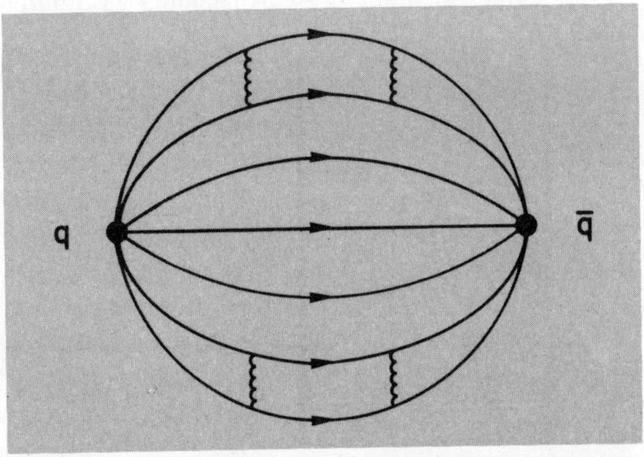

Abb. 11-2 Die chromoelektrischen coulombartigen Feldlinien zwischen einem schweren Quark und seinem Antiquark. Je weiter man von einem der beiden Quarks entfernt ist, um so dünner werden die Feldlinien, was bedeutet, daß die entsprechende Farbkraft schwächer wird. Die geschwungenen Linien illustrieren den Austausch von magnetischen Gluonen. Dieser führt zu einer Anziehung der chromoelektrischen Feldlinien.

größeren Abständen sollte die Farbladung der Quarks zunehmen; wir erhalten also eine Kraft, die etwas größer ist als diejenige, die wir auf der Grundlage des Coulombschen Kraftgesetzes bekommen würden. Das entspricht einer Verdichtung der chromoelektrischen Feldlinien.

Chromomagnetismus

Wir betonen noch einmal, daß die wichtige neue Eigenschaft der Chromodynamik die chromomagnetische Anziehung der chromoelektrischen Feldlinien ist. Diese ergibt sich, weil die Gluonen selbst Farbladung tragen. In der Elektrodynamik existiert solch ein Effekt nicht. Es gibt jedoch in der Elektrodynamik eine Situation, die in gewisser Weise der oben beschriebenen Situation in der Chromodynamik ähnlich ist. Wir betrachten zwei elektrische Drähte, die parallel zueinander laufen (siehe Abb. 11-3) und durch die elektrische Ströme in dieselbe Richtung fließen. Die beiden Drähte ziehen sich an. Diese Anziehung wird durch

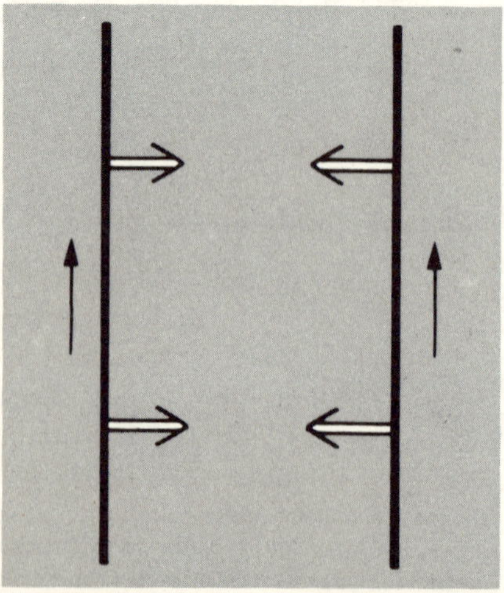

Abb. 11-3 Zwei parallel laufende elektrische Drähte ziehen einander an, wenn in beiden Drähten ein elektrischer Strom in dieselbe Richtung fließt. Diese Anziehung wird durch magnetische Kräfte erzeugt.

magnetische Kräfte verursacht, die auf die Drähte wirken, und durch den Austausch von magnetischen Photonquanten zwischen den Drähten. (Die magnetische Anziehung der Drähte wurde zuerst im vergangenen Jahrhundert von André Ampère im Detail studiert.) In gewisser Weise ist die Anziehung der chromoelektrischen Feldlinien in der Chromodynamik der magnetischen Anziehung zwischen den beiden elektrischen Drähten analog. Man kann sich die chromoelektrischen Feldlinien zwischen den beiden Quarks als kleine elektrische Drähte vorstellen, die sich durch magnetische Kräfte anziehen. Natürlich ist diese Analogie ziemlich grob und sollte nicht zu ernst genommen werden, aber sie hilft vielleicht, das Verhalten der chromoelektrischen Feldlinien in der Chromodynamik verständlich zu machen.

Wir betrachten erneut unser schweres Quark-Antiquark-System. Nehmen wir an, wir hätten die Möglichkeit, die Quarks, die ursprünglich sehr nahe aneinander sind, langsam voneinander zu entfernen. Wir wissen, daß bei sehr kleinen Abständen das Kraftgesetz, das die Kräfte zwischen den Quarks beschreibt, im wesentlichen das Coulomb-Gesetz ist. Wir wissen auch, daß es kleine Abweichungen vom Coulomb-Gesetz gibt, die durch die Vakuumpolarisationseffekte der Gluonen erzeugt werden. Diese Abweichungen sind derart, daß die tatsächlichen Kräfte zwischen den Quarks etwas größer sind, als wir aufgrund des Coulomb-Gesetzes erwarten würden. Wir können uns nun die Frage stellen, was passiert, wenn wir die Quarks immer mehr voneinander entfernen. Für eine gewisse Zeit werden die Kräfte abfallen, entsprechend dem Coulomb-Gesetz. Dann werden aber die Vakuumpolarisationseffekte der Gluonen bei größeren Abständen stärker und stärker; das heißt, die Farbladungen der Quarks vergrößern sich. Die chromoelektrischen Feldlinien zwischen den Quarks werden mehr und mehr durch die chromomagnetische Anziehung zusammengepreßt.

Wir können nun fragen, was passiert, wenn wir die Quarks sehr weit voneinander entfernen, etwa auf makroskopische Distanzen wie circa einen Meter. Leider war es bislang nicht möglich zu berechnen, was in diesem Fall passiert. Im Rahmen der Chromodynamik können wir heute nur ausrechnen, was passiert, wenn die Quarks relativ nahe aneinander sind, jedenfalls weniger als 10^{-13} cm. Wir können nur spekulieren, was in dem oben betrachteten Fall geschieht. Es ist klar, daß es nicht leicht sein wird, die Quarks bis zu Distanzen von etwa einem Meter auseinanderzuziehen. Dann ist es im Prinzip möglich, jedes Quark getrennt für sich zu studieren. Wir könnten zum Beispiel seine elektrische Ladung messen. Deshalb ist die Trennung der Quarks eines schweren Mesonsystems auf Distanzen von etwa einem Meter praktisch gleich der Erzeugung freier Quarks. Dies ist jedoch, wie wir wissen, entweder unmöglich oder zumindest sehr schwierig.

Ein Meson wird zerlegt

Die meisten Physiker, die sich mit dem Problem der Quarkbindung beschäftigen, nehmen an, daß es im Prinzip möglich sei, die Quarks in einem Mesonsystem selbst bis auf makroskopische Distanzen zu separieren. Man muß dafür jedoch einen Preis zahlen, und zwar in Form von Energie. Man glaubt, daß die chromoelektrischen Feldlinien, die vom Quark ausgehen und am Antiquark enden, mehr und mehr zusammengedrückt werden, wenn wir versuchen, die Quarks auseinanderzuziehen. Am Ende kommen wir zu einer Konfiguration, in der die Feldlinien parallel zueinander laufen, wie etwa die elektrischen Feldlinien in einem Plattenkondensator. Dies ist in Abbildung 11-4

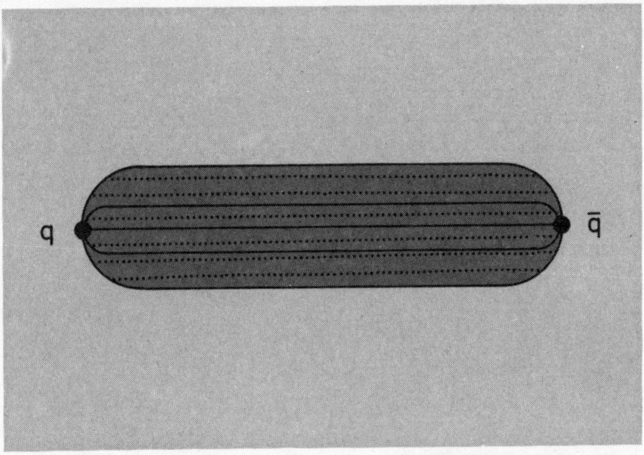

Abb. 11-4 Falls die Quarks mehr als etwa 10^{-13} cm voneinander entfernt sind, stellt sich eine Konfiguration ein, in der die farbelektrischen Feldlinien parallel laufen. Demzufolge ist die zwischen den Quarks herrschende Kraft konstant.

dargestellt. Wir glauben also, daß die Feldlinien parallel ausgerichtet sind, falls die Quarks weiter als 10^{-13} cm voneinander entfernt sind.

Es ist bekannt, daß die Kraft, die zwischen zwei Kondensatorplatten herrscht, unabhängig von der Distanz zwischen den Platten ist. Das gleiche sollte nun auch für die Kraft zwischen den Quarks gelten. Bei großen Abständen ist also die zwischen den Quarks herrschende Kraft konstant. Selbst wenn es uns gelingt, die Quarks in einem Mesonsystem bis auf makroskopische Entfernungen zu trennen, wird die Kraft zwischen den Quarks stark sein wie bei einem Abstand von etwa 10^{-12} cm. Diese starke Kraft zwischen den Quarks wird durch ein Band von Gluonen (die chromoelektrischen Feldlinien) erzeugt. Dieses Band läuft vom Quark aus und endet am Antiquark (siehe Abb. 11-5).

Wie stark ist diese Kraft zwischen den Quarks? Wir haben bereits erwähnt, daß es bislang nicht möglich

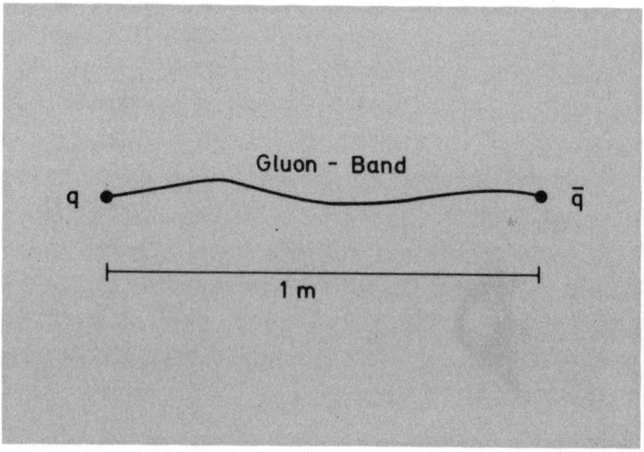

Abb. 11-5 Ein Quark und ein Antiquark sind etwa einen Meter voneinander entfernt. Zwischen ihnen herrscht eine starke chromoelektrische Kraft, die durch einen dünnen »Faden« von Gluonen erzeugt wird (Stärke etwa 10^{-13} cm).

war, diese Kraft innerhalb der Chromodynamik zu berechnen. Wir können jedoch etwas anderes tun. Das Spektrum der Hadronen ist relativ genau bekannt. Wenn wir das Spektrum der Quark-Antiquark-Systeme anschauen, so kann man hieraus etwas über die Kraft zwischen den Quarks aussagen, ganz analog der Situation in der Elektrodynamik. Wenn man das Spektrum, also die Energiezustände, des Wasserstoffatoms genau studiert, so ist es möglich, die Kraft zwischen dem Proton und dem Elektron innerhalb des Atoms vorauszusagen. Was man findet, ist natürlich in diesem Fall die wohlbekannte Kraft zwischen elektrisch geladenen Objekten, die durch das Coulomb-Gesetz beschrieben ist. Wenn wir dasselbe Prinzip auf das Mesonspektrum anwenden, findet man in einer guten Approximation, daß die Kraft zwischen den Quarks bei relativ großen Distanzen (Distanzen, die größer sind als etwa 10^{-14} cm) in der Tat konstant ist. Zum

Die enorm starke Kraft zwischen den Quarks

anderen ist diese Kraft relativ stark. Sie ist so stark, daß wir sehr viel Energie benötigen, um etwa zwei Quarks bis zu einer Distanz von einem Meter zu trennen. Hierzu benötigt man eine Energie, die etwa der Energie entspricht, die wir aufwenden müssen, um eine Tonne einen Meter zu heben. Diese Energie ist so enorm, daß es praktisch niemals möglich sein wird, Quarks bis auf makroskopische Distanzen voneinander zu trennen. Die zwischen den Quarks wirkenden Kräfte sind viel stärker als etwa die elektrischen Kräfte, die für die Struktur der Atome wichtig sind. Sie sind aber auch viel stärker als die Kernkräfte, die für den Aufbau der Atomkerne verantwortlich sind. Beim Studium der Hadronen begegnen uns also die stärksten bislang in der Natur beobachteten Kräfte: die chromoelektrischen Kräfte zwischen den Quarks.

Die stärksten Kräfte in der Natur

Bislang haben wir das Anwachsen der chromoelektrischen Kräfte in der QCD bei großen Abständen diskutiert, und wir haben plausibel gemacht, daß dieser Effekt für die permanente Bindung der Quarks innerhalb der Hadronen verantwortlich ist. Wie steht es nun mit der Abschwächung der Kräfte in der QCD bei kleinen Abständen? Wir erinnern daran, was wir im Zusammenhang mit den SLAC-Experimenten gesagt haben. Das Ergebnis dieser Experimente war, daß sich die Quarks, falls man sie in der Elektronstreuung anschaut, wie strukturlose – oder im wesentlichen strukturlose – Objekte verhalten. Wir schlossen daraus, daß die starken Kräfte, die zwischen den Quarks wirken, die Eigenschaft haben müssen, daß sie bei kleinen Distanzen schwach werden. Genau das ist in der Chromodynamik der Fall. Die Quantenchromodynamik ist die einzige Theorie, mit deren Hilfe es möglich ist, die Ergebnisse der SLAC-Experimente oder auch der Neutrinoexperimente zu verstehen. Dies gibt uns

Die starken Kräfte werden schwach

einen weiteren Grund zu glauben, daß wir mit der Chromodynamik die richtige Theorie der Hadronen und der Quarks gefunden haben.

Die Tatsache, daß die Kräfte zwischen den Quarks bei sehr kleinen Abständen sehr schwach werden, nennt man asymptotische Freiheit. Sie garantiert, daß sich die Quarks bei kleinen Abständen quasi wie freie Teilchen verhalten. Andererseits glauben wir, daß die Bindung der Quarks an die Hadronen erfolgt, weil die Farbladungen bei großen Abständen sehr groß werden. In der Sprache der Quantenmechanik bezeichnet man große Abstände manchmal auch als infrarote Abstände, und aus diesem Grunde bezeichnet man das Phänomen des Stärkerwerdens der Kräfte bei großen Abständen als »Infrarot-Sklaverei«. Die Quarks sind also in gewisser Weise Sklaven ihrer eigenen Farbladung. Man kann sie etwa vergleichen mit einer Anzahl von Sklaven, die durch Ketten einer gewissen Länge, sagen wir zwei Meter, zusammengebunden sind. Wenn diese Sklaven beschließen, sich nie weiter als zwei Meter voneinander zu entfernen, werden sie von den Ketten nicht viel merken. Sie können sich mehr oder weniger frei bewegen. Probleme werden nur auftreten, falls einer der Sklaven versucht, sich von den anderen zu entfernen. In diesem Fall wird er das Vorhandensein der Ketten spüren. Wenn wir die Sklaven durch Quarks ersetzen und die Ketten durch die chromoelektrischen Bänder, so erhalten wir eine Situation, die die Dynamik der Quarks und Gluonen innerhalb der Hadronen beschreibt. Es gibt jedoch einen wichtigen Unterschied zwischen unserem Beispiel und den Quarks. Jede Kette, sei sie auch noch so stark, kann man durch einen guten Schmied aufbrechen lassen. Die Ketten zwischen den Quarks, die durch die Gluonen aufgebaut werden, lassen sich nicht aufbrechen.

Asymptotische Freiheit und Infrarot-Sklaverei

Die Quarks bleiben somit für immer Sklaven ihrer eigenen Farbladung.

Ausgangspunkt der Entwicklung der Teilchenphysik vor einigen Jahrzehnten war der Wunsch der Physiker, die innerhalb der Atomkerne wirkenden Kräfte zu verstehen. Was ist der Grund dafür, daß sich Proton und Neutron zusammenfinden, um ein Deuteron zu bilden? Welche Kräfte sind verantwortlich dafür, daß sich sechs Protonen und sechs Neutronen zusammenfinden, um den Atomkern des Kohlenstoffs zu bilden? Wir haben bislang die Physik der Quarks und Gluonen erörtert, und wir wissen, warum sich die Quarks zusammentun, um Hadronen zu bilden. Was aber ist der Grund dafür, daß sich Neutronen und Protonen anziehen, um die Atomkerne zu bilden? Jetzt, ausgerüstet mit dem Wissen über die Quarks, können wir diese Frage erneut stellen: Was ist die Natur der Kernkräfte?

Warum gibt es die Kernkräfte?

Bevor wir versuchen, diese Frage zu beantworten, kommen wir erneut auf die Elektrodynamik zurück. Die Elektronen und Protonen innerhalb der Atome ziehen sich an, und dies ist der Grund dafür, daß sich Atome bilden, die selbst elektrisch neutral sind. Da die Atome also keine elektrische Ladung tragen, herrscht zwischen ihnen keine elektrische Kraft. Dies stimmt jedoch nur annähernd, nämlich nur dann, wenn die Atome relativ weit voneinander entfernt sind – weit verglichen mit der Ausdehnung der Atome, die von der Ordnung 10^{-8} cm ist. Sind die Atome nahe beieinander, existieren Kräfte zwischen ihnen. Diese Kräfte werden dadurch erzeugt, daß die Atome eine endliche Ausdehnung haben und daß insbesondere die Ladungen innerhalb der Atome nicht alle in einem Punkt konzentriert, sondern auf das gesamte Atom verteilt sind. Fliegen zwei Atome etwa sehr nahe aneinander vorbei, so erzeugen die Elektronen in den beiden Atomhüllen eine starke Abstoßung zwischen den beiden Atomen. Diese Abstoßung ist der Grund dafür, daß sich die übliche atomare Materie nicht beliebig zusammenpressen läßt. Die Kräfte zwischen den Atomen wurden zuerst im vergangenen Jahrhundert von dem holländischen Physiker Johannes Dietrich van der Waals studiert. Nach ihm nennt man sie Van-der-Waals-Kräfte. Was haben diese Kräfte nun mit den Kernkräften zu tun? Wir stellen uns vor, daß die Kernkräfte nichts weiter sind als die Van-der-Waals-Kräfte in der Chromodynamik. Die Hadronen sind Farbsingulett-Objekte. Aus diesem Grunde agieren die superstarken Farbkräfte nicht auf den Hadronen, sondern nur auf den Quarks und den Gluonen. Die Farbkräfte zwischen den Quarks werden jedoch auch effektive Kräfte zwischen Farbsingulett-Objekten erzeugen, nämlich genau dann, wenn die farbigen Konstituenten der Hadronen innerhalb der Hadronen verteilt und nicht in einem Punkt konzentriert sind. Wie bei den üblichen Van-der-Waals-Kräften erwartet man, daß die Van-der-Waals-Kräfte der Chromodynamik sehr schnell abfallen, falls man die Abstände zwischen den Hadronen vergrößert. Man wird diese Kräfte nur bei relativ kleinen Abständen bemerken, und sie werden schnell verschwinden, wenn die Hadronen weiter als etwa 10^{-13} cm voneinander entfernt sind. Dies ist genau das, was wir im Experiment beobachten. Die Kernkräfte sind bei kleinen Abständen sehr stark, schwinden aber sofort, wenn die Distanz zwischen den beiden Kernteilchen größer als etwa 10^{-13} cm ist.

Van-der-Waals-Kräfte

Innerhalb der Chromodynamik erhält man ein Bild von den Kernkräften, das niemand vorher erwartet hatte. Bis vor einigen Jahren waren die meisten Physiker der Ansicht, daß die Kernkräfte etwas Fundamen-

Die Kernkraft – ein Relikt der chromoelektrischen Kräfte zwischen den Quarks

tales darstellen. Heute hat sich diese Situation vollständig geändert. Die Kernkräfte selbst sind keine elementaren Kräfte, sondern nur Konsequenzen der superstarken Kräfte der Chromodynamik. Sie sind genausowenig fundamental wie etwa die Van-der-Waals-Kräfte in der Atomphysik. Dies ist bemerkenswert; vor einigen Jahrzehnten begann die Entwicklung der Elementarteilchenphysik, weil man die Kräfte innerhalb der Atomkerne verstehen wollte. Mittlerweile hat man eine ganze neue Welt von Teilchen und Kräften gefunden: die Welt der Quarks, der Gluonen und der chromodynamischen Kräfte. Letztere sind die Kräfte, die unsere Welt im Innersten zusammenhalten.

12. Chromomagnetische Kräfte

Bislang haben wir uns vor allem mit den chromoelektrischen Kräften zwischen den Quarks beschäftigt. Diese Kräfte sind, wir wir betont haben, verantwortlich für das Vorhandensein der Hadronen als Bindungszustände der Quarks. Es gibt jedoch, analog zur Elektrodynamik, neben den chromoelektrischen Kräften auch chromomagnetische Kräfte. Die letzteren sind weiter nichts als die Farbanaloga der magnetischen Kräfte in der Elektrodynamik. Wie bereits diskutiert, sind diese magnetischen Kräfte für die Verdichtung der chromoelektrischen Feldlinien in der QCD verantwortlich und damit für die permanente Bindung der Quarks zu den Hadronen. Ist es möglich, die chromomagnetischen Kräfte direkt zu beobachten? Um diese Frage zu beantworten, kehren wir erneut zur Elektrodynamik zurück. Es ist allgemein bekannt, daß die magnetischen Kräfte in der modernen Technik eine große Rolle spielen. Ohne sie wäre es unmöglich, Elektrizität in großen Mengen zu produzieren. Es gäbe keine Elektromotoren usw. Die magnetischen Kräfte spielen aber auch eine wichtige Rolle für die Struktur der Atome. Die dominierende Kraft zwischen den Elektronen in der Atomhülle und dem Atomkern ist natürlich die elektrische Anziehung. Es ist jedoch auch eine kleine magnetische Kraft vorhanden. Solch eine Kraft existiert, weil die Elektronen

Magnetische Kräfte zwischen Elektronen

und auch der Atomkern einen Eigendrehimpuls, das heißt Spin, haben.

Spins und Magnetismus

Das Vorhandensein eines Drehimpulses für ein geladenes Teilchen impliziert, daß elektrische Ladungen im Kreise herumbewegt werden. Deshalb besitzt ein geladenes Teilchen mit Spin ein magnetisches Feld. Dieses magnetische Feld ist dem magnetischen Feld eines Stabmagneten sehr ähnlich (siehe Abb. 12-1).

Zwei Elektronen, deren Spins in dieselbe Richtung zeigen, üben aufeinander magnetische Kräfte aus, zum Beispiel eine gegenseitige Abstoßung, wenn die Spins entgegengesetzt sind. Die magnetischen Kräfte zwischen zwei Elektronen sind allerdings sehr klein, wenn man sie mit den relativ starken elektrischen Kräften vergleicht, und in vielen Fällen kann man sie vollständig vernachlässigen.

Wir studieren nun einen anderen Fall, nämlich die magnetischen Kräfte zwischen einem Elektron und einem Positron. Da das Positron eine positive elektri-

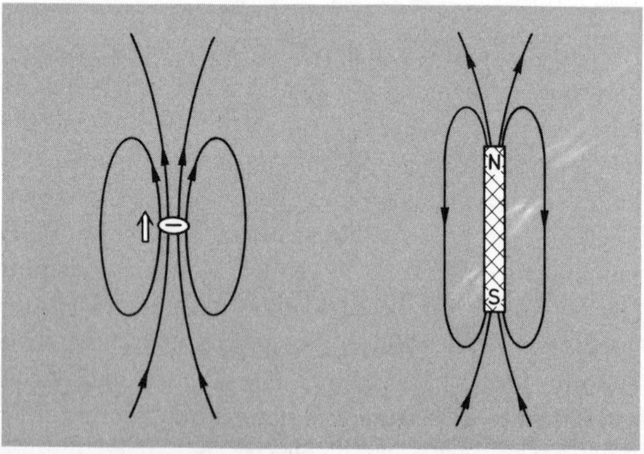

Abb. 12-1 Das magnetische Feld eines Elektrons (Spin nach oben gerichtet, wie durch den Pfeil angedeutet) ähnelt dem magnetischen Feld eines Stabmagneten.

sche Ladung hat, haben wir hier die entgegengesetzte Situation. Wenn die Spins vom Elektron und vom Positron in dieselbe Richtung zeigen, findet man eine abstoßende Kraft. Zeigen die Spins jedoch in die entgegengesetzte Richtung, dann ist die Kraft attraktiv. Diese Tatsache ist sehr wichtig für die Struktur von Positronium, dem Bindungszustand, der von einem Elektron und einem Positron gebildet wird. Es gibt zwei Arten von Positronium: Orthopositronium und Parapositronium. Orthopositronium ist der Zustand, den man erhält, wenn die Spins des Elektrons und des Positrons in dieselbe Richtung zeigen. In diesem Fall ist der totale Spin des Systems gleich 1 (der Spin eines Elektrons oder eines Positrons ist immer ½). Parapositronium ist der Zustand, den man erhält, wenn die Spins des Elektrons und des Positrons zueinander antiparallel sind. Wir können also Parapositronium aus Orthopositronium gewinnen, indem wir den Spin eines der beiden Konstituenten »herumdrehen«. Da die magnetischen Kräfte bei Parapositronium und Orthopositronium verschieden sind, erwarten wir, daß sich Ortho- und Parapositronium in ihrer Energie etwas unterscheiden. Wir können sogar sagen, welcher Zustand eine höhere Energie haben wird. Wenn wir ein Elektron und ein Positron zusammenbringen, um Orthopositronium zu bilden, so hilft uns natürlich hierbei die elektrische Anziehung zwischen Elektron und Positron. Wir müssen jedoch der magnetischen Abstoßung entgegenarbeiten. Im Falle von Parapositronium ist dies anders. Hier sind die elektrischen und die magnetischen Kräfte beide attraktiv. Die magnetischen Kräfte helfen uns zusätzlich, den Bindungszustand zu bilden. Aus diesem Grunde ist die Energie von Orthopositronium etwas höher als die von Parapositronium.

Warum ist Orthopositronium schwerer als Parapositronium?

Was erwarten wir für die Chromodynamik? Zuerst betrachten wir die Mesonen, die ja gewissermaßen die QCD-Analoga von Positronium sind. Wir erwarten, daß die chromomagnetischen Kräfte zwischen zwei Quarks in einem Meson den magnetischen Kräften von Positronium vollständig analog sind. Deshalb sollten Mesonen, in denen die Quarkspins in dieselbe Richtung zeigen, schwerer sein als Mesonen, in denen die Spins der Quarks einander entgegengesetzt gerichtet sind. Dies entspricht dem, was wir in der Natur beobachten. Zum Beispiel ist das ϱ-Meson schwerer als das π-Meson. Das K*-Meson ist schwerer als das K-Meson usw. Wo immer wir auch im Mesonspektrum hinschauen, finden wir den gleichen Sachverhalt. Aus diesem Grunde schließen wir, daß es direkte Hinweise für die Existenz von chromomagnetischen Kräften innerhalb der Hadronen gibt. Sie sind der Grund dafür, warum insbesondere die Vektormesonen schwerer sind als die entsprechenden pseudoskalaren Mesonen.

Vektormesonen wiegen mehr als pseudoskalare Mesonen

Im übrigen gelten unsere Überlegungen natürlich auch für die Mesonen, die Charm-Quarks enthalten. Zum Beispiel ist das J/ψ-Meson schwerer als das η_c-Meson. Im J/ψ-Meson sind die Spins der beiden c-Quarks gleichgerichtet, im η_c-Meson sind sie entgegengerichtet. Wir beobachten aber hier noch etwas anderes. Der Massenunterschied zwischen dem ϱ-Meson und dem π-Meson ist recht groß, etwa 600 MeV. Andererseits ist der Massenunterschied zwischen dem J/ψ und dem η_c-Meson viel kleiner, nur wenig mehr als 100 MeV. Woran liegt das? Auch dieses Phänomen ist leicht zu verstehen. Die elektromagnetischen und auch die chromomagnetischen Kräfte zwischen den Quarks werden durch die sogenannten magnetischen Momente der Quarks verursacht. Letztere kann man berech-

Magnetische Momente der Quarks

nen. Es erweist sich, daß diese proportional zu der uns bekannten Planckschen Konstante $\hbar$ sind, aber umgekehrt proportional zur effektiven Masse der Quarks. Je größer die effektive Masse eines Quarks ist, um so kleiner ist das magnetische Moment, und um so kleiner ist die von dem betreffenden Quark ausgehende elektromagnetische oder auch chromomagnetische Kraft. Im Falle der c-Quarks sind die magnetischen Kräfte schon beträchtlich kleiner als für die u- oder d-Quarks. Aus diesem Grunde ist die Massendifferenz zwischen dem J/ψ-Meson und dem η_c-Meson viel kleiner als die ϱ-π-Massendifferenz.

Wir betrachten nun das Baryonenspektrum. Auch hier haben wir die Möglichkeit, Hadronen mit verschiedenen Spins zu vergleichen. Zum Beispiel ist der einzige Unterschied zwischen dem Δ-Teilchen und dem Proton der, daß die drei Spins der Quarks im Δ-Teilchen gleichgerichtet sind, während im Proton zwei der Quarkspins einander entgegengesetzt sind. Nun ist das Δ-Teilchen schwerer als das Nukleon. Zweifellos muß dies mit der Spinstruktur der verschiedenen Quarkkonfigurationen zusammenhängen. Es erweist sich hier jedoch, daß die Situation komplizierter ist als bei den Mesonen. Im Falle der Baryonen gibt es ja keine direkte Analogie zwischen Elektrodynamik und Chromodynamik. In der Elektrodynamik gibt es keine Bindungszustände, die aus drei Elcktronen bestehen. Wohl gibt es aber in der Chromodynamik Bindungszustände, die aus drei Quarks bestehen: die Baryonen. Wir wissen bereits, was der tiefere Grund hierfür ist: nämlich die Verschiedenheit der Struktur der Ladungen in der Elektrodynamik und Chromodynamik (eine elektrische Ladung gegenüber acht chromoelektrischen Ladungen).

Nun addieren sich die chromomagnetischen Kräfte

der Quarks innerhalb der Baryonen ähnlich wie die chromoelektrischen Kräfte. Ebenso wie es acht verschiedene Typen von chromoelektrischen Kräften gibt, entsprechend den acht verschiedenen Farbladungen, gibt es acht verschiedene Typen von chromomagnetischen Kräften. Um genau zu sein, muß man also die acht verschiedenen chromomagnetischen Kräfte im Detail verfolgen. Erst dann können wir sagen, wie es um die chromomagnetischen Eigenschaften von Systemen aus drei Quarks steht. Im Prinzip müßte man dies auch tun, wenn man Quark-Antiquark-Systeme, also die Mesonen, betrachtet. Es erweist sich jedoch, daß es im Mesonfall keinen Unterschied macht, ob wir nur eine magnetische Kraft oder acht verschiedene magnetische Kräfte haben. Hier haben wir eine vollkommene Analogie zwischen Elektrodynamik und Chromodynamik.

Chromomagnetismus und das Δ-Teilchen

Diese Analogie gilt aber nicht für die Baryonen. Wenn man die Effekte der acht verschiedenen chromomagnetischen Kräfte für ein Baryonensystem berechnet, erhält man ein überraschendes Resultat. Die magnetischen Kräfte sind abstoßend, wenn die drei Quarks mit ihren Spins in dieselbe Richtung zeigen, und sie sind anziehend, wenn zwei der Quarkspins entgegengesetzt gerichtet sind. Dies ist in Abbildung 12-2 schematisch dargestellt. Wir betonen, daß die Existenz der Farbquantenzahl notwendig ist, um den gewünschten Effekt zu erhalten. Die Tatsache, daß das Δ-Teilchen eine größere Masse hat als das Proton, ist damit ein weiterer Hinweis für die Existenz der Farbquantenzahl.

Das eben diskutierte Phänomen ist sehr wichtig für die Struktur unserer Welt. Man überlege sich, was geschehen würde, wenn die Δ-Teilchen leichter als die Nukleonen wären. In diesem Fall würde das Proton in

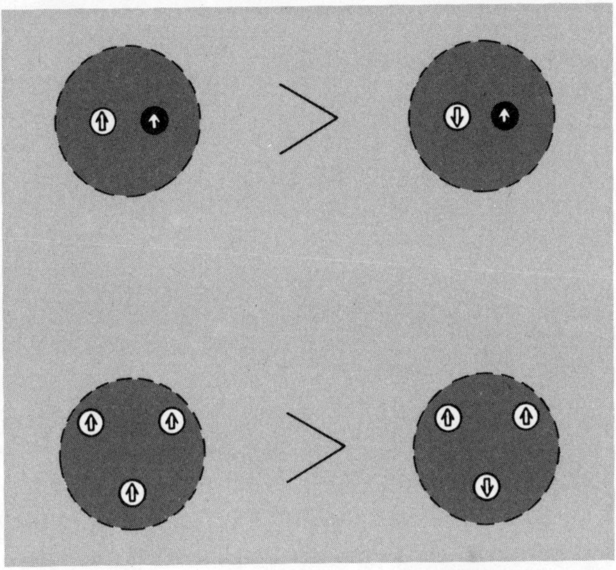

Abb. 12-2 Die chromomagnetischen Kräfte sind der Grund dafür, daß die Mesonen, bestehend aus Quarks mit gleichgerichteten Spins, schwerer sind als die Mesonen, in denen die Spins der Quarks entgegengesetzt gerichtet sind. Des weiteren sind die Systeme, bestehend aus drei Quarks mit gleichgerichteten Spins, schwerer als diejenigen, in denen einer der drei Quarkspins entgegengesetzt zu den beiden anderen gerichtet ist. Dies ist der Grund dafür, daß das Δ-Teilchen schwerer als das Nukleon ist.

das Δ^{++}-Teilchen zerfallen. Es gäbe keinen Wasserstoff. Das leichteste Element würde aus einem Δ^{++}-Kern und zwei Elektronen bestehen. Die Welt wäre sehr verschieden von der, in der wir leben.

13. Quarks und ihre Feinstruktur

In der Physik bezeichnet man ein Teilchen als elementar, wenn es keine innere Struktur besitzt, die darauf hindeutet, daß das betreffende Teilchen aus noch kleineren Objekten besteht. Diese Definition ist jedoch relativ. In den verschiedenen Gebieten der Physik gibt es verschiedene Vorstellungen von Elementarität. So zum Beispiel ist es für weite Bereiche der physikalischen Chemie irrelevant, ob die Atome eine spezifische innere Struktur besitzen. Es genügt, die Atome als die kleinsten Teilchen der Materie zu betrachten. Andererseits legt man in der Atomphysik Wert auf das Studium der inneren Struktur der Atome. Für den Atomphysiker bestehen die Atome aus den Elektronen in der Hülle und dem Atomkern. Der Atomkern wird vom Atomphysiker als unteilbar angenommen, gewissermaßen als elementares Objekt betrachtet. Für den Kernphysiker agieren die Nukleonen als die elementaren Objekte, die den Atomkern aufbauen. Andererseits betrachtet der Elementarteilchenphysiker die Nukleonen als nichtelementare Systeme; sie bestehen aus den Quarks.

Was heißt elementar?

Die Frage drängt sich auf: Wie steht es mit den Quarks und den Leptonen? Sind diese nun wirklich elementare Objekte, oder bestehen sie ihrerseits aus noch kleineren Teilchen? Ich erwähne schon jetzt, daß diese Frage bis heute unentschieden ist. Man hat zwar

Wie elementar ist das Elektron?

experimentell nach einer Substruktur der Quarks und Leptonen gesucht, bis heute aber ohne Erfolg. Trotzdem ist es nicht ausgeschlossen, daß es noch kleinere physikalische Objekte gibt, aus denen die Quarks und die Leptonen zusammengesetzt sind. Wir werden am Schluß dieses Buches noch einmal auf diese Problematik zurückkommen.

Insbesondere haben die Physiker das Elektron im Hinblick auf eine möglicherweise existierende Substruktur genauer untersucht. Das Elektron erweist sich als ein punktartiges Objekt, das heißt als ein Objekt ohne Struktur, bis hin zu sehr kleinen Distanzen, die etwa von der Größenordnung von 10^{-17} cm sind.

Es ist nicht richtig zu sagen, das Elektron besitze überhaupt keine Struktur. Wir haben bereits gesehen, daß jedes Elektron von seiner Vakuumpolarisationswolke umgeben ist. Sie ist ein recht kompliziertes Gebilde. In diesem Sinn hat also das Elektron eine Substruktur, und zwar infolge seiner elektromagnetischen Wechselwirkung. Es gibt jedoch einen großen Unterschied zwischen dieser Art von Substruktur, die von der Wechselwirkung des Elektrons bedingt ist, und der Substruktur des Protons, die von den Quarks gebildet wird. Die letztere ist etwas Neues, das nicht von vornherein zu erwarten war.

Die Feinstruktur des Elektrons

Auf der anderen Seite ist die Substruktur des Elektrons ein Phänomen, das wir innerhalb der Theorie der Elektrodynamik exakt berechnen können. Wir werden diese berechenbare Substruktur des Elektrons als Feinstruktur bezeichnen. In den vierziger und fünfziger Jahren dieses Jahrhunderts gelang es den theoretischen Physikern, die Feinstruktur des Elektrons mit großer Genauigkeit zu berechnen. Die Resultate verglich man mit den experimentellen Resultaten, und es erwies sich, daß die Theorie der Quantenelektrodynamik die Feinstruktur des Elektrons in sehr befriedigender Weise beschreibt.

Was erwarten wir im Rahmen der Chromodynamik für die Quarks? Da die Quarks ständig mit den Gluonen in Wechselwirkung sind, sollten sie ebenfalls eine Feinstruktur besitzen. Diese ist der Feinstruktur des Elektrons analog und berechenbar. Deshalb besteht einer der wichtigsten experimentellen Tests der QCD darin, daß man die berechnete Feinstruktur der Quarks mit entsprechenden experimentellen Ergebnissen vergleicht. Welche Experimente sollte man aber durchführen, um die Feinstruktur der Quarks zu messen? Es ist klar, daß es schwieriger sein wird, die Feinstruktur der Quarks zu messen – also von Objekten, die nur innerhalb der Hadronen existieren – als die Feinstruktur des Elektrons, das als freies Teilchen in der Natur vorkommt. Wir erinnern den Leser an die Elektron- und Neutrinostreuexperimente. Mit Hilfe dieser Experimente gelang es festzustellen, daß die Quarks im Inneren der Nukleonen als im wesentlichen punktartige Teilchen existieren. Wenn nun die Quarks aufgrund ihrer chromodynamischen Wechselwirkung tatsächlich eine Feinstruktur besitzen, sollte es möglich sein, diese in der Elektron- oder Neutrinostreuung festzustellen.

Quarks haben eine Feinstruktur

Mit Hilfe der genannten Experimente fanden wir speziell, daß etwa 50 % des Impulses eines Nukleons bei hohen Energien von den Quarks getragen wird. Der Rest muß also von einem anderen Träger übernommen werden, der insbesondere keine elektrische Ladung hat. Im Rahmen der QCD haben wir einen Kandidaten für diesen Impulsträger, nämlich die Gesamtheit der Gluonen innerhalb des Nukleons. Die Gluonen sind elektrisch neutral; neben ihrer Farbe tragen sie nur Energie und Impuls. Wir schließen hieraus:

Gluonen tragen die Hälfte des Impulses

Etwa 50% des Nukleonenimpulses werden von den Gluonen getragen. Demzufolge spielen die Gluonen neben den Quarks eine wichtige Rolle innerhalb der Nukleonen.

Nehmen wir einmal an, wir schießen ein Elektron in ein Nukleon hinein, so daß es nahe an einem der Quarks vorbeifliegt und aus diesem Grund in seiner Bahn abgelenkt wird. Wenn das Elektron einen relativ kleinen Impuls hat und auch nicht sehr stark in seiner Bahn abgelenkt wird, wird es das betreffende Quark nicht sehr stark beeinflussen. In einem solchen Fall verhält sich das Quark im wesentlichen wie ein punktartiges Gebilde ohne Feinstruktur. Dies ändert sich jedoch, wenn wir die Energie des Elektrons erhöhen und außerdem erlauben, daß das Elektron mehr Impuls auf das Quark überträgt (dies geschieht, indem es näher an dem betreffenden Quark vorbeifliegt). In diesem Fall erwarten wir, daß sich die chromodynamische Feinstruktur der Quarks langsam bemerkbar macht. Manchmal wird sich das Quark nicht wie ein einzelnes Quark verhalten, sondern wie eines, das von einer Wolke von Gluonen umgeben ist. Dies kann man experimentell folgendermaßen feststellen.

Die Quarks »verlieren« Impuls

Da ein Elektron nur mit der elektrisch geladenen Materie in Wechselwirkung treten kann, also mit Quarks, aber nicht mit den Gluonen, wird es die Gluonwolke ignorieren. Nun ist aber der Impuls eines Quarks, das von einer Gluonwolke umgeben ist, kleiner als der Impuls des Quarks, das von keiner oder nur einer sehr kleinen Gluonwolke umgeben ist. Bezüglich der Experimente heißt dies, daß das sogenannte »scaling«-Verhalten, von dem wir bereits sprachen, nicht exakt gilt, sondern nur annähernd.

Man kann berechnen, wie groß dieser Effekt ist. Mit Hilfe der Lepton-Nukleon-Streuung mißt man die sogenannten Quarkverteilungsfunktionen. Letztere beschreiben die Impulsverteilungen der Quarks innerhalb des Nukleons in Abhängigkeit des sogenannten »scaling«-Parameters x. Da zu erwarten ist, daß sich der Beitrag eines Quarks zum Gesamtimpuls eines Nukleons bei hohen Energien verkleinert, sollte man eine Verkleinerung der Quarkverteilungsfunktionen bei festem Parameter x beobachten. Dieser Verkleinerungseffekt läßt sich berechnen, vorausgesetzt, man kennt den Wert der chromodynamischen Kopplungskonstanten α_s (siehe Abb. 13-1).

Experimente bestätigen die Voraussagen der QCD

In den achtziger Jahren hat man sehr genaue Analysen der Ergebnisse der Elektron- und Neutrinostreuversuche durchgeführt. (In Abbildung 13-2 ist einer der großen Detektoren dargestellt, mit dessen Hilfe viele nützliche Resultate gefunden wurden.) Man findet in der Tat, daß das »scaling«-Verhalten verletzt ist. Die Resultate sind in guter Übereinstimmung mit den Voraussagen der Quantenchromodynamik.

Wie groß ist die chromodynamische Feinstrukturkonstante?

Mit Hilfe der gewonnenen experimentellen Resultate war es möglich, den für die Experimente relevanten Wert der QCD-Kopplungskonstanten zu bestimmen. Dieser Parameter hat etwa die Größe 0,2. Die chromodynamische Feinstrukturkonstante ist demnach erheblich größer als die elektrodynamische Feinstrukturkonstante α. Das war natürlich zu erwarten, da die Wechselwirkung der Quarks innerhalb der Hadronen sicher viel stärker ist als etwa die Wechselwirkung der Elektronen innerhalb eines Atoms (letztere wird durch die Feinstrukturkonstante α beschrieben).

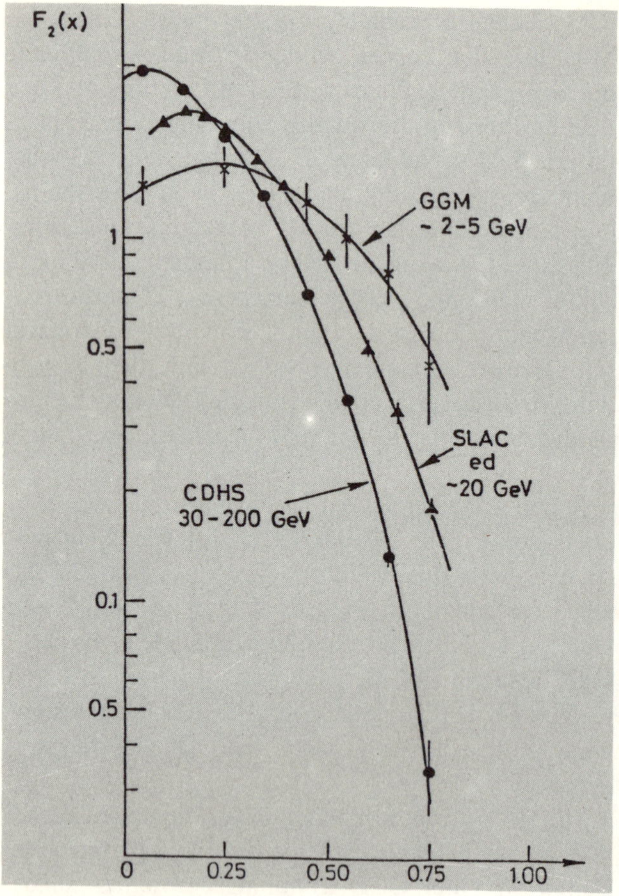

Abb. 13-1 Die Quarkverteilungsfunktion des Protons, wie sie in verschiedenen Experimenten gemessen wurde. Bei wachsender Energie schrumpft die Funktion für große Werte von x. Man interpretiert dieses Phänomen als die Folge der chromodynamischen Wechselwirkung. Der Parameter x beschreibt den Anteil des Quarks am Gesamtimpuls.

Erst in jüngster Zeit gelang es, den Wert der chromodynamischen Feinstrukturkonstanten mit Hilfe der Elektron-Positron-Vernichtung relativ genau zu bestimmen. Auf diese Möglichkeit werden wir später noch zu sprechen kommen.

Abb. 13-2 Der CDHS-Detektor am CERN, benannt nach den Instituten, die beim Bau und bei der Durchführung der Experimente beteiligt waren: CERN, Dortmund, Heidelberg, Saclay bei Paris. Mit Hilfe dieses Detektors gelang es, viele Details der Neutrinowechselwirkungen zu erforschen (Foto CERN).

14. Die Überraschung von PETRA: man »sieht« die Quarks

Die Wichtigkeit der Elektron-Positron-Vernichtung

Es gibt einen Prozeß in der Hochenergiephysik, der sich von allen anderen Prozessen durch seine Wichtigkeit unterscheidet, nämlich die Vernichtung von Elektronen und Positronen. In diesem Prozeß vernichten sich ein Teilchen und das entsprechende Antiteilchen vollständig: Sie lösen sich in reine Energie auf. Diese kann man benutzen, um alle möglichen Arten von neuen Teilchen zu produzieren. Wir haben hier eine Situation vor uns, die von anderen Elementarteilchenreaktionen sehr verschieden ist, zum Beispiel von der Streuung zweier Protonen aneinander. In letzterem Fall wissen wir, daß nach der Streuung ebenfalls zwei Protonen vorhanden sein müssen, neben anderen beim Streuprozeß produzierten Teilchen (etwa π-Mesonen). Aus diesem Grunde kann man bei der Proton-Proton-Streuung nicht soviel lernen wie bei der Elektron-Positron-Annihilation. Im wesentlichen lernen wir hier nur etwas über das Proton selbst, aber nicht viel über eventuell existierende neue Teilchen.

In der Elektron-Positron-Vernichtung ist dies anders. Aus der vorhandenen Energie kann man im wesentlichen alles erzeugen, was sich bei der in Frage kommenden Energie eben produzieren läßt. Man erzeugt neue Teilchen gewissermaßen aus dem Nichts, also aus dem Vakuum. Darum sagen die Elementarteilchenphysiker auch gern, daß man mit Hilfe der

Das Vakuum wird erforscht

Elektron-Positron-Vernichtung die Struktur des Vakuums erforscht. (Wir haben bereits mehrfach betont, daß in der Elementarteilchenphysik das Vakuum ein sehr kompliziertes Gebilde ist.) Als Beispiel für die Erzeugung von neuen Teilchen nennen wir die Erzeugung der Charmteilchen in der Elektron-Positron-Vernichtung. Falls man genügend Energie zur Verfügung hat, ist es leicht, die Charmteilchen zusammen mit ihren Antiteilchen in der Elektron-Positron-Vernichtung zu produzieren.

Auf der anderen Seite ist es recht schwierig, die Charmteilchen in rein hadronischen Prozessen, etwa in der Proton-Proton-Streuung, zu erzeugen. Erst vier Jahre nach der Entdeckung der Charmteilchen, im Jahre 1979, gelang es nachzuweisen, daß die Charmteilchen tatsächlich auch in hadronischen Prozessen erzeugt werden.

Welcher Mechanismus erlaubt es, Hadronen in der Elektron-Positron-Vernichtung zu erzeugen? Dies geschieht, indem man ursprünglich ein Quark-Antiquark-Paar produziert, und zwar mit Hilfe der elektromagnetischen Wechselwirkung. Wir erinnern daran, daß die Vernichtung eines Elektrons und eines Positrons ein elektromagnetischer Prozeß ist. Deshalb kann man in der Elektron-Positron-Vernichtung auch nur Quarks bzw. Antiquarks »erzeugen« und keine

Elektron-Positron-Vernichtung bei höchsten Energien

Gluonen. Wie wir bereits wissen, wandelt sich das ursprünglich erzeugte Quark-Antiquark-Paar in den hadronischen Endzustand um, den man im Experiment beobachtet, und zwar mittels der chromodynamischen Wechselwirkung.

Nehmen wir einmal an, wir hätten die Möglichkeit, die Energien des Elektrons und des Positrons im Vernichtungsprozeß sehr groß zu wählen. Etwa 1980 waren die stärksten Maschinen auf diesem Gebiet die

PETRA-Maschine am DESY in Hamburg und der Speicherring PEP am kalifornischen Forschungszentrum SLAC. Sowohl mit PETRA als auch mit PEP war es möglich, die Elektronen und Positronen auf eine Energie von etwa 22 Gigaelektronenvolt zu beschleunigen. Bei der Elektron-Positron-Vernichtung konnte also ein hadronisches System von Teilchen mit der maximalen Energie von 44 GeV erzeugt werden. Am CERN in Genf wurde zu Beginn der neunziger Jahre ein Speicherring fertiggestellt, genannt LEP. Mit der LEP-Maschine ist es möglich, Elektronen und Positronen mit Energien von fast 50 GeV aufeinanderzuschießen.

PETRA, PEP, LEP

Wir wollen einen solchen Annihilationsprozeß bei höchsten Energien einmal mehr im Detail betrachten. Das einfallende Elektron und Positron vernichten sich gegenseitig. Sie erzeugen ein virtuelles Photon, das kurz darauf ein Quark-Antiquark-Paar aus dem Vakuum heraus produziert, sagen wir ein ūu-Paar. Aus Gründen der Energie- und Impulserhaltung haben das Quark und das Antiquark die gleiche Energie wie die einfallenden Leptonen, sagen wir 18 GeV. Diese Energie ist so hoch, daß sich die beiden Quarks von ihrem Erzeugungsort mit einer Geschwindigkeit fortbewegen, die im wesentlichen der des Lichtes gleichkommt. Nun wissen wir, daß die Quarks selbst nicht als freie Teilchen produziert werden. Das bei der Vernichtung erzeugte Quark-Antiquark-Paar wandelt sich vielmehr in ein System von Hadronen um, die wir am Ende in den Teilchendetektoren nachweisen können.

Wie kann man sich diese Umwandlung vorstellen? Wir sprachen früher davon, daß die Quarks, wenn man sie weit voneinander entfernt, von einem Gluonband zusammengehalten werden. Dies gilt jedoch nur in einer sehr speziellen Situation, nämlich in dem von uns betrachteten Fall eines sehr schweren Quarks. Nun wissen wir, daß es auch leichte Quarks gibt, die u- und d-Quarks. Die letzteren ändern die Situation wie folgt:

Die leichten Quarks werden wichtig

Wenn man zwei Quarks, zum Beispiel zwei sehr schwere Quarks, voneinander entfernt, bildet sich zwischen beiden das bereits diskutierte Gluonband aus. Der Aufbau dieses Gluonbandes kostet Energie. Wir müssen also eine beträchtliche Kraft aufwenden, um die Quarks voneinander zu entfernen. Nun ist es so, daß das Vakuum angefüllt ist mit einer unendlichen Anzahl von virtuellen Quark-Antiquark-Paaren. Im allgemeinen bemerkt man diese nicht. Sie warten jedoch nur darauf, sich in Form von Teilchen (Hadronen) zu manifestieren. Dies ist nur möglich, wenn die nötige Energie zur Verfügung steht. Es erweist sich nun, daß die virtuellen Quarks und Antiquarks sehr eigennützig vorgehen. Sie »rauben« gewissermaßen die Energie, die wir beim Auseinanderziehen zweier Quarks aufwenden. Das Ergebnis ist: die Quarks verbünden sich mit einem der zur Verfügung stehenden Quarks bzw. Antiquarks und bilden ein oder mehrere Mesonen. Das Gluonband bildet sich also gar nicht weiter aus; durch die Produktion der Mesonen wird es unterbrochen. Alles, was man am Ende beobachtet, ist eine Anzahl von Mesonen. Wenn wir zum Beispiel in der Elektron-Positron-Vernichtung ein c- und ein c̄-Quark erzeugen, so fliegen letztere mit großer Geschwindigkeit voneinander weg. Zur Ausbildung eines Gluonbandes kommt es jedoch nicht; es dauert nicht lange, dann findet das c-Quark ein ū-Quark im Vakuum, mit dem es sich verbündet, um ein D-Meson zu bilden. Analog wird am anderen Ende ein Anti-D-Meson erzeugt. Man nennt diesen Vorgang Hadronisierung.

Wie wird dieses hadronische System aussehen? Da die zur Verfügung stehende Energie recht hoch ist,

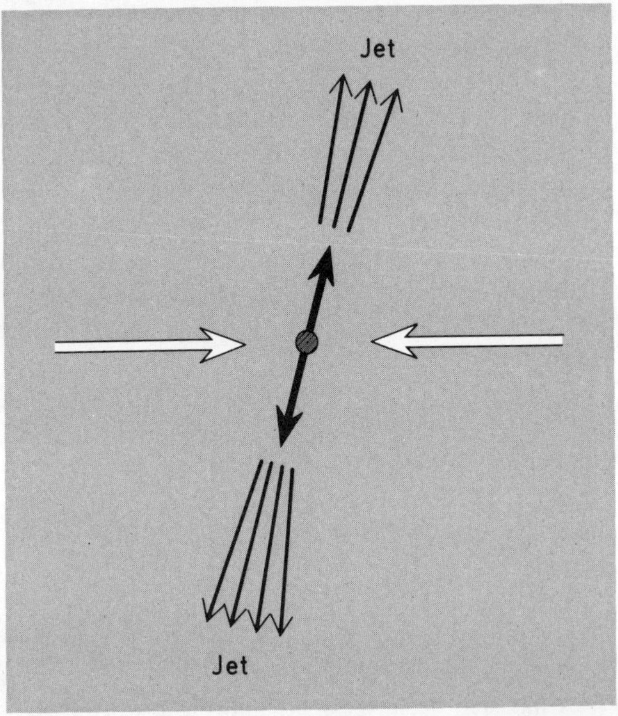

Abb. 14-1 Ein Elektron und ein Positron vernichten sich, wobei ein Quark und ein Antiquark erzeugt werden. Letztere fragmentieren in Hadronen (π-Mesonen, K-Mesonen, Nukleonen usw.). Die erzeugten Hadronen bilden zwei Jets von Teilchen.

erwartet man, daß eine ganze Reihe von Teilchen produziert wird. Es könnten durchaus mehr als zehn Teilchen sein (π-Mesonen, K-Mesonen, Protonen, Antiprotonen usw.). Speziell wollen wir uns die Frage stellen: Wie werden die Impulse der einzelnen Teilchen verteilt sein? Fliegen die erzeugten Teilchen mehr oder weniger gleich verteilt nach allen Seiten heraus, oder bevorzugen sie bestimmte Richtungen?

Mit Hilfe der Theorie der Chromodynamik ist es möglich, Voraussagen über die Verteilung der Impulse der erzeugten Teilchen zu machen. Auch ohne tiefgreifende theoretische Überlegungen kann man sich leicht vorstellen, wie das erzeugte hadronische System in der Elektron-Positron-Annihilation bei hohen Energien aussieht. Man erwartet nämlich, daß die Hadronenimpulse eng mit den Impulsen der beiden Quarks zusammenhängen. Speziell werden die Hadronen des Endzustandes erzeugt, indem die Quarks in Hadronen »fragmentieren«; das heißt, sie erzeugen Jets von Teilchen, wobei der jeweilige Quarkimpuls

Jets von Teilchen

gleich der Summe der Impulse der Teilchen eines Jets ist (siehe Abb. 14-1). Demzufolge erwarten wir, daß man in der Elektron-Positron-Annihilation bei genügend hohen Energien das Auftreten von zwei Jets beobachtet. Da die Jets gewissermaßen die Zerfallsprodukte der ursprünglich erzeugten Quarks sind, spricht man hier von sogenannten Quarkjets. In der Elektron-Positron-Vernichtung ist man also in der Lage, die Quarks zu »sehen«, zwar nicht direkt als wirkliche Teilchen, zumindest aber als Jets.

Es hat sich herausgestellt, daß die erwartete Jetstruktur in der Elektron-Positron-Vernichtung tatsächlich vorhanden ist. Die ersten Hinweise auf Jets fand man 1975 am SPEAR-Speicherring des SLAC. Sie waren allerdings noch recht unklar. Die Energie von SPEAR war nicht hoch genug, um die Jets deutlich erkennen zu lassen. Erst mit Hilfe der Hamburger PETRA-Maschine (siehe Abb. 14-2) gelang es im Jahre 1979, die Jets überzeugend nachzuweisen, und zwar mit Hilfe von neuen, großen und kostspieligen Teil-

Man »sieht« die Quarks

chendetektoren. Sie trugen illustre Namen wie PLUTO, MARK J, TASSO (siehe Abb. 14-3), JADE (siehe Abb. 14-4) und CELLO. In Abbildung 14-5 haben wir ein am TASSO-Detektor gefundenes Ereignis dargestellt. Deutlich sind die beiden Teilchenjets zu sehen. Man sieht förmlich, wie die beiden Quarks »erzeugt« werden und anschließend in Hadronen fragmentieren.

Abb. 14-2 Ein Blick in das Innere des Tunnels von PETRA am DESY-Laboratorium in Hamburg-Bahrenfeld. Man sieht die von Magneten umgebene Vakuumröhre, in der Elektronen und Positronen beschleunigt werden (Foto DESY).

Abb. 14-3 Ein Bild des TASSO-Detektors am DESY. Man sieht die in den Detektor einlaufende Vakuumröhre. Im Inneren des Detektors bringt man mit Hilfe von speziell angeordneten magnetischen Feldern die Elektronen und Positronen zur Kollision. Die bei der Elektron-Positron-Vernichtung erzeugten Teilchen werden im Detektor nachgewiesen (Foto DESY).

Abb. 14-4 Das Innere des JADE-Detektors am PETRA-Speicherring in Hamburg. Im Zentrum sieht man den Querschnitt durch die Vakuumröhre, in der die Vernichtung von Elektronen und Positronen stattfindet. Sie ist von Teilchennachweisgeräten umgeben, mit deren Hilfe man die physikalischen Eigenschaften der erzeugten Teilchen studieren kann (Foto DESY).

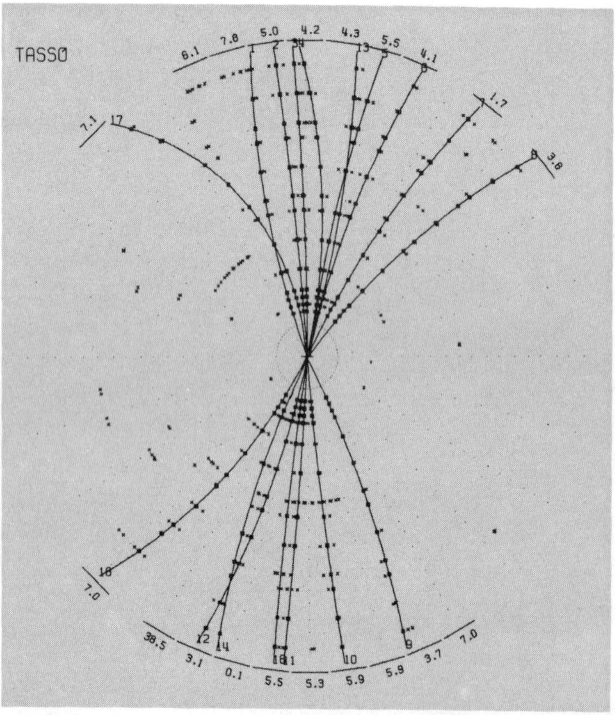

Abb. 14-5 Ein Ereignis der Elektron-Positron-Vernichtung, wie es am TASSO-Detektor beobachtet wurde. Die Energien des Elektrons und des Positrons betrugen 17.5 GeV. Deutlich sieht man die von den Quarks erzeugten Teilchenjets, die zum größten Teil aus π-Mesonen bestehen. Man kann sagen, daß man die Quarks zum erstenmal sieht, wenn auch auf sehr indirekte Weise. (Die angegebenen Zahlen bezeichnen die gemessenen Impulse der Teilchen.)

15. Protonen werden in Quarks zerlegt

Wir haben bereits diskutiert, wie man die Quarks im Inneren der Nukleonen gewissermaßen »sehen« kann, und zwar mit Hilfe von hochenergetischen Elektronen oder Neutrinos. Wir möchten uns jetzt mit diesen Prozessen etwas mehr im Detail beschäftigen. Insbesondere stellen wir uns die Frage: Was geschieht mit einem Proton, nachdem eines seiner Quarks von einem Elektron getroffen wurde? Hierzu nehmen wir an, daß wir die Möglichkeit haben, Elektronenstrahlen sehr hoher Energie herzustellen, etwa 100 GeV oder mehr.

Ein Quark wird beschleunigt

Wenn ein Elektron so hoher Energie an einem Proton gestreut wird, so geschieht dies, indem es mit einem der Quarks innerhalb des Protons eine Wechselwirkung eingeht. Hierbei wird ein großer Teil der Energie des Elektrons auf das Quark übertragen. Diesen Energieübertrag kann man leicht bestimmen, und zwar durch Messung der Energie des Elektrons nach der Streuung. In den uns bereits bekannten Experimenten am SLAC hat man dies getan. Dadurch erhielt man Informationen über die Verteilung der Quarks innerhalb der Nukleonen.

Es besteht nun die Möglichkeit, nicht nur das Elektron nach der erfolgten Streuung am Nukleon zu messen, sondern auch zu verfolgen, was mit dem Nukleon nach der Streuung geschieht. Vor der Reaktion mit einem einfallenden Elektron besteht das Proton aus drei Quarks, die sich mehr oder weniger in Ruhe zueinander befinden. Dies ändert sich jedoch plötzlich bei der Streuung. Das einfallende Elektron überträgt einen großen Teil seiner Energie, sagen wir 50 GeV oder mehr, auf eines der drei Quarks, während sich am Zustand der anderen beiden Quarks nicht viel ändert.

Das Proton wird »zerlegt«

Wir erhalten die folgende Quarkkonfiguration. Zwei Quarks befinden sich etwa in Ruhe zueinander, während das dritte Quark sich von den beiden anderen mit hoher Geschwindigkeit (fast mit Lichtgeschwindigkeit) fortbewegt. Eine ähnliche Situation haben wir bereits in der Elektron-Positron-Vernichtung kennengelernt. Hier hatten wir es mit einem Quark und einem Antiquark zu tun, die sich mit hoher Geschwindigkeit voneinander fortbewegen. Es ist nun nicht schwer zu erraten, was aus dem Nukleon nach der Streuung mit dem Elektron wird. Wir erwarten, daß das herausgeschlagene Quark in Hadronen »fragmentiert«, wobei sich wiederum ein Jet von Teilchen bildet, und zwar ein Jet, der den bereits diskutierten Jets in der Elektron-Positron-Vernichtung sehr ähnlich sein sollte. Wir haben dies in Abbildung 15-1 dargestellt. Der hadronische Zustand besteht also aus zwei Gruppen von Teilchen:

a) die Fragmente des herausgeschlagenen Quarks;
b) die Relikte der beiden nicht vom Elektron getroffenen Quarks. Diese bilden Teilchen, die geringe Energien haben und deren Impulsrichtungen mehr oder weniger isotrop verteilt sein sollten.

Durch das Auftreten der Quarkjets in der hochenergetischen Elektron-Nukleon-Streuung könnte man also die Quarks im Inneren der Nukleonen förmlich sehen. Allerdings benötigt man hierzu sehr hohe Energien. Zu

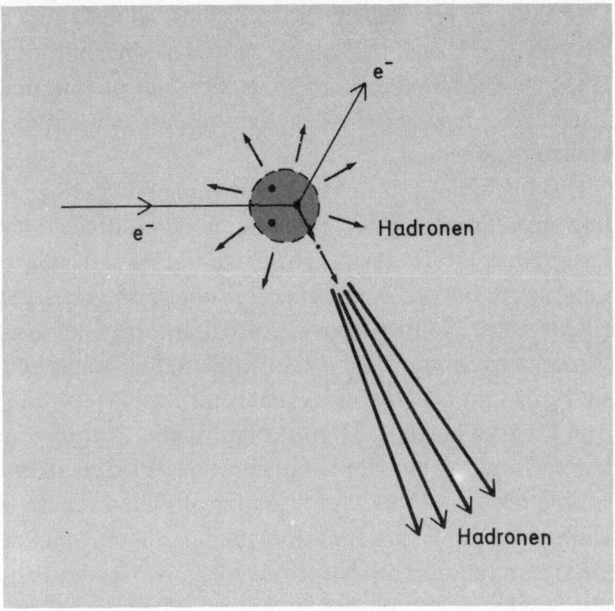

Abb. 15-1 Ein Elektron hoher Energie trifft auf ein Quark im Inneren des Protons. Das Quark wird aus dem Protonverband mit hoher Geschwindigkeit (praktisch mit Lichtgeschwindigkeit) herausgeschleudert und erzeugt einen Jet von Teilchen.

diesem Zweck wurde in Hamburg der Beschleuniger HERA gebaut, der 1992 fertiggestellt wurde. Er ist ein Doppelspeicherring, bestehend aus einem Ring für Elektronen, die auf eine Energie von 30 GeV beschleunigt werden können, und einem Protonring, ausgestattet mit supraleitenden Magneten, der in der Lage ist, die Teilchen auf etwa 820 GeV zu beschleunigen. Zum ersten Mal in der Geschichte der subnuklearen Physik ist man mit Hilfe von HERA in der Lage, Elektronen und Protonen hoher Energien zur Kollision zu bringen. Hierbei ist es möglich, die Struktur des Protons bei

HERA macht es möglich

Distanzen zu erforschen, die etwa tausendmal kleiner sind als der Durchmesser des Protons. Mit Hilfe des Elektron-Proton-Speicherrings HERA war man in der Lage, die Quarkjets in den Lepton-Nukleon-Stößen klar zu beobachten.

Bislang haben wir uns nur sehr wenig mit der Streuung von Protonen an Nukleonen beschäftigt. Der Grund hierfür ist nicht schwer zu erraten. Um die Quarkstruktur der Nukleonen zu sehen, ist es besser, Elektronen, Neutrinos usw., also Leptonen, an Nukleonen zu streuen als die Protonen. Die Leptonen sind strukturlose Gebilde, während das Proton aus drei Quarks besteht. Demzufolge ist die Proton-Nukleon-Streuung ein viel komplizierterer Prozeß als etwa die Elektron-Nukleon-Streuung. In letzterem Fall wissen wir, daß das Elektron immer nur mit einem Quark im Inneren des Nukleons reagiert. Bei der Proton-Nukleon-Streuung reagieren im allgemeinen alle Quarks miteinander, und es ist sehr schwierig, etwas Definitives über die Dynamik der Proton-Nukleon-Streuung auszusagen. Unter gewissen Umständen kann man dies jedoch tun, und dies möchten wir hier kurz diskutieren.

Proton-Proton-Streuung bei hohen Energien

Bis 1982 erreichte man die höchsten Energien in der Proton-Proton-Streuung am sogenannten Intersecting Storage Ring (ISR) am CERN in Genf (siehe Abb. 15-2, 15-3). An dieser Maschine wurden Protonen mit der Energie von fast 30 GeV frontal gegen Protonen der gleichen Energie geschossen. Die Wechselwirkungszonen sind von Teilchendetektoren umgeben, mit deren Hilfe man feststellte, was beim Zusammenprall der Protonen passiert. Nun gibt es seit Jahren ein einfaches Bild dieses Prozesses. Man stellt sich vor: Beim Zusammenprall »heizen« sich die beiden Protonen derart auf, daß eine größere Anzahl von Hadronen

Abb. 15-2 Luftbild des ISR-Beschleunigers am CERN bei Genf. Am ISR wurden Protonen auf Energien von fast 30 GeV beschleunigt. Anschließend kollidierten die Protonen in speziell dafür eingerichteten Wechselwirkungszonen. Im Jahre 1983 wurde die ISR-Maschine stillgelegt.

erzeugt wird, die nach vorn oder rückwärts, in die Richtungen der einfallenden Protonen, abgestrahlt werden. Wir haben dies in Abbildung 15-4 dargestellt. Man spricht von den nach vorn oder rückwärts abgestrahlten Teilchen als von den Fragmenten der beiden Protonen.

Die ersten Experimente, die man am CERN-ISR Anfang der siebziger Jahre durchführte, ergaben, daß das oben skizzierte Bild die Proton-Proton-Streuung bei hohen Energien in richtiger Weise beschreibt. Man beobachtete die nach vorn und hinten abgestrahlten

Teilchenjets. Eine detaillierte Analyse der Streuexperimente ergab jedoch ein überraschendes Resultat. Manchmal produzierte man Teilchen, die einen relativ hohen Impuls senkrecht zur Richtung der einfallenden Protonen aufwiesen (sogenannte Transversalimpulse; in Energieeinheiten gemessen, sind diese Transversalimpulse manchmal größer als 5 GeV). Wie kann man dieses unerwartete Phänomen interpretieren?

Unerwartet große Transversalimpulse am ISR

Das Auftreten großer Transversalimpulse kann man nur verstehen, wenn es innerhalb des Protons kleine Konstituenten gibt, die miteinander kollidieren und dabei sehr stark aus ihrer ursprünglichen Bewegungsrichtung abgelenkt werden. Der Leser mag an zwei

Abb. 15-3 Eine der Wechselwirkungszonen am CERN-ISR. Deutlich sieht man, wie sich die beiden Vakuumröhren, in denen die Protonen mit faktisch Lichtgeschwindigkeit fliegen, überkreuzen. Am Kreuzungspunkt kollidieren die Protonen miteinander.

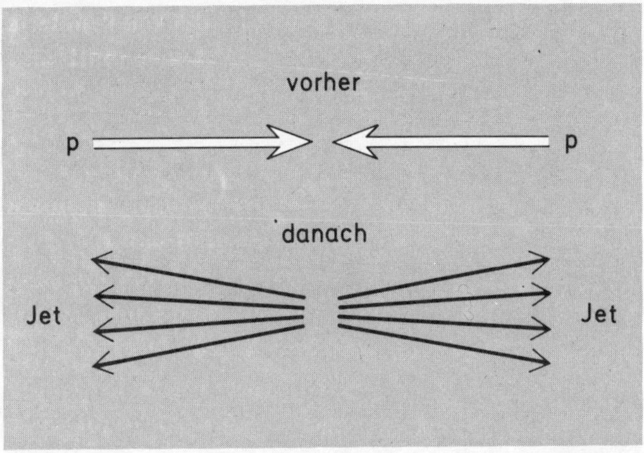

Abb. 15-4 Eine schematische Darstellung der Proton-Proton-Streuung bei hohen Energien. Es bilden sich zwei Jets, deren Impulsrichtungen mit den Richtungen der Impulse der einfallenden Protonen zusammenfallen. Die Impulse der Teilchen transversal zu den Impulsen der einfallenden Protonen sind relativ klein (in den meisten Fällen kleiner als 1 GeV).

Billardbälle denken, die aufeinanderstoßen. Dabei passiert es oft, daß sich die Bewegungsrichtung der Bälle sehr stark ändert.

Es ist naheliegend, die vermuteten Konstituenten der Nukleonen mit den Quarks gleichzusetzen. Die beobachteten großen Transversalimpulse würde man dann als die Konsequenz der harten Streuung zweier Quarks interpretieren. Während der Streuung treffen zwei Quarks aufeinander und werden aus dem Hadronverband, bestehend aus den zwei kollidierenden Protonen, herausgeschlagen. Beide Quarks »fragmentieren« in Hadronen in der uns bereits bekannten Weise. Es bilden sich also zwei Quarkjets. Die hierzu gehörenden Teilchen haben relativ große Transversalimpulse (siehe Abb. 15-5).

Quarks stoßen aufeinander

Insgesamt besteht damit der hadronische Endzustand aus vier Jets, wobei zwei dieser Jets nach vorn

Vier Jets von Teilchen bei hohen Energien

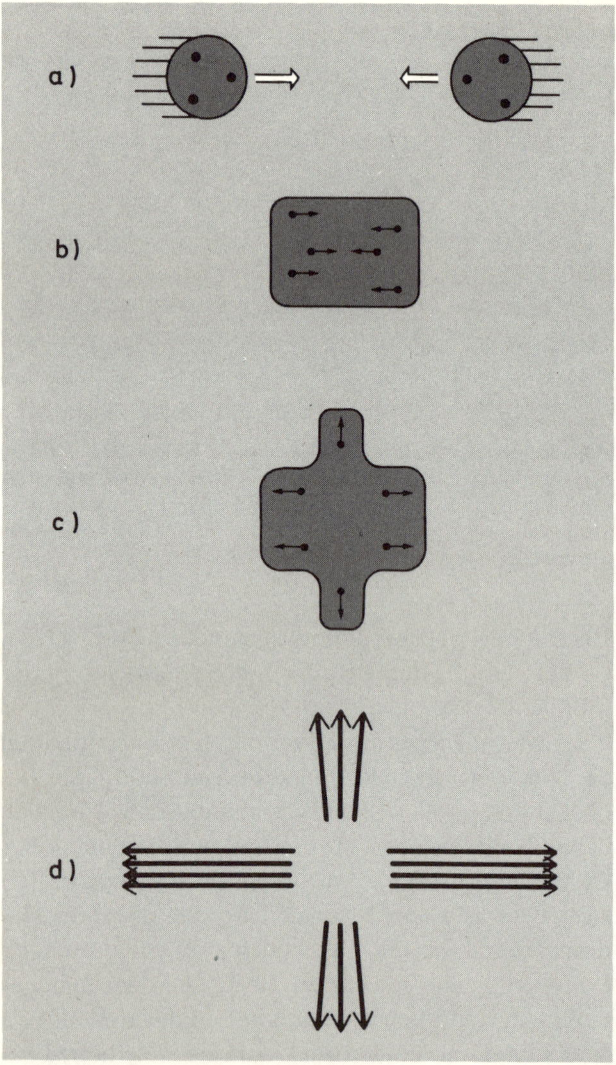

Abb. 15-5 Vier Teilchenjets in der Proton-Proton-Streuung.
a) Die zwei Protonen fliegen aufeinander zu.
b) Die beiden Protonen verschmelzen zu einem hadronischen System, bestehend aus sechs Quarks.

bzw. hinten gerichtet sind, während die anderen beiden einen großen Transversalimpuls haben.

Seit der Entdeckung der großen Transversalimpulse am ISR-Speicherring hat man in verschiedenen Experimenten nach den erwarteten Vierjet-Strukturen geschaut. Bei den zur Verfügung stehenden Energien erwies sich dies jedoch als ein recht schwieriges Unterfangen. Insbesondere ist es nicht leicht, die verschiedenen Jets (falls es wirklich vier Jets gibt) voneinander zu separieren, da die Energien der Teilchen in den Jets im Mittel verhältnismäßig klein sind.

Materie-Antimaterie-Kollisionen

Seit dem Sommer des Jahres 1982 hat sich jedoch die Situation geändert. Seit dieser Zeit ist man in der Lage, Antiproton-Proton-Kollisionen bei sehr hohen Energien zu beobachten, und zwar am Proton-Antiproton-Kollisionsring des CERN. Dieser Beschleuniger wurde im Laufe von wenigen Jahren errichtet. Es handelt sich um eine Maschine, die aus dem Protonen-Beschleunigungs-Ring des CERN-SPS (Super-Protonen-Synchrotron) besteht, mit der zusätzlichen Möglichkeit, Antiprotonen auf Energien bis maximal 270 GeV zu beschleunigen. Mit Hilfe der CERN-Kollisionsmaschine ist es also möglich, die Kollisionen von Protonen und Antiprotonen bei Energien von jeweils 270 GeV zu beobachten. In Abbildung 15-6 ist eines der großen Nachweisgeräte gezeigt, mit deren Hilfe diese Zusammenstöße im Detail untersucht wurden (siehe auch Abb.

c) Zwei der Quarks fliegen zufällig nahe aneinander vorbei und werden aus dem Hadronenverband herausgeschlagen. Die anderen Quarks setzen ihre Reise unbeeinflußt fort.
d) Das Endresultat besteht aus den zwei nach vorn und hinten gerichteten Teilchenjets, die von den Quarks erzeugt werden, welche in ihrer Bewegungsrichtung nicht oder nur wenig beeinflußt wurden. Die herausgeschlagenen Quarks bilden zwei Quarkjets, deren Teilchen große Transversalimpulse haben.

Abb. 15-6 Ein Blick von der Seite auf den großen UA 1-Detektor am CERN, mit dessen Hilfe man in der Lage ist, die bei den Proton-Antiproton-Kollisionen erzeugten Teilchen nachzuweisen. Dieser Detektor wurde von Physikern des CERN wie auch von Physikergruppen verschiedener Universitäten Europas und der USA betrieben, u.a. von einer Gruppe der TH Aachen (Foto CERN).

15-7). Die gewonnenen Ergebnisse zeigen auf, daß es bei den Kollisionen von Protonen und Antiprotonen tatsächlich hin und wieder zu frontalen Kollisionen der Quarks kommen kann. Dies stellt einen wichtigen Test

Quarks kollidieren

der Quarkidee als auch der chromodynamischen Wechselwirkung dar, und zwar aufgrund der folgenden Überlegung. Wir haben bisher nicht erwähnt, warum die Quarks eigentlich aneinander gestreut werden. Naiverweise könnte man denken, daß eine Streuung von Quarks immer genau dann stattfindet, wenn zwei Quarks während des Zusammenpralls der beiden Hadronen sozusagen frontal aufeinanderstoßen. Diese Vorstellung ist jedoch nicht ganz richtig. Die Quarks können nur aneinander gestreut werden, wenn es eine Wechselwirkung zwischen ihnen gibt. Das gleiche gilt auch für die Lepton-Quark-Streuprozesse, die wir bereits im Detail diskutiert haben. Ein Elektron wird an einem Quark innerhalb eines Nukleons gestreut, weil es mit dem Quark über die elektromagnetische Wechselwirkung in »Verbindung« steht. Gäbe es die elektrischen Kräfte nicht, würde das Elektron ohne Schwierigkeiten mitten durch ein Proton hindurchfliegen. Damit stellt sich die Frage: Was ist das für eine Kraft, die für die Streuung zweier Quarks bei den hadronischen Reaktionen verantwortlich ist? Was ist der Grund für das Auftreten der großen Transversalimpulse in der Proton-Proton-Streuung bei hohen Energien? Im Rahmen der Chromodynamik gibt es nur eine Erklärung für diese Kraft: Es ist die Kraft, die für die Bindung der Quarks zu Farbsingulett-Hadronen verantwortlich ist, das heißt die gluonische Kraft.

Die gluonische Kraft wird sichtbar

Das Studium der hadronischen Kollisionen bei hohen Energien, insbesondere die Beobachtung von Quarkjets in solchen Reaktionen, gibt uns die Möglichkeit, weitere Tests der Quantenchromodynamik durchzuführen. Wir können genau berechnen, wie oft die Quarks aneinander gestreut werden. Insbesondere können wir berechnen, wie oft man Teilchen mit hohen

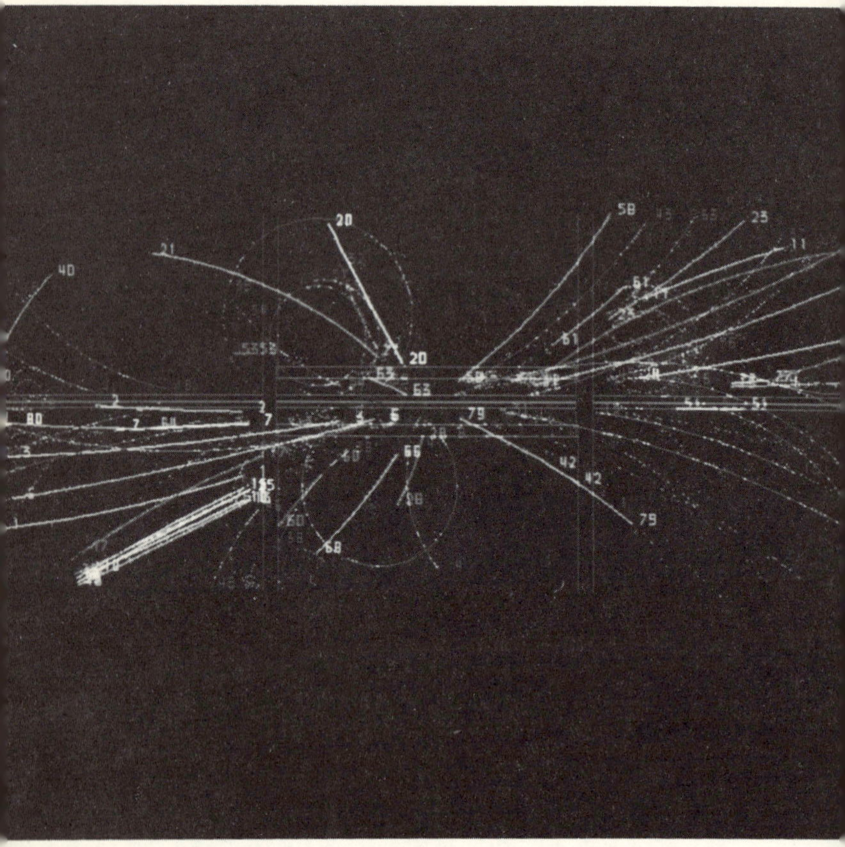

Abb. 15-7 Ein typisches Ereignis, das man bei der Kollision von Protonen und Antiprotonen am CERN beobachtet hat. Eine ganze Reihe von Teilchen (meist π-Mesonen) wird hierbei erzeugt.

Impulsen in der transversalen Richtung beobachten sollte. Eine genaue Analyse der Resultate, die man mit Hilfe der neuen CERN-Maschine erhielt, ergab eine qualitative und quantitative Übereinstimmung mit den Erwartungen im Rahmen der Quantenchromodynamik, die damit einen wichtigen Test erfolgreich bestanden hat.

16. Gluonen werden »sichtbar« gemacht

Die fundamentalen Teilchen der Materie sind neben den Elektronen die Quarks und die Gluonen. Dies zumindest ist die Vorstellung, die man im Rahmen der Chromodynamik hegt. Bislang haben wir uns hauptsächlich mit den Quarks beschäftigt. Insbesondere haben wir aufgezeigt, wie man die Quarks zumindest indirekt beobachten kann. Es stellt sich nun die Frage: Ist es möglich, auch die Gluonen indirekt zu beobachten? Eine solche Möglichkeit haben wir bereits erwähnt: das Studium der Kräfte zwischen den Quarks. Diese Kräfte werden durch den Austausch von virtuellen Gluonen erzeugt. Zweifellos ist es aber unbefriedigend, in jenem Stadium der Gluonphysik stehenzubleiben.

Gluonische Kugelblitze

Die Quarks und die Gluonen sind farbige Objekte, die entsprechend der »confinement«-Hypothese nicht als freie Teilchen existieren sollten. Falls die Chromodynamik die richtige Theorie der starken Wechselwirkung darstellt, erwarten wir, daß es auch Hadronen gibt, die nur aus Gluonen bestehen. Zwei Gluonen können zum Beispiel ein Farbsingulett bilden. Der einfachste gluonische Zustand, den man sich vorstellen kann, besteht also aus zwei Gluonen. Es gibt natürlich auch die Möglichkeit, aus drei oder mehr Gluonen Farbsingulett-Objekte zu konstruieren. Für diese Art von Hadronen hat sich ein spezieller Name eingebürgert. Man nennt sie Gluonbälle. Ein Gluonball ist weiter nichts als ein Stück reiner gluonischer Materie – eine Art Kugelblitz, bestehend aus gluonischer Energie, manchmal auch Gluonium genannt.

Teilchen ohne Eigenschaften

Da die Gluonen elektrisch neutral sind und auch keine schwachen Wechselwirkungen haben, sind diese Objekte gewissermaßen »Teilchen ohne Eigenschaften«. Sie bestehen sozusagen aus reiner Energie und sind deshalb recht unauffällig. Man hat in verschiedenen Experimenten nach Gluonbällen gesucht, bislang ohne klaren Erfolg. Nach verschiedenen theoretischen Abschätzungen erwartet man, daß der leichteste Gluonball eine Masse etwa zwischen 1 und 2 GeV hat. Neutrale Teilchen einer solchen Masse zerfallen wahrscheinlich sehr leicht in mehrere π-Mesonen. Deshalb dürfte es schwierig sein, die Gluonium-Teilchen experimentell nachzuweisen. Insbesondere hat man nach diesen Teilchen beim Zerfall des J/ψ-Mesons und bei der Vernichtung von Protonen und Antiprotonen in Mesonen gesucht. Es gibt mittlerweile eine Reihe von Kandidaten im erwarteten Massenbereich. Ein Beweis, daß es sich dabei um Gluonbälle handelt, steht allerdings aus. Vermutlich wird es noch einige Zeit dauern, bis man ein Gluonium-Teilchen eindeutig nachweisen kann.

Wie bereits diskutiert, ist einer der klarsten Hinweise auf die Existenz der Quarks das Auftreten der Quarkjets in der Elektron-Positron-Annihilation bei hohen Energien. Diese Jets treten auf, weil man in der e^+e^--Annihilation Quarks mit einem besonders hohen Impuls produzieren kann. Die Frage drängt sich auf: Ist es möglich, Prozesse zu betrachten, bei denen Gluonen mit hohen Impulsen erzeugt werden? In einem solchen Fall würde man erwarten, daß das

Auf der Suche nach Gluonjets

Gluon etwas Ähnliches veranlaßt wie ein Quark unter ähnlichen Umständen, daß es nämlich einen Jet von Teilchen produziert, in diesem Fall einen sogenannten Gluonjet. Es kommt also darauf an, einen Prozeß zu finden, in dem es möglich ist, Gluonen besonders hoher Energie zu erzeugen.

Um einen solchen zu finden, betrachten wir erneut die Zerfälle des J/ψ-Mesons. Wir haben bereits erwähnt, daß dieses Meson relativ oft in ein Elektron-Positron-Paar oder in ein Myonpaar zerfallen kann. Diese Zerfälle sind wohlverstanden: Es handelt sich um Prozesse der elektromagnetischen Wechselwirkung. Das J/ψ-Meson zerfällt aber meist durch Prozesse der starken Wechselwirkung. Diese Zerfälle möchten wir nun näher studieren. Das J/ψ-Meson ist, wie wir wissen, ein Bindungszustand, der aus einem c-Quark und seinem Antiquark besteht. Wie ist es überhaupt möglich, daß dieses Teilchen in π-Mesonen, K-Mesonen usw. zerfällt, das heißt in Teilchen, die nicht aus den c-Quarks bestehen, sondern aus den leichten Quarks u, d oder s? Zweifellos müssen sich beim Zerfall das c-Quark und das entsprechende Antiquark gegenseitig vernichten.

Um diesen Prozeß etwas besser zu verstehen, betrachten wir wieder einmal eine analoge Situation in der Elektrodynamik. Das J/ψ-Teilchen ist ein Charmonium-Zustand, das heißt ein Teilchen, das ein chromodynamisches Analogon zu Positronium darstellt. Darum erweist es sich als nützlich, zunächst einmal die Zerfälle von Positronium näher zu studieren.

Positronium ist ein physikalisches Objekt, das nicht sehr lange lebt. Kaum hat man es im Laboratorium erzeugt, zerfällt es. Es zerstrahlt in Photonen, also in »Licht«, wobei sich das Elektron und Positron gegenseitig vernichten. Wie wir bereits wissen, gibt es zwei

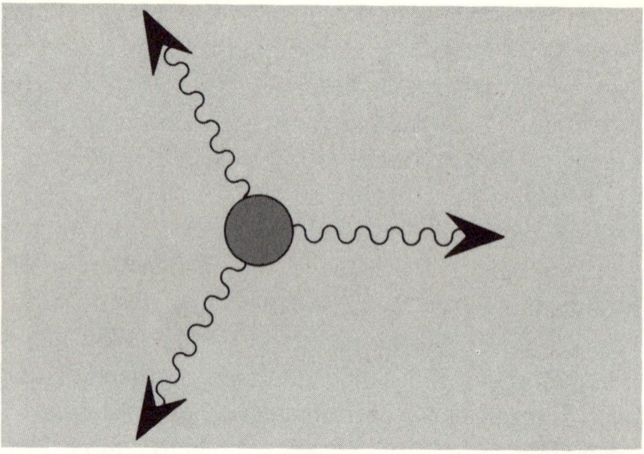

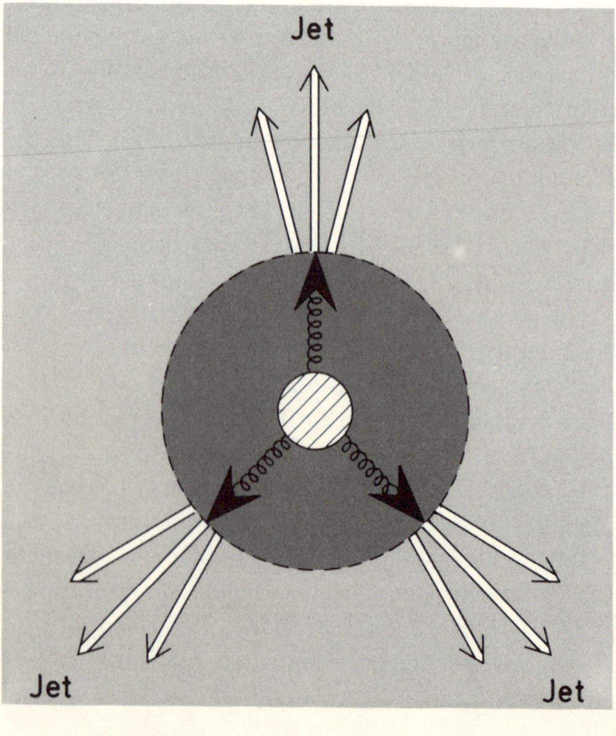
Jet
Jet
Jet

Arten von Positronium, genannt Parapositronium und Orthopositronium. Parapositronium ist der Zustand, in dem der Spin des Elektrons und der Spin des Positrons einander entgegengesetzt gerichtet sind. In Orthopositronium sind die beiden Spins gleichgerichtet. Es erweist sich nun, daß Parapositronium immer in zwei Photonen zerfällt. Andererseits entstehen im Zerfall von Orthopositronium drei Photonen (siehe Abb. 16-1).

Da das J/ψ-Meson das chromodynamische Analogon von Orthopositronium ist, erwarten wir, daß bei der Annihilation des c-Quarks und seines Antiquarks drei Gluonen produziert werden. Natürlich werden diese Gluonen nicht als wirkliche Teilchen erzeugt. Statt dessen erhalten wir »Gluonjets«. Die Gluonen fragmentieren in Hadronen in ähnlicher Weise wie die Quarks (siehe Abb. 16-1). Da also beim J/ψ-Zerfall Gluonen entstehen, erwarten wir, daß der hadronische Endzustand besonders viele »Gluonbälle« enthält. Demzufolge ist das Studium der J/ψ-Zerfälle wichtig, um die Dynamik der Gluonen und der Gluonbälle im Detail zu erforschen. Dies ist der Grund dafür, daß man speziell den J / ψ-Zerfall seit vielen Jahren im Detail studiert.

Charmonium zerfällt in Gluonen

Die Gluonen, die bei der Vernichtung des c-Quarks und seines Antiquarks im J/ψ-Zerfall entstehen, haben keine besonders große Energie. Im Mittel ist ihre Energie etwa 1 GeV. Aus diesem Grunde kann man nicht erwarten, im J/ψ-Zerfall die Gluonjets beobachten zu können. Soll dies möglich sein, müßten die

Abb. 16-1 Der Zerfall von Positronium in drei Photonen und der Zerfall des J/ψ-Mesons (Charmonium) in drei Gluonen. Die Gluonen fragmentieren in Hadronen; es bilden sich drei »Gluonjets«. Letztere kann man beobachten, falls die Energien der Gluonen groß genug sind.

Gluonen eine viel größere Energie haben, mindestens 3 GeV. Es gibt eine Möglichkeit, Gluonen mit relativ hohen Energien im Labor zu »erzeugen«. Man müßte den Zerfall von schweren Quarkonium-Zuständen untersuchen, also von Objekten, die aus Quarks bestehen, welche noch viel schwerer als das c-Quark sind. Gibt es solche Quarks in der Natur?

Ein Teilchen wiegt zehnmal soviel wie ein Proton

Im Jahre 1977 wurde am amerikanischen Forschungszentrum Fermilab bei Chicago ein spezielles Experiment von Leon Lederman und seinen Mitarbeitern durchgeführt. Ein Protonenstrahl der Energie von etwa 400 GeV wurde auf ein Stück Materie geleitet. Insbesondere interessierte man sich in diesem Experiment für die Erzeugung von Myonpaaren. Beim Studium der Massen der erzeugten Myonpaare fand die Gruppe um Lederman ein verblüffendes Resultat. Sehr viele der Myonpaare hatten eine Masse von 9.5 GeV. Es wurde sehr bald klar, daß diese Myonpaare die Zerfallsprodukte eines neuen Teilchens sein müssen, eines Teilchens der riesigen Masse von 9.5 GeV. Die Masse dieses Teilchens entspricht damit etwa zehn Protonmassen.

Das neu gefundene Teilchen ähnelte in vieler Hinsicht dem J/ψ-Teilchen, und man spekulierte von Anfang an, daß es sich bei dem neuen Teilchen um den Bindungszustand eines sehr schweren Quarks und seines Antiquarks handelt. Die effektive Masse des neuen Quarks müßte etwa dreimal so groß sein wie die Masse des Charmquarks.

Wie im Fall des c-Quarks konnte der Beweis, daß es sich wirklich um ein neues Quark handelt, in den Experimenten der Elektron-Positron-Vernichtung erbracht werden. Am DESY-Laboratorium in Hamburg wurde zu Beginn des Jahres 1978 ein spezielles Programm gestartet, um die erforderliche Energie von

9.5 GeV zu erreichen. Trotz großer technischer Schwierigkeiten gelang es den DESY-Physikern, sich im Verlauf des Juni 1978 bis an die Energie von 9.5 GeV heranzuarbeiten. Bei 9.46 GeV beobachtete man die Produktion des neuen Teilchens (in den Abb. 16-2, 16-3 ist einer der Detektoren beschrieben, der bei dieser Entdeckung eine Rolle spielte).

DESY findet das Y-Teilchen

Wie erwartet, erwiesen sich die Eigenschaften dieses Teilchens denen des J/ψ-Teilchens als sehr ähnlich. Damit war es klar, daß es sich um einen neuen Quark-Freiheitsgrad handelte. Das neue Teilchen erhielt den Namen Y (Ypsilon).

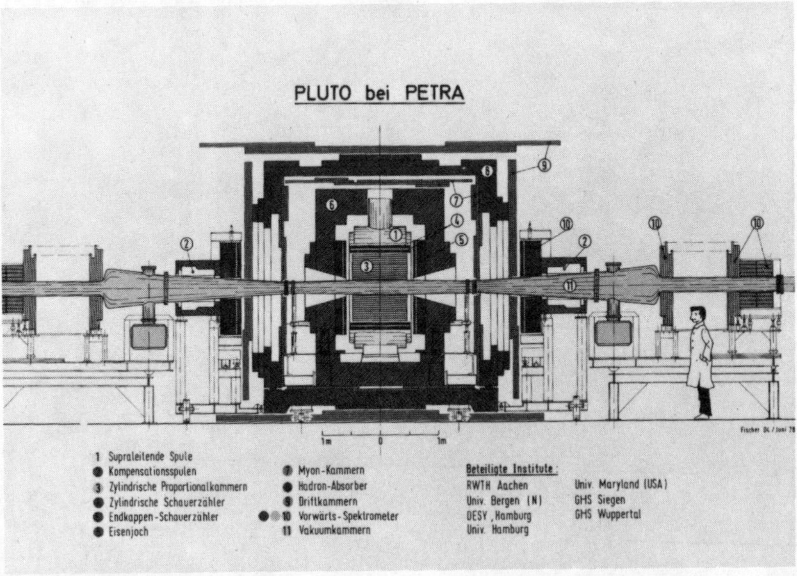

Abb. 16-2 Der schematische Querschnitt des PLUTO-Detektors am PETRA in Hamburg. Mit diesem Detektor gelang es, das Y-Teilchen in der Elektron-Positron-Vernichtung zu finden. Deutlich ist die Vakuumröhre zu sehen, in der die auf hohe Energien beschleunigten Elektronen und Positronen aufeinandertreffen. Die bei der Vernichtung erzeugten Teilchen werden in den verschiedenen Apparaten des Detektors registriert.

Abb. 16-3 Ein Blick in das Innere des PLUTO-Detektors am PETRA-Speicherring in Hamburg. In der Mitte ist die Vakuumröhre zu sehen, in der die Elektron-Positron-Vernichtung stattfindet (Foto DESY).

Ein genaues Studium der Produktion des neuen Y-Teilchens ergab, daß die elektrische Ladung des neuen Quarks nicht ⅔ ist, wie die Ladung des c-Quarks, sondern −⅓. Es handelte sich also um ein schweres Quark der gleichen elektrischen Ladung wie das d- oder s-Quark. Das neue Quark erhielt den Namen b. Demnach ist das Y-Meson ein Bindungszustand der Struktur $\bar{b}b$.

Warum gibt es ein b-Quark?

Die Rolle des neuen Quarks b ist etwas verschieden von der Rolle, die das c-Quark in der Physik spielt. Bereits vor der Entdeckung des c-Quarks waren viele Physiker überzeugt, daß es ein c-Quark geben müsse, und zwar aus Gründen der Lepton-Quark-Symmetrie und aus anderen rein theoretischen Gründen. Beim b-Quark ist es anders. Niemand erwartete es; niemand brauchte es. Was hat dieses neue Quark für Eigenschaften? Warum existiert es? Besitzt es auch einen anderen, möglicherweise sehr schweren Partner, der die Ladung ⅔ trägt?

Das Y-Meson – eine Gluonenfabrik

Das Y-Meson ist etwa dreimal so schwer wie das J/ψ-Meson. In seinem Zerfall werden Gluonen erzeugt, deren Energie im Mittel etwa 3 GeV ist. Damit erhält man die Möglichkeit, die Gluonjets im Zerfall zu beobachten. Nun erweist es sich selbst im Fall des Y als schwierig, die drei Gluonjets direkt nachzuweisen. Dazu ist die Energie der Gluonen noch zu niedrig. Man kann aber folgenden Trick anwenden. Wir wissen, daß normalerweise in der Elektron-Positron-Vernichtung bei hohen Energien zwei Quarkjets erzeugt werden. Man beobachtet zwei Jets von Teilchen, die in genau entgegengesetzte Richtungen auseinanderfliegen.

Was passiert nun, wenn wir die Energie so einrichten, daß wir ein Y-Meson erzeugen? Hier ist die Situation völlig anders, da wir nicht ein Quark-Antiquark-

Paar erzeugen, sondern drei Gluonen. Nun haben die drei Gluonen die Eigenschaft, daß ihre Impulsrichtungen im ganzen Raum verteilt sind. Darum erwarten wir nicht das Auftreten von zwei Teilchenjets. Genau dies beobachtete man am DESY im Zerfall des Y. Sobald man die Energie der Elektronen und Positronen im Speicherring so einrichtet, daß Y-Mesonen erzeugt werden, findet man, daß die sonst klar beobachtete Zweijetstruktur verschwindet. Dies ist ein klarer Hinweis darauf, daß sich das schwere Quark-Antiquark-Paar in mehr als zwei Objekte vernichtet, zum Beispiel in drei Gluonen.

Eine weitere Möglichkeit, Hinweise auf eine Dreijetstruktur des hadronischen Endzustandes zu erhalten, ist die folgende. Die Richtungen der Impulse der beim Zerfall entstehenden Gluonen sind nicht beliebig im Raum verteilt. In der Elektron-Positron-Vernichtung wird das Y-Meson im Ruhezustand erzeugt; sein Impuls ist null. Aufgrund der Impulserhaltung müssen sich daher die Impulse der drei Gluonen zu null addieren. Nun haben drei Vektoren im Raum, die sich zu null addieren, die Eigenschaft, daß sie in einer Ebene liegen. In guter Approximation sollte dies auch für die Impulse der Teilchen des hadronischen Endzustandes gelten. Wir erwarten mithin, daß die Impulse der erzeugten Teilchen in einer Ebene liegen. Diese Ebene ändert sich natürlich von Fall zu Fall und muß deshalb bei jedem Zerfall neu bestimmt werden (siehe Abb. 16-4). Die Physiker am DESY haben die Zerfälle des Y-Teilchens näher studiert, und man fand, daß die Impulse tatsächlich in einer Ebene liegen. Damit erhielt man einen direkten Hinweis, daß beim Y-Zerfall drei Gluonen emittiert werden. Leider ist die Masse des Y-Teilchens zu klein, um die Dreijetstruktur im hadronischen Endzustand klar zu beobachten. Zu die-

Die Impulse der Teilchen liegen in einer Ebene

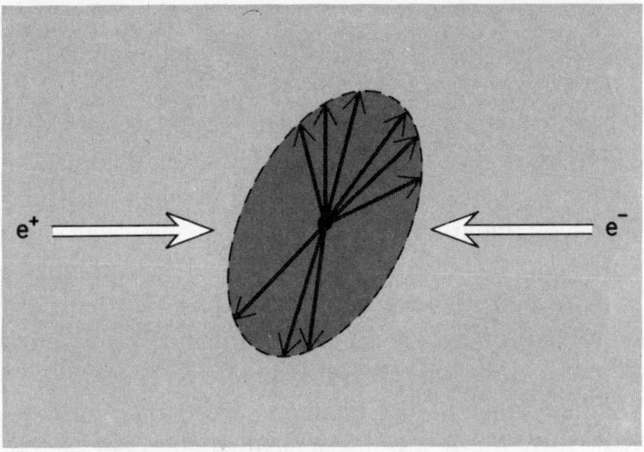

Abb. 16-4 Beim Zerfall der Y-Resonanz entstehen Teilchen, deren Impulse in guter Approximation in einer Ebene liegen. In jedem Zerfallsereignis muß diese Ebene neu bestimmt werden. Diese eierkuchenförmige Struktur des hadronischen Endzustandes ist ein direkter Hinweis darauf, daß bei der Vernichtung des schweren b-Quarks und seines Antiquarks drei Gluonen erzeugt werden.

sem Zweck würde man einen Quarkonium-Zustand benötigen, der noch schwerer als die Y-Resonanz ist. Mit anderen Worten: man benötigt ein weiteres Quark, das noch schwerer als das b-Quark ist.

Im Jahre 1979 wurde der Speicherring PETRA am DESY in Hamburg in Betrieb genommen, mit dessen Hilfe man die Energieregion von etwa 10 GeV bis zu etwa 46 GeV erforschte. In dieser Energieregion hat man keine Hinweise auf die Existenz eines neuen Quarks gefunden. Mit Hilfe des Beschleunigers TRISTAN in Japan und des LEP-Beschleunigers am CERN hat man diese Grenze weiter erhöht, ohne Erfolg, bis schließlich 1994 das t-Quark am Fermilab gefunden wurde.

DESY findet das Gluon

Im Herbst 1979 ging eine Nachricht durch die Weltpresse, die nicht nur die Physiker aufhorchen ließ: *DESY entdeckt das Gluon.* Was war geschehen? Es handelte sich hier um die ersten Resultate des neuen Hamburger Speicherrings PETRA. In dieser Maschine werden Elektronen und Positronen auf Energien von mehr als 20 GeV beschleunigt, also auf Energien, die dem Zwanzigfachen der Protonmasse entsprechen. Bei der Vernichtung des Elektron-Positron-Paares wird ein Quark-Antiquark-Paar erzeugt. Wir wissen, daß die Quarks keine freien Teilchen sind, sondern ständig mit Gluonen in Wechselwirkung stehen. Insbesondere sollte manchmal eines der bei der Elektron-Positron-Vernichtung entstehenden Quarks ein Gluon abstrahlen und damit Energie verlieren. Die Physiker haben für diesen Prozeß eine anschauliche Bezeichnung eingeführt. Sie nennen ihn Bremsstrahlung (siehe Abb. 16-5). Was erwarten wir, wenn ein solcher Bremsstrahlungsprozeß in der Elektron-Positron-Vernichtung einsetzt? Kurz nach der Vernichtung sind jetzt nicht zwei, sondern drei Objekte vorhanden: ein Quark, ein Antiquark und ein Gluon. Das Ergebnis eines solchen Prozesses ist wiederum eine Dreijetstruktur.

Quarks und Gluonen bei PETRA

Als man daranging, die ersten Resultate der Elektron-Positron-Vernichtung am PETRA zu analysieren, fand man in der Tat, daß von Zeit zu Zeit nicht zwei Teilchenjets zu sehen waren, sondern drei. Eines dieser Ereignisse ist in Abbildung 16-6 gezeigt. Es wurde am Teilchendetektor TASSO gefunden. Zwei der gezeigten Jets sind also Quarkjets, der dritte ist ein Gluonjet. Leider ist es nicht möglich anzugeben, welcher Jet durch das Gluon erzeugt wird. Für eine derartige Analyse würde man detaillierte Informationen über die Teilchen in jedem Jet benötigen. Dies ist beim

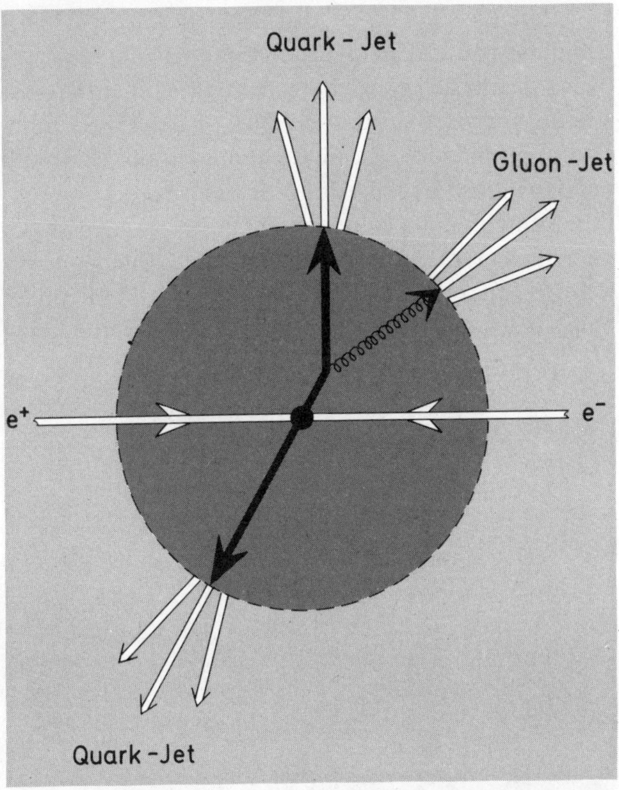

Abb. 16-5 Die Produktion von Gluonen in der Elektron-Positron-Vernichtung. Manchmal emittiert eines der bei der Vernichtung erzeugten Quarks ein Gluon. Hierbei ändert es seinen Impuls (und dadurch auch seine Flugrichtung). Der hadronische Endzustand besteht mithin aus drei Jets, eingeschlossen ein Gluonjet.

gegenwärtigen Stand der Experimentierkunst jedoch nicht möglich.

Seit Inbetriebnahme des PETRA-Speicherrings (siehe auch Abb. 16-7) und des PEP-Speicherrings in Kalifornien gegen Ende der 70er Jahre hat man ein recht genaues Bild der Elektron-Positron-Vernichtung bei hohen Energien gewonnen. Insbesondere ist es gelungen, den oben diskutierten Gluon-Bremsstrahlungsprozeß genauer zu studieren. In der Chromodynamik läßt sich genau berechnen, wie oft ein Bremsstrahlungsprozeß stattfindet. Die von den DESY-Physikern gefundenen Resultate stimmen ausgezeichnet mit den theoretischen Voraussagen überein. Insbesondere kann man die gefundenen Dreijet-Ereignisse benutzen, um das chromodynamische Analogon zur Feinstrukturkonstante zu bestimmen. Man findet einen Wert, der mit den auf andere Weise gefundenen

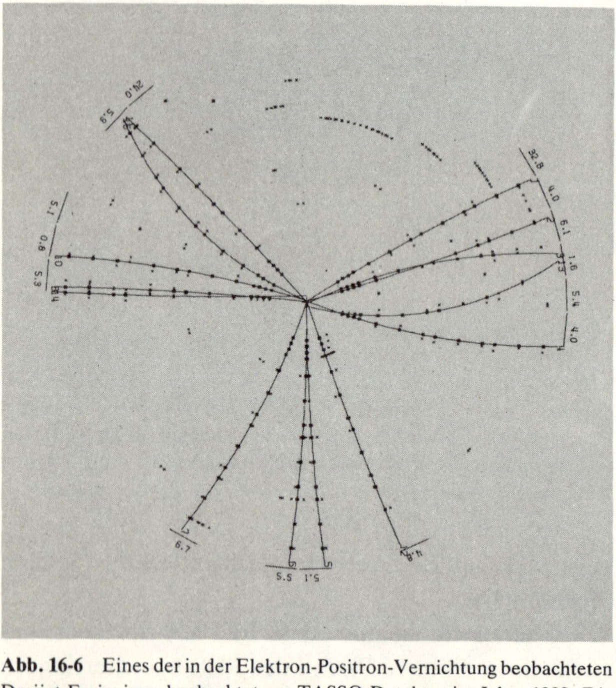

Abb. 16-6 Eines der in der Elektron-Positron-Vernichtung beobachteten Dreijet-Ereignisse, beobachtet am TASSO-Detektor im Jahre 1980. Die drei Teilchenjets sind deutlich zu sehen. Falls die Interpretation im Rahmen der QCD stimmt, handelt es sich hier um zwei Quarkjets und einen Gluonjet.

Werten konsistent ist: $\alpha_S \approx 0.20$. Damit hat sich aufs neue erwiesen, daß die Chromodynamik die experimentellen Resultate in der Teilchenphysik sehr gut zu beschreiben vermag.

Abb. 16-7 Der Detektor CELLO am PETRA-Speicherring. Dieser Detektor wurde gemeinsam von deutschen und französischen Forschergruppen konstruiert (Foto DESY).

17. Schwache Wechselwirkungen der Leptonen und Quarks

Mit der vorangegangenen Diskussion der chromodynamischen Bremsstrahlungsprozesse möchten wir unsere Betrachtungen zur QCD abschließen. Heute kann man zwar nicht mit absoluter Sicherheit behaupten, die Chromodynamik stelle tatsächlich die korrekte Theorie der Hadronen und der starken Wechselwirkung dar. Alle gefundenen experimentellen Resultate stimmen jedoch mit den theoretischen Voraussagen der QCD überein. Zudem gibt es keine Theorie der starken Wechselwirkung, die hierin der Chromodynamik auch nur annähernd gleichkommt. Die Chancen stehen also sehr gut, daß man die richtige Theorie zur Beschreibung der Kernkräfte und darüber hinaus aller Phänomene der starken Wechselwirkung gefunden hat.

Die Eichtheorie der schwachen Wechselwirkung

Die Chromodynamik der Quarks und Gluonen ist der Prototyp einer Eichtheorie, wobei die Gruppe der Farben SU(3) die Rolle der Eichgruppe spielt. Damit hat sich erwiesen, daß Eichfeldtheorien für die Beschreibung der Natur tatsächlich eine fundamentale Rolle spielen. Im Laufe der siebziger Jahre hat sich nun erwiesen, daß man auch die schwachen und elektromagnetischen Wechselwirkungen durch eine Eichfeldtheorie beschreiben kann. In diesem Kapitel werden wir diese Theorie eingehender diskutieren.

Wir möchten zunächst einmal die Haupteigenschaften der in der Natur beobachteten Prozesse der schwachen Wechselwirkung zusammenfassen. Alle diese Prozesse lassen sich in zwei verschiedene Klassen einteilen:

a) Prozesse, bei denen sich die elektrische Ladung um eine Einheit verändert, zum Beispiel den β-Zerfall $n \rightarrow p + e^- + \bar{\nu}_e$ (sogenannte Reaktionen der geladenen Ströme);

b) Prozesse, bei denen keine Änderung der elektrischen Ladung erfolgt (sogenannte Reaktionen der neutralen Ströme), zum Beispiel die Neutrinostreuung $\nu_\mu + p \rightarrow \nu_\mu + p$.

Eines ist diesen Prozessen der schwachen Wechselwirkung gemeinsam. Stets nehmen vier Fermionen an der Wechselwirkung teil. Manchmal wandelt sich ein Fermion in drei andere Fermionen um (zum Beispiel der β-Zerfall), manchmal reagieren zwei Fermionen miteinander und bilden zwei andere Fermionen, etwa die Reaktion $\nu_\mu + n \rightarrow \mu^- + p$.

Die Fermi-Konstante ist universell

Eine Eigentümlichkeit aller Reaktionen der geladenen Ströme ist, daß sich diese Prozesse durch eine gemeinsame Konstante beschreiben lassen, die die Stärke der entsprechenden Wechselwirkung angibt. Diese Konstante, die sogenannte Fermi-Konstante – benannt nach dem italienischen Physiker Enrico Fermi –, hat man experimentell genau bestimmt. Sie ist sehr klein; der genaue Wert ist $1.16 \cdot 10^{-5}$ GeV^{-2} (die Fermi-Konstante ist keine dimensionslose Zahl, wie etwa die Feinstrukturkonstante α, sondern besitzt die Dimension einer inversen [Energie]²). Die Kleinheit der Fermi-Konstanten ist der Grund für die Tatsache, daß die schwache Wechselwirkung so schwach ist, viel schwächer als die elektromagnetische Wechselwirkung.

Daß man zur Beschreibung der schwachen Wechselwirkung eine Konstante mit einer Dimension, wie sie die Fermi-Konstante darstellt, benötigt, ist für den theoretischen Physiker sehr unbefriedigend. Es ist nämlich nicht möglich, auf dieser Basis eine konsistente Theorie zu entwickeln. Man kann dies auf folgende Weise verstehen. Wie wir wissen, beschreibt die Theorie der Quantenelektrodynamik die beobachteten elektromagnetischen Vorgänge sehr gut. Mit Hilfe der Theorie ist es möglich, auch Vorgänge zu berechnen, die man nie wird beobachten können, zum Beispiel die Streuung zweier Elektronen bei einer Energie von einer Milliarde GeV. Wir wissen zwar nicht, ob bei einer derart großen Energie die Theorie noch anwendbar ist. Innerhalb der Theorie deutet aber nichts darauf hin, daß es irgendwann Probleme geben könnte.

Ein theoretisches Problem in der schwachen Wechselwirkung

Grund hierfür ist die Tatsache, daß die elementare Wechselwirkung zwischen Elektronen und Photonen in der Elektrodynamik durch eine dimensionslose Zahl beschrieben wird, durch die Feinstrukturkonstante α. Ähnlich ist es in der QCD. Hier wird die elementare Wechselwirkung zwischen den Quarks und den Gluonen ebenfalls durch eine dimensionslose Zahl beschrieben, die wir α_s genannt haben.

In der schwachen Wechselwirkung sind die Verhältnisse ganz anders. In der Fermi-Konstanten ist nämlich versteckt eine Energie untergebracht. Den oben angegebenen Wert der Fermi-Konstanten kann man wie folgt umschreiben:

$$1.16 \cdot 10^{-5}\,\text{GeV}^{-2} = (294\,\text{GeV})^{-2}$$

Damit tritt in der schwachen Wechselwirkung eine charakteristische Energie auf, die allerdings sehr groß ist, eine Energie von 294 GeV. Genauere Studien ergaben, daß bei Energien, die größer als etwa 300 GeV sind, das uns bekannte Bild der schwachen Wechselwirkung zusammenbrechen muß. Etwas Neues muß an seine Stelle treten.

Um herauszufinden, was das uns bekannte Bild der schwachen Wechselwirkung bei hohen Energien ersetzen wird, betrachten wir die elektromagnetische Wechselwirkung. Wie wir wissen, ist in der Elektrodynamik die elementare Wechselwirkung durch die Reaktion eines Elektrons mit einem Photon beschrieben. Die Reaktion zweier Fermionen, zum Beispiel die Streuung zweier Elektronen, wird durch den Austausch eines virtuellen Photons beschrieben. Nun handelt es sich bei der Streuung von zwei Elektronen um einen Prozeß, an dem vier Fermionen teilnehmen. Zwei Elektronen laufen ein, zwei Elektronen laufen nach der Streuung aus dem Wechselwirkungsbereich heraus, ganz analog zur Situation in der schwachen Wechselwirkung. Man könnte sich nun vorstellen, daß die schwache Wechselwirkung zwischen vier Fermionen auf ähnliche Weise erzeugt wird wie die elektromagnetische Wechselwirkung zwischen den Elektronen, und zwar durch den Austausch von virtuellen Teilchen.

Als Beispiel betrachten wir erneut den β-Zerfall (siehe Abb. 17-1). Das Neutron geht in ein Proton über, wobei es ein virtuelles Teilchen emittiert, genannt W^-. Dieses Teilchen erzeugt anschließend ein Elektron und ein Antineutrino. Der Prozeß ist der elektromagnetischen Wechselwirkung zwischen zwei Elektronen analog, die durch den Austausch eines virtuellen Photons bewirkt wird. Man muß nur das virtuelle Photon durch das virtuelle W-Teilchen (genannt W-Boson) ersetzen. Dabei ist zu beachten, daß das W-Boson elektrisch geladen, während das Photon elektrisch neutral ist.

Das W-Boson wird erfunden

Analog ist es möglich, die Prozesse des neutralen Stroms zu beschreiben. In diesem Fall benötigen wir ein neues neutrales Teilchen, das zwischen den betref-

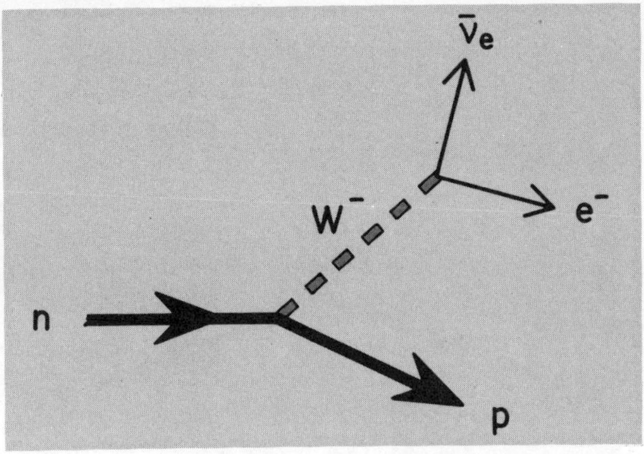

Abb. 17-1 Eine mögliche Beschreibung des β-Zerfalls. Das einlaufende Neutron emittiert ein virtuelles W-Boson und verwandelt sich in ein Proton. Das W-Boson zerfällt anschließend sofort in ein Elektron und ein Antineutrino.

fenden Fermionen ausgetauscht wird, genannt Z-Boson. Ein Beispiel eines Prozesses des neutralen Stroms ist in Abbildung 17-2 dargestellt.

Die Beschreibung der schwachen Wechselwirkungen durch den Austausch von virtuellen Bosonen vereinfacht die Situation ganz beträchtlich. Die elementare Wechselwirkung ist jetzt nicht mehr die Wechselwirkung zwischen vier Fermionen, sondern die Wechselwirkung zwischen den Fermionen und einem der Bosonen; das heißt, die schwache Wechselwirkung ist der elektromagnetischen ganz analog. Die Stärke der Wechselwirkung läßt sich nunmehr auch durch eine einfache Zahl (ohne Dimension) beschreiben. Die oben diskutierten Probleme bei hohen Energien treten nicht auf.

Das W- und das Z-Boson sind massiv

Wie läßt sich die Fermi-Konstante im Rahmen der oben diskutierten Theorie interpretieren? Es erweist sich, daß man annehmen muß, daß die W- und Z-Bo-

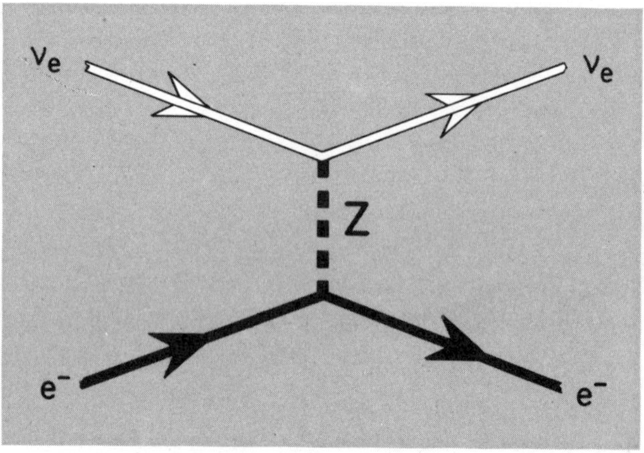

Abb. 17-2 Die schematische Darstellung eines Prozesses des neutralen Stroms. Das einfallende Elektron-Neutrino emittiert ein virtuelles Z-Boson, das seinerseits mit dem Elektron eine Wechselwirkung eingeht.

sonen eine Masse haben. Insbesondere ist die Masse des W-Bosons mit der Fermi-Konstanten verknüpft. Die oben diskutierte kritische Energie von 294 GeV ist nichts weiter als die Masse des W-Bosons, dividiert durch die Konstante der Wechselwirkung zwischen den Fermionen und dem W-Boson. Wenn die letztere relativ klein ist, erhält man dementsprechend auch eine relativ kleine Masse für das W-Boson. Damit stellt sich die Frage nach der Masse der W- und Z-Bosonen.

W- und Z-Bosonen sind recht schwer

In der Vergangenheit hat man in Prozessen der schwachen Wechselwirkung, insbesondere in den Neutrinostreuprozessen, nach den Effekten der Masse des W- und Z-Bosons gesucht, allerdings ohne Erfolg. Man war in der Lage, eine recht hohe Grenze an die Masse dieser Bosonen zu setzen. Sie müssen schwerer als etwa 70 GeV sein, also schwerer als etwa 75 Protonen.

Die Idee, die W- und Z-Bosonen gewissermaßen als die Vermittler der schwachen Wechselwirkung einzuführen, haben wir von der Elektrodynamik geborgt.

Die Vereinheitlichung von Elektrizität und schwacher Wechselwirkung

Die W- und Z-Bosonen fungieren analog zum Photon in der QED. Damit stellt sich die Frage: Ist diese Analogie zwischen der elektromagnetischen und der schwachen Wechselwirkung nur formal, oder geht sie auf einen tiefgreifenden Zusammenhang zwischen diesen Wechselwirkungen zurück?

Es war schon seit langem der Traum der theoretischen Physiker, einen solchen Zusammenhang zu finden. In der Tat gibt es viele Gemeinsamkeiten zwischen den schwachen und den elektromagnetischen Wechselwirkungen. Beispielsweise werden beide unter Umständen durch Bosonen (genauer gesagt durch Vektorbosonen) vermittelt. Außerdem sind beide Wechselwirkungen durch universelle Konstanten beschrieben: die elektromagnetische Wechselwirkung durch die Feinstrukturkonstante α, die schwache Wechselwirkung durch die Fermi-Konstante.

Allerdings gibt es auch erhebliche Unterschiede zwischen den beiden Wechselwirkungen. Zum einen ist das Photon masselos. Die Bosonen der schwachen Wechselwirkung sind hingegen massiv. Außerdem ist die schwache Wechselwirkung in vielen Prozessen viel schwächer als die elektromagnetische.

Wie schwach ist die schwache Wechselwirkung?

Allerdings hat es nicht viel Sinn, die beobachteten effektiven Stärken der verschiedenen Wechselwirkungen zu vergleichen. Was zählt, sind die jeweils elementaren Wechselwirkungen, ist also im Fall der schwachen Wechselwirkung die Kopplung zwischen den W-Bosonen und den Fermionen. Vielleicht ist die schwache Wechselwirkung nicht wirklich schwach, sondern erweist sich nur als schwach bei relativ niedrigen Energien, weil die Massen der W- und Z-Bosonen sehr groß sind. Wir bemerken, daß die effektive Stärke der schwachen Wechselwirkung, die man zum Beispiel im β-Zerfall messen kann, abnimmt, wenn man die

Masse des W-Bosons erhöht, dabei aber die elementare Kopplung zwischen den Fermionen und dem W-Boson festhält. Insbesondere könnte es also sein, daß die letztere etwa so groß ist wie die elektromagnetische Kopplungsstärke. Zum Beispiel können wir annehmen, daß die elementare Kopplung zwischen den Fermionen und den W-Bosonen exakt gleich der elektromagnetischen Kopplung ist. In diesem Fall kann man die Masse des W-Bosons bestimmen; man findet eine Masse von 37 GeV.

Eine Verbindung zwischen elektrischer und schwacher Kraft?

Betrachtungen dieser Art wurden bereits in den fünfziger Jahren durchgeführt. Nur wenige Physiker glaubten allerdings zu dieser Zeit, daß sich eine Vereinheitlichung der schwachen und elektromagnetischen Wechselwirkungen auf die besprochene Art durchführen läßt. Eines der Hauptprobleme hierbei war die für damalige Begriffe ungeheuer große Masse der W- und Z-Bosonen.

Mittlerweile hat sich die Situation jedoch drastisch geändert. Die theoretischen Physiker haben eine Theorie entwickelt, die alle bekannten Phänomene der schwachen und elektromagnetischen Wechselwirkungen erfolgreich beschreibt. Es ist unmöglich, im Rahmen dieses Buches die moderne Theorie der schwachen und elektromagnetischen Wechselwirkungen im Detail darzustellen. Ich werde jedoch versuchen, zumindest die Grundzüge der Theorie plausibel zu machen.

Wir diskutieren zunächst die wohl wichtigste Eigenschaft der schwachen Wechselwirkung, ihre Universalität. Alle schwachen Prozesse werden in ihrer Stärke durch die Fermi-Konstante charakterisiert. Wir erinnern an eine ähnliche Situation in der Elektrodynamik. Die elektromagnetische Wechselwirkung der Elementarteilchen wird durch eine universelle Konstante beschrieben, durch die Feinstrukturkonstante α. Dies ist möglich, weil alle elektrischen Ladungen, die in der Natur vorkommen, gewisse Vielfache der elektrischen Elementarladung sind, welche als e bezeichnet wird. Numerisch ist die elektrische Elementarladung gleich der elektrischen Ladung des Positrons.

Die schwache Ladung

Analog dazu werden wir eine Ladung der schwachen Wechselwirkung einführen, die wir kurz als die schwache Ladung definieren. Die elektrische Ladung eines Teilchens beschreibt, wie stark dieses Teilchen mit dem Photon, dem Träger der elektromagnetischen Kraft, wechselwirkt. Entsprechend beschreibt die schwache Ladung, wie stark ein Teilchen mit dem Träger der schwachen Kräfte, dem W-Boson, in Wechselwirkung tritt. Das Z-Boson lassen wir erst einmal aus unseren Betrachtungen heraus.

Man kann die Rolle der schwachen Ladungen in der folgenden Weise verstehen. Es gibt zwei W-Bosonen in der Theorie: ein W^+ und ein W^-. Ein Elektron kann sich zum Beispiel in ein Elektron-Neutrino umwandeln, indem es ein virtuelles W^--Boson emittiert. Umgekehrt kann sich ein Elektron-Neutrino in ein Elektron umwandeln, indem es ein virtuelles W^+-Boson aussendet. Man beachte, daß bei diesen Prozessen die elektrische Ladung vor und nach der Reaktion dieselbe ist; die elektrische Ladung bleibt streng erhalten. Da die Wechselwirkung der W-Bosonen mit dem Elektron oder den Neutrinos durch die schwachen Ladungen beschrieben wird, können wir sagen, daß die schwache Ladung ein Elektron in ein Neutrino verwandelt oder umgekehrt. Ein ähnlicher Sachverhalt gilt auch für die Quarks. Ein u-Quark kann sich in ein d-Quark verwandeln, indem es ein virtuelles W^+ emittiert. Andererseits verwandelt sich ein d-Quark in ein u-Quark unter Emission eines virtuellen W^- (siehe

Die magischen Eigenschaften der schwachen Ladungen

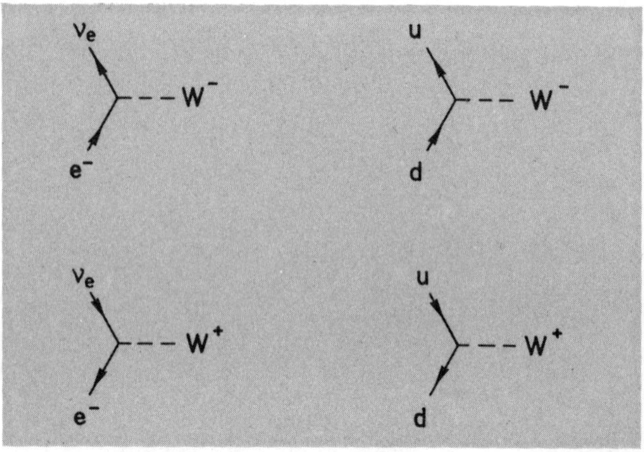

Abb. 17-3 Die elementaren Wechselwirkungen der W-Bosonen mit den Leptonen und Quarks. Ein Elektron verwandelt sich in ein Neutrino unter Aussendung eines virtuellen W-Bosons. Analog können sich die u- und d-Quarks durch die Emission oder Absorption von W-Bosonen ineinander verwandeln.

Abb. 17-3). Es ist nützlich, sich die Leptonen und Quarks als die folgenden aus zwei Komponenten bestehenden Einheiten aufzuschreiben:

$$\begin{pmatrix} \nu_e \\ e^- \end{pmatrix} \quad \begin{pmatrix} u \\ d \end{pmatrix}$$

Die Rolle der schwachen Ladungen ist dann denkbar einfach. Sie transformieren die obere Komponente in die untere und umgekehrt. Wir erinnern uns in diesem Zusammenhang an die Eigenschaften der Isospinladungen. Sie haben die Eigenschaft, daß sie ein u-Quark in ein d-Quark verwandeln können und umgekehrt. In gewisser Weise müssen die schwachen Ladungen also mit dem Isospin verwandt sein.

Schwache Ladungen und Isospin

Bislang haben wir allerdings eine wichtige Eigenschaft der schwachen Wechselwirkung nicht beachtet. Die elektromagnetische Wechselwirkung ist invariant unter der Symmetrie der Raumspiegelung, genannt

Parität. Betrachten wir zum Beispiel die Streuung zweier Elektronen. Wir können diesen Prozeß direkt betrachten, aber auch mit Hilfe eines Spiegels. Im zweiten Fall sehen wir einen Prozeß, der sich vom ersten durch die Umkehrung einer der Raumkoordinaten unterscheidet (siehe Abb. 17-4). Unsere Frage ist nun: Der Prozeß, den wir im Spiegel beobachten, stellt auch einen denkbaren physikalischen Prozeß dar. Ist dieser Prozeß wirklich in der Natur realisierbar? Wenn dies der Fall ist, so sagt man: Die Parität ist erhalten.

Spiegelung des Raumes – kein Problem für die Mechanik

Nicht nur die Elektrodynamik ist invariant unter der Paritätssymmetrie, sondern auch die klassische Mechanik. Mechanische Prozesse, die sich nur durch eine Spiegelung unterscheiden, laufen in gleicher Weise ab. So zum Beispiel unterscheidet sich ein Auto, das von einer Fabrik für den deutschen Markt gefertigt wurde, durch eine Spiegelung von einem Auto desselben

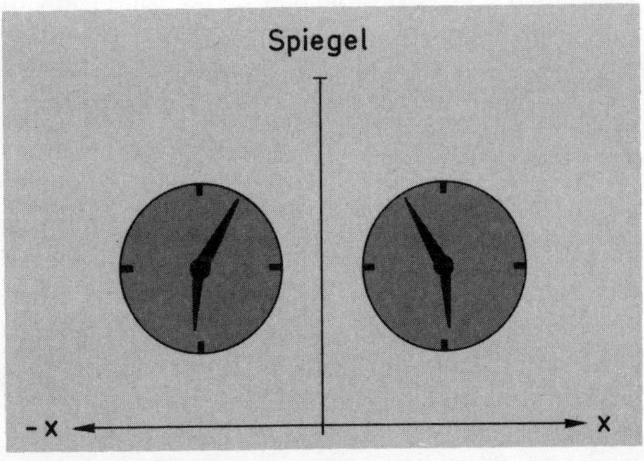

Abb. 17-4 Eine Spiegelung bewirkt die Inversion einer Raumkoordination, und zwar derjenigen Koordinaten, die auf dem Spiegel senkrecht steht (hier als x-Achse bezeichnet). Man beachte den Unterschied in der angezeigten Zeit. Während es auf der rechten Uhr fünf vor sechs ist, zeigt die linke Uhr fünf Minuten nach sechs an.

Typs, das für den englischen Markt hergestellt wurde. Beim ersten Auto ist das Steuerrad links, beim zweiten rechts. Trotzdem funktionieren beide Autos in gleicher Weise. Sie beschleunigen gleich stark, haben die gleiche Höchstgeschwindigkeit usw. Daß dies so ist, liegt an der Invarianz der Gesetze der Mechanik gegenüber Paritätstransformationen.

Ein oberflächlicher Beobachter könnte meinen, die Invarianz der Naturgesetze gegenüber Paritätstransformationen sei etwas Selbstverständliches. Dies stimmt jedoch nicht. Nicht alles in der Natur ist symmetrisch gegenüber einer Spiegelung. So zum Beispiel haben die meisten Menschen ihr Herz auf der linken Seite. Wenn wir jedoch einen Menschen im Spiegel betrachten, so befindet sich das Herz auf der rechten Körperseite. Wir können uns durchaus Menschen vorstellen, bei denen alles seitenverkehrt ist. Im Prinzip brauchten wir nur einen Menschen getreu nach dem Spiegelbild eines existierenden Menschen aufzubauen. Die innerhalb des menschlichen Körpers ablaufenden Prozesse mechanischer, elektrischer und chemischer Art sind alle symmetrisch in bezug auf die Spiegelung. Aus diesem Grunde wäre zu erwarten, daß der »gespiegelte Mensch« sich von einem normalen Menschen nicht unterscheidet. Seine Körpertemperatur wäre die gleiche wie beim normalen Menschen, ebenso sein Herzschlag, seine Nerventätigkeit. Wir würden ihn nur daran erkennen, daß er uns die linke Hand zum Gruß reicht. Trotzdem macht die Natur von der Möglichkeit des »gespiegelten« Menschen keinen Gebrauch. Alle Menschen tragen das Herz auf der linken Seite (abgesehen von abnormalen Fällen).

Links, wo das Herz ist

Der gespiegelte Mensch

Etwas Ähnliches erleben wir auf dem Gebiet der Struktur der Eiweißmoleküle. Es erweist sich, daß die meisten Proteine aus schraubenförmigen Molekülen

Die Natur dreht links

bestehen. Es überrascht, daß die meisten der in Lebewesen gebildeten Eiweißmoleküle wie eine Linksschraube aussehen. (Die in der Technik benutzten Schrauben sind in der Regel Rechtsschrauben, das heißt Schrauben, die man durch eine Drehung nach rechts hineindreht. Eine Linksschraube erhält man aus einer Rechtsschraube durch eine Spiegelung.) Dies gilt für die Eiweiße, die von einem Bakterium erzeugt werden, bis zu den Eiweißen, die im menschlichen Körper gebildet werden. Die entsprechenden »rechtsdrehenden« Eiweißmoleküle gibt es in der Welt der Lebewesen nicht. Dabei besteht kein Grund zu der Annahme, daß diese Eiweiße nicht existieren könnten. Es ist nämlich möglich, einfache Eiweißmoleküle im chemischen Laboratorium, das heißt ohne die direkte Mitwirkung von Lebewesen, herzustellen. Das Resultat: Man erzeugt genauso viele linksdrehende wie rechtsdrehende Eiweißmoleküle. Dies ist eine Konsequenz der Tatsache, daß die bei der Herstellung ablaufenden chemischen Prozesse invariant im Hinblick auf eine Spiegelung sind. Übrigens sind die rechtsdrehenden Eiweiße u. U. brauchbar wie die linksdrehenden. Man kann sie etwa an ein Versuchstier verfüttern, ohne daß sich im allgemeinen Schwierigkeiten ergeben. Im Körper des Tieres werden die »falschen« Eiweißmoleküle in ihre Bestandteile zerlegt und anschließend wieder zu Eiweißmolekülen, diesmal aber zu linksdrehenden, zusammengesetzt. Nach der Verdauung befinden sich im Körper des Tieres nur linksdrehende Eiweißmoleküle.

Woher wissen die Lebewesen, daß sie nur linksdrehende Eiweißmoleküle produzieren dürfen? Zweifellos werden in allen Lebewesen die Eiweißmoleküle nach einem bestimmten Programm gebildet, vergleichbar einem Computerprogramm, in dem es heißt, daß nur linksdrehende Eiweiße gebildet werden dürfen. Dieses Programm wird durch Vererbung auf die Nachkommen übertragen.

Warum gibt es keine rechtsdrehenden Eiweiße?

Warum existiert überhaupt ein solches Programm? Wäre es nicht einfacher für die Natur, sowohl linksgerichtete als auch rechtsgerichtete Eiweiße zuzulassen? Es muß im Laufe der Entwicklung des Lebens auf der Erde etwas gegeben haben, das die Linksausrichtung der Moleküle bewirkt hat. Dieses Phänomen ist bis heute nicht geklärt. Es stellt eine Verletzung der Spiegelungssymmetrie dar – die Natur macht nur von den »linksdrehenden« Eiweißmolekülen Gebrauch.

Die Verletzung der Spiegelungssymmetrie

Zu Beginn der fünfziger Jahre stellten sich einige Kernphysiker die Frage: Ist in der schwachen Wechselwirkung die Parität wirklich erhalten oder nicht? Die amerikanischen Theoretiker T. D. Lee und C. N. Yang insbesondere regten mehrere Experimente an, um diese Frage zu beantworten. Bereits nach kurzer Zeit lag die Antwort vor: Die schwache Wechselwirkung verletzt die Paritätssymmetrie. Dies war die Schlußfolgerung, die man aus einem von Frau Professor Wu und ihren Mitarbeitern durchgeführten Experiment ziehen mußte. (Das Experiment wurde im Jahre 1956 an der New Yorker Columbia-Universität durchgeführt.) Um die Paritätsverletzung in der schwachen Wechselwirkung zu messen, untersuchte man den schwachen Zerfall von Kobalt, genauer gesagt vom Kobaltisotop 60, in Nickel. Der Atomkern von Kobalt (60) wandelt sich in einen Nickelkern um, und zwar durch die Emission eines Elektrons und eines Antineutrinos:

$$^{60}\mathrm{Co} \rightarrow {}^{60}\mathrm{Ni} + e^- + \bar{\nu}_e$$

Dieser Prozeß kommt zustande, weil sich innerhalb des Kobaltkerns eines der Neutronen durch den uns bereits bekannten β-Prozeß in ein Proton, ein Elektron und ein Antineutrino umwandelt.

Um eine mögliche Verletzung der Paritätssymmetrie festzustellen, benutzte man folgenden Trick. Die Kerne der Kobaltatome besitzen einen Drehimpuls; das heißt, sie drehen sich ständig um ihre Achse. Durch Anwendung eines Magnetfeldes ist es möglich, die Drehimpulse der Kobaltkerne auszurichten, und zwar in der Weise, daß sich alle vorhandenen Kobaltkerne in gleicher Weise drehen, entweder alle nach rechts oder alle nach links. Nehmen wir an, wir ordnen die zerfallenden Kobaltatome in einer Ebene an (siehe Abb. 17-5); alle Kobaltkerne drehen sich nach rechts. Wir führen nun eine Spiegelung an der durch die Kobaltatome gebildeten Ebene durch. Aus den rechtsdrehenden Kobaltkernen werden linksdrehende. Wir betrachten jetzt die beim Zerfall emittierten

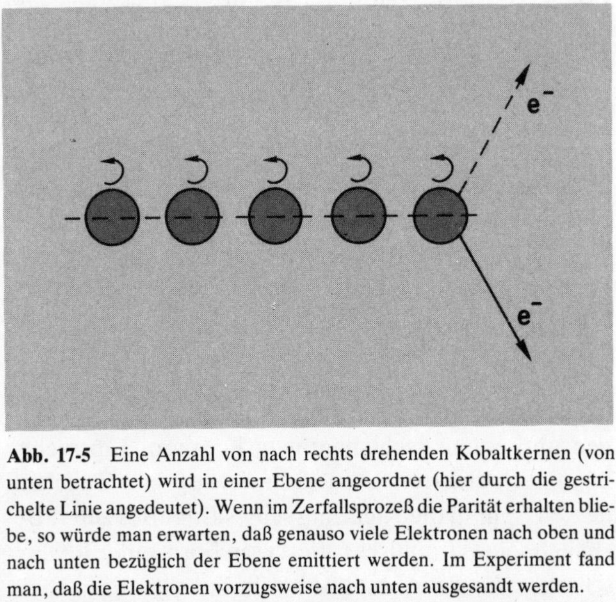

Abb. 17-5 Eine Anzahl von nach rechts drehenden Kobaltkernen (von unten betrachtet) wird in einer Ebene angeordnet (hier durch die gestrichelte Linie angedeutet). Wenn im Zerfallsprozeß die Parität erhalten bliebe, so würde man erwarten, daß genauso viele Elektronen nach oben und nach unten bezüglich der Ebene emittiert werden. Im Experiment fand man, daß die Elektronen vorzugsweise nach unten ausgesandt werden.

Elektronen. Bezüglich der durch die Kobaltatome gebildeten Ebene können die Elektronen nach oben oder nach unten emittiert werden. Wenn die Paritätssymmetrie durch die schwache Wechselwirkung respektiert würde, so müßten wir erwarten, daß genauso viele Elektronen nach oben emittiert werden wie nach unten. Nur dann liegt eine Symmetrie bezüglich Spiegelung an der durch die Kobaltatome gebildeten Ebene vor.

Das von Frau Wu durchgeführte Experiment ergab, daß die Elektronen vorzugsweise nach unten emittiert werden, genauer gesagt, in die Richtung, die derjenigen entgegengesetzt ist, welche durch die Kerndrehimpulse gegeben ist. Man fand, daß etwa 30% mehr Elektronen nach unten als nach oben emittiert werden. Damit war erwiesen, daß die schwache Wechselwirkung die Parität verletzt.

Das von Frau Wu durchgeführte Experiment gibt natürlich nicht an, wie die Paritätssymmetrie in der schwachen Wechselwirkung im einzelnen verletzt ist. Ist die Paritätsverletzung zum Beispiel anders bei den Myonen oder bei den Quarks? Wie steht es damit bei den Zerfällen der »strange«-Teilchen? Sehr detaillierte Studien waren notwendig, um diese Fragen zu beantworten.

Linkshändige und rechtshändige Fermionen

Es hat sich herausgestellt, daß die in der Natur beobachtete Paritätsverletzung eine sehr einfache Struktur hat. Wir betrachten ein Fermion, zum Beispiel ein Elektron, oder ein Quark. Ein Fermion, etwa ein Elektron, setzt sich zusammen aus einem linkshändigen und einem rechtshändigen Fermion. Ein rechtshändiges Elektron zum Beispiel ist ein Teilchen, dessen Spin in die Richtung seines Impulses zeigt. Bezüglich seines Impulses rotiert es in Form einer Rechtsschraube (siehe Abb. 17-6). Ein linkshändiges Elek-

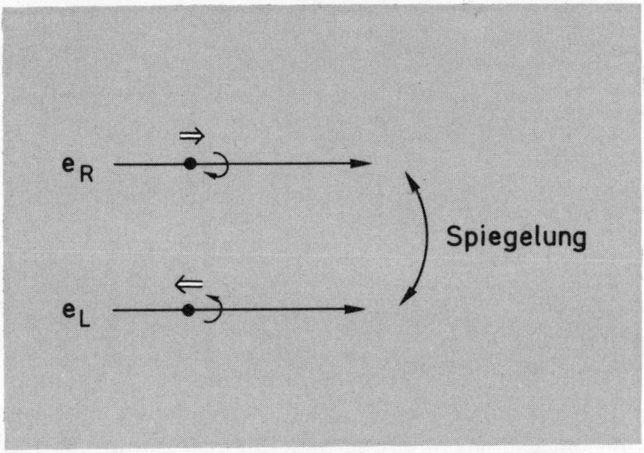

Abb. 17-6 Ein rechtshändiges Elektron, genannt e_R, ist ein Elektron, dessen Spin in die Richtung seines Impulses zeigt. Es rotiert in Form einer Rechtsschraube. Analog zeigt bei einem linkshändigen Elektron e_L der Spin in die entgegengesetzte Richtung. Durch eine Spiegelung geht ein rechtshändiges Elektron in ein linkshändiges über.

tron bildet in analoger Weise ein Teilchen, dessen Spin in die Richtung entgegengesetzt zur Impulsrichtung zeigt. Da bei einer Spiegelung eine Rechtsschraube in eine Linksschraube übergeht, verwandelt sich ein linkshändiges Elektron in ein rechtshändiges und umgekehrt. Es ist also möglich, die Paritätsverletzung in der schwachen Wechselwirkung zu studieren, indem man speziell Reaktionen mit linkshändigen und rechtshändigen Fermionen untersucht.

Wir wissen, daß die elektromagnetische Wechselwirkung die Parität erhält. Dies drückt sich dadurch aus, daß die Wechselwirkung eines Photons mit einem linkshändigen Elektron identisch zu der entsprechenden Wechselwirkung mit einem rechtshändigen Elektron ist. Mit anderen Worten: Ein Photon beschäftigt sich in »demokratischer« Weise gleichermaßen mit linkshändigen wie mit rechtshändigen Elektronen.

In der schwachen Wechselwirkung sind die Verhältnisse jedoch ganz anders. Es erweist sich, daß nur die linkshändigen Fermionen an der schwachen Wechselwirkung der geladenen Ströme teilnehmen. Die rechtshändigen Leptonen und Quarks werden ignoriert.

Die W-Bosonen wählen links

Die W-Bosonen reagieren demzufolge nur mit den linkshändigen Fermionen, nicht mit den rechtshändigen. Hierin unterscheidet sich die Wechselwirkung der W-Bosonen von der Wechselwirkung des Photons.

Warum in der Natur die linkshändigen Fermionen durch die schwache Wechselwirkung bevorzugt werden, wissen wir nicht; wir müssen dies als ein Faktum akzeptieren. Es ist allerdings sehr bemerkenswert, daß die »Linkslastigkeit« der schwachen Wechselwirkung nicht nur für das Elektron und die u- und d-Quarks gilt, sondern auch für die anderen Leptonen und Quarks. Damit erweist sich, daß die schwache Wechselwirkung eine Art von Universalität zeigt, ganz analog zur elektromagnetischen Wechselwirkung.

Universalität der schwachen Wechselwirkung

Die W-Bosonen reagieren universell mit den Leptonen und den Quarks. Im nächsten Kapitel werden wir zeigen, daß man diese Universalität im Rahmen einer einheitlichen Theorie der elektromagnetischen und schwachen Prozesse verstehen kann.

18. Die einheitliche Theorie der elektromagnetischen und schwachen Prozesse

Wir haben oben erwähnt, daß die W-Bosonen ein Elektron in ein Neutrino verwandeln können und umgekehrt. Dieser Sachverhalt erinnert uns an eine ähnliche Situation in der Chromodynamik. Dort sahen wir, daß die Gluonen die Fähigkeit haben, die verschiedenen Farben der Quarks ineinander zu verwandeln. Zum Beispiel kann ein Gluon, wenn es mit einem Quark eine Wechselwirkung eingeht, ein rotes Quark in ein grünes Quark verwandeln. Dies geschieht, weil die Gluonen sich ebenso unter den Farbtransformationen transformieren wie die Ladungen der Farbgruppe SU(3). In der schwachen Wechselwirkung haben wir eine analoge Situation. Die W-Bosonen verhalten sich ähnlich wie die schwachen Ladungen. Deshalb könnte man versucht sein, auch die schwachen Wechselwirkungen im Rahmen einer Eichtheorie zu verstehen. Was wäre die entsprechende Eichgruppe? In der starken Wechselwirkung fanden wir die Gruppe der Farbtransformationen SU(3), indem wir feststellten, daß es drei verschiedene Farben der Quarks geben muß. In ähnlicher Weise können wir die Gruppe der schwachen Wechselwirkung bestimmen. Bezüglich der schwachen Wechselwirkung treten die Leptonen und Quarks immer als Dupletts auf:

Die Symmetrie der schwachen Ladungen

$$\begin{pmatrix} \nu_e \\ e \end{pmatrix}_L \quad \begin{pmatrix} u \\ d \end{pmatrix}_L \quad \text{usw.}$$

(L steht für linkshändig)

Die entsprechende Symmetriegruppe ist demnach die Gesamtheit aller Transformationen innerhalb eines Dupletts. Wir haben eine solche Symmetrie bereits beim Studium der starken Wechselwirkung kennengelernt. Dort fanden wir die Gruppe SU(2) als Symmetriegruppe (Isospin), die alle Transformationen im Duplett $\binom{u}{d}$ beschreibt. Die gesuchte Eichgruppe für die schwache Wechselwirkung wäre die Gruppe SU(2). Allerdings steht diese Symmetrie in keinem direkten Zusammenhang mit der Isospinsymmetrie. Man bezeichnet die Symmetrie der schwachen Wechselwirkung manchmal als »schwachen Isospin«.

Vom Studium der Isospinsymmetrie in der starken Wechselwirkung wissen wir, daß die Gruppe SU(2) drei verschiedene Ladungen hat. Zwei dieser Ladungen kann man leicht mit den bereits eingeführten schwachen Ladungen identifizieren, also den Ladungen, welche die obere Komponente des schwachen Dupletts in die untere verwandeln und umgekehrt, also $u_L \rightarrow d_L$ bzw. $\nu_e \rightarrow e$ und umgekehrt. Diese Ladungen verändern die elektrische Ladung um eine Einheit. Die dritte Ladung ist jedoch elektrisch neutral. Wie sollen wir diese dritte Ladung interpretieren? Ist sie weiter nichts als die schwache Ladung, die wir für die Beschreibung der Wechselwirkung des neutralen Stroms benötigen, oder ist die Situation komplizierter?

Die W- und Z-Bosonen als Eichbosonen

Bevor wir versuchen, diese Frage zu beantworten, möchten wir noch ein anderes Problem diskutieren, das wir bislang ignoriert haben. Wir haben vor, eine Eichtheorie der schwachen Wechselwirkung zu entwickeln. Unser Ziel ist es, die W- und Z-Bosonen als die Eichbosonen der Theorie zu interpretieren, also als die Analoga zu den Gluonen in der Chromodynamik. Nun sind die Gluonen in der QCD masselose Objekte wie die Photonen. Die W- und Z-Bosonen jedoch sind mit Sicherheit nicht masselos, sondern haben sogar eine recht große Masse. Das stellt ein ernstes Problem dar. Es ist nämlich nicht möglich, im Rahmen einer Eichtheorie einfach eine Masse für die entsprechenden Eichbosonen einzuführen. Jedenfalls wissen die Theoretiker nicht, wie dies zu bewerkstelligen ist, ohne daß die Theorie unsinnige Resultate liefert, zum Beispiel bei der Berechnung von Streuprozessen.

Es gibt eine Möglichkeit, die Massen von Eichbosonen zu erzeugen, ohne daß man die Massen explizit einführt. Diese Möglichkeit wurde etwa im Jahre 1965 von verschiedenen Theoretikern vorgeschlagen. Der Trick besteht darin, daß man neben den Eichbosonen noch zusätzliche Objekte einführt, nämlich skalare Bosonen. Die Wechselwirkung dieser skalaren Objekte mit den Eichbosonen konstruiert man derart, daß die Eichbosonen effektiv eine Masse erhalten. Man nennt diese Art von Massenerzeugung spontane Symmetriebrechung, weil zur gleichen Zeit die entsprechende Eichsymmetrie gebrochen wird. Wir wollen den Mechanismus der spontanen Symmetriebrechung nicht weiter diskutieren, da wir sonst zu sehr ins mathematische Detail abschweifen müßten.

Massenerzeugung durch spontane Symmetriebrechung

Wir betonen nur, daß man mit Hilfe der spontanen Symmetriebrechung die Massen der Eichbosonen für die schwache Wechselwirkung einführen kann, ohne daß die Theorie bei hohen Energien unsinnige Resultate liefert. Dies wurde im Jahre 1971 von Gerard 't Hooft gezeigt. 't Hooft war zu dieser Zeit Doktorand in der Forschungsgruppe von Martin Veltman in Utrecht (Holland). Die Arbeiten von 't Hooft und Veltman haben viel zur Entwicklung der Eichfeldtheorie der schwachen und elektromagnetischen Wechselwirkung beigetragen.

Die einfachste Möglichkeit, eine Eichtheorie für die schwache Wechselwirkung zu konstruieren, ist die folgende. Wir benutzen als Eichgruppe den bereits von uns erläuterten schwachen Isospin, also die Gruppe SU(2). Die linkshändigen Quarks und Leptonen sind Dupletts bezüglich des schwachen Isospins. Da die rechtshändigen Fermionen an der schwachen Wechselwirkung nicht teilnehmen, betrachtet man sie als Singuletts bezüglich SU(2). Damit finden wir die oben bereits diskutierte Situation. Wir erhalten drei Eichbosonen, die wir als die beiden W-Bosonen und das Z-Boson interpretieren.

Wir betonen, daß in diesem Schema die elektromagnetische Wechselwirkung nicht eingeschlossen ist. Es handelt sich vielmehr um eine Eichtheorie allein für die schwache Wechselwirkung. Kann eine solche Theorie die schwache Wechselwirkung korrekt beschreiben? Es gibt eine einfache Voraussage in der oben beschriebenen Theorie. Alle drei schwachen Ladungen agieren auf den Fermionen in gleicher Weise, da die Symmetrie des schwachen Isospins vorliegt.

Der neutrale Strom und die rechtshändigen Fermionen

Nun wissen wir, daß die W-Bosonen nur mit den linkshändigen Fermionen in Wechselwirkung treten. Das gleiche müßte dann auch für die Wechselwirkung des neutralen Stroms gelten. Damit erhalten wir eine einfache Voraussage, die sich durch das Experiment prüfen läßt: Nur die linkshändigen Quarks und Leptonen dürfen mit dem Z-Boson eine Wechselwirkung eingehen; der neutrale Strom setzt sich nur aus den linkshändigen Fermionen zusammen, ebenso wie der geladene Strom.

Bis etwa zum Jahre 1977 war die Situation in bezug auf die Experimente unklar. Die Experimente waren nicht präzise genug, um nachzuweisen, ob auch die rechtshändigen Fermionen an der Wechselwirkung des neutralen Stroms teilnehmen. Erst im Sommer des Jahres 1977 wurde eindeutig festgestellt, daß sowohl die linkshändigen als auch die rechtshändigen Fermionen an der Z-Boson-Wechselwirkung mitwirken. Die endgültige Klärung dieser Frage erhielt man durch die Neutrinostreuexperimente am CERN-Laboratorium. Damit ist unser einfachster Ansatz für eine Eichtheorie der schwachen Wechselwirkung ins Wasser gefallen, und wir müssen uns nach einer anderen Theorie umsehen.

Wir wissen bereits, daß die elektromagnetische Wechselwirkung sowohl die linkshändigen als auch die rechtshändigen Fermionen einschließt. Etwas Ähnliches gilt aufgrund der Experimente auch für die Wechselwirkung des neutralen Stroms. Dies deutet darauf hin, daß man eine einheitliche Theorie der schwachen und der elektromagnetischen Wechselwirkung konstruieren sollte und nicht, wie bisher getan, eine Theorie der schwachen Wechselwirkung allein. Theorien dieser Art wurden bereits vor recht langer Zeit studiert, insbesondere von Sheldon Glashow im Jahre 1962, von Abdus Salam und John Ward im Jahre 1964 und von Steven Weinberg 1967 als auch von Salam im Jahre 1968. Alle heute zugänglichen experimentellen Daten stimmen mit der einfachsten Version dieser Theorie überein, und die Chancen sind sehr groß, daß diese Theorie der »wahren« Theorie der schwachen Wechselwirkung zumindest sehr nahe kommt. Für die Aufstellung der Theorie erhielten Glashow, Salam und Weinberg im Jahre 1979 den Nobelpreis für Physik (siehe Abb. 18-1 und 18-2).

Abb. 18-1 Die Theoretiker Sheldon Glashow (links) und Steven Weinberg während einer Pressekonferenz an der Harvard-Universität anläßlich der Verleihung des Nobelpreises für Physik des Jahres 1979 (Foto Harvard University).

In einer einheitlichen Theorie der elektromagnetischen und schwachen Wechselwirkungen (oder auch, wie man neuerdings sagt, der elektroschwachen Wechselwirkungen) müssen wir insgesamt vier Eichbosonen »verarbeiten«: die beiden W-Bosonen, das Z-Boson und das Photon. Aus diesem Grunde müssen wir unsere Eichgruppe erweitern. Die einfachste Möglichkeit ist, eine weitere U(1)-Gruppe hinzuzufügen. (Eine U(1)-Gruppe ist eine Gruppe, der nur eine einzige Ladung entspricht.) Man erhält dabei die Eichgruppe SU(2) × U(1), also eine Gruppe, die ein Produkt von Gruppen ist, das Produkt von SU(2) und U(1).

Nehmen wir einmal an, wir gehen von dieser Gruppe aus und erzeugen die Massen der Eichbosonen mit Hilfe des Tricks der spontanen Symmetriebrechung. Man findet etwas sehr Bemerkenswertes. Die beiden W-Bosonen erhalten eine gewisse Masse, die man vorerst beliebig wählen kann. Die anderen beiden Eichbosonen – sie sind elektrisch neutral – geben das folgende Massenspektrum. Ein neutrales Eichboson erhält eine Masse, die etwas größer ist als die W-Masse, während das zweite neutrale Boson masselos

Abb. 18-2 Der pakistanische Physiker Abdus Salam, der im Jahre 1979 den Nobelpreis für Physik zusammen mit Glashow und Weinberg erhielt. Salam war viele Jahre Professor für Theoretische Physik am Imperial College in London und gleichzeitig Direktor des Internationalen Forschungszentrums für Theoretische Physik in Triest. Er starb 1996.

Das Photon und das Z-Boson sind Kollegen

bleibt. Damit ist die Interpretation dieser Bosonen klar. Das masselose Boson wird mit dem Photon identifiziert, während man das massive neutrale Boson als das Z-Boson interpretiert. Wir erhalten eine Theorie, welche die elektromagnetische und die schwache Wechselwirkung miteinander verknüpft. Insbesondere sind in dieser Theorie das Photon und das Z-Boson eng miteinander verwandt. Keines kann ohne das andere existieren.

In dieser Theorie ist die Stärke der Wechselwirkung der W- und Z-Bosonen mit den Fermionen im wesentlichen durch die elektromagnetische Wechselwirkung gegeben. Die Form der Wechselwirkung des neutralen Stroms ist eindeutig fixiert. Da die elektromagnetische Wechselwirkung mit der des neutralen Stroms in engem Zusammenhang steht, ergibt sich, daß das Z-Boson sowohl mit den linkshändigen als auch mit den rechtshändigen Fermionen wechselwirkt.

Der neutrale Strom und der Winkel Θ_W

Allerdings ist es nicht möglich, die Wechselwirkung des neutralen Stroms exakt vorauszusagen, da diese noch von einem Parameter abhängt, der im Rahmen der Theorie nicht bestimmt ist, sondern im Experiment bestimmt werden muß. Es ist üblich, diesen Parameter durch einen Winkel zu charakterisieren, den man Θ_W nennt (der sogenannte schwache Winkel, manchmal auch Weinberg-Winkel genannt). Dieser Winkel bestimmt, wie stark die elektromagnetischen und schwachen Wechselwirkungen miteinander verknüpft sind. Im speziellen Fall $\Theta_W = 0$ gibt es keine solche Verknüpfung. Wir erhalten dann die Situation, die wir oben diskutiert haben und die vom Experiment ausgeschlossen ist. Während der letzten Jahre des siebziger Jahrzehnts gelang es, diesen Winkel mit relativ hoher Genauigkeit zu bestimmen. Die Experimente ergeben $\Theta_W \approx 28°$.

In der SU (2) × U (1)-Theorie der elektroschwachen Wechselwirkung erhält man eine wichtige Voraussage. Die Massen der W- und Z-Bosonen sind fixiert, vorausgesetzt man kennt den Parameter Θ_W. Damit findet man, daß die Massen der W-Bosonen etwa 81 GeV betragen sollten und die Masse des Z-Bosons etwa 91 GeV. Im Januar 1983 feierten die Physiker, die an der bereits erwähnten CERN-Kollisionsmaschine arbeiten, einen triumphalen Erfolg. Mit Hilfe zweier Teilchendetektoren (siehe auch Abb. 15-6) gelang es, die W- und Z-Bosonen nachzuweisen. Diese Bosonen werden bei den Kollisionen von Quarks und Antiquarks erzeugt und zerfallen sofort wieder, zum Beispiel in Leptonen. Zerfälle dieser Art hat man beobachtet. Die Massen der Bosonen entsprachen genau den Werten, die man im Rahmen der Theorie vorausgesagt hatte.

Die Massen der W- und Z-Bosonen

Um das Z-Boson genauer zu studieren, konstruierten die europäischen Physiker am CERN den Elektron-Positron-Speicherring LEP, der am 13. August 1989 seinen Betrieb aufnahm. Innerhalb weniger Minuten konnte man die ersten Z-Teilchen beobachten, die schwersten bekannten elementaren Teilchen. (Die Masse des Z-Bosons entspricht etwa der Masse eines Molybdän-Atoms.) Einige Wochen vorher war es den amerikanischen Physikern gelungen, eine größere Anzahl von Z-Bosonen mit Hilfe des zur Elektron-Positron-Kollisionsmaschine umgebauten SLAC-Beschleunigers zu erzeugen (siehe Abb. 18-3)

Erste Z-Zerfälle

Mittlerweile hat man die Zerfälle von mehreren Millionen Z-Bosonen beobachtet. Damit ist es möglich, die Masse des Z-Teilchens sehr genau zu bestimmen: M(Z) = 91,187 ± 0,07 GeV. Das Z-Boson, bis vor wenigen Jahren ein exotisches Objekt, über das vom Experiment her nicht viel bekannt war, gehört also mittler-

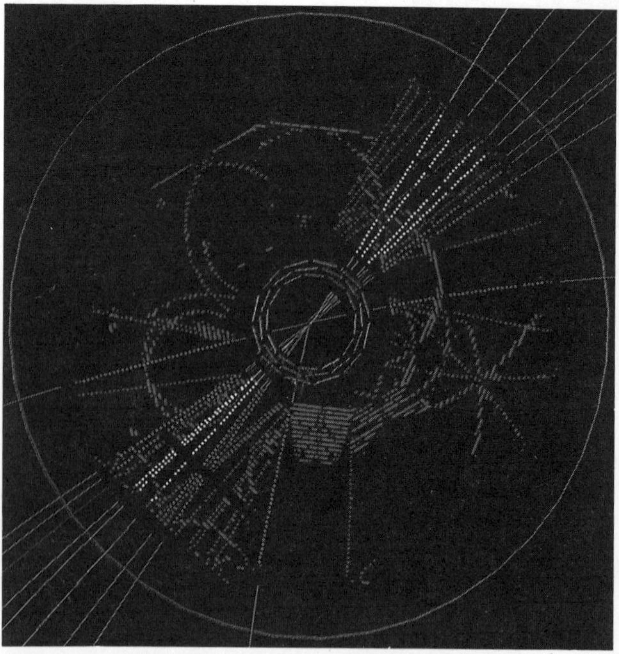

Abb. 18-3 Ein Z-Boson, das am Stanford Linear Collider erzeugt wurde und unmittelbar darauf in ein Quark-Antiquark-Paar zerfällt. Die Quarks fragmentieren in Mesonen – man erhält zwei Jets von Teilchen.

weile zu den am besten studierten Elementarteilchen. Die experimentellen Resultate sind in bester Übereinstimmung mit den Erwartungen, die man auf der Grundlage der SU(2)×U(1)-Theorie vorausberechnete – ein bemerkenswerter Erfolg der Elementarteilchenphysiker.

Zusammenklang von Theorie und Experiment

Bislang haben wir nur über die schwachen Wechselwirkungen der u- und d-Quarks, des Elektrons und des Elektron-Neutrinos gesprochen. Wie steht es also mit den anderen Leptonen und Quarks? Wir können diese leicht in unser Schema einordnen, indem wir neue Dupletts des schwachen Isospins einführen. Bei den Leptonen schreiben wir:

$$\begin{pmatrix}\nu_e \\ e\end{pmatrix}_L, \quad \begin{pmatrix}\nu_\mu \\ \mu\end{pmatrix}_L, \quad \begin{pmatrix}\nu_\tau \\ \tau\end{pmatrix}_L$$

Die rechtshändigen geladenen Leptonen sind also alle Singuletts. Danach nehmen sie an der Wechselwirkung mit den W-Teilchen nicht teil, in Übereinstimmung mit den Experimenten.

Quarks und ihre schwachen Wechselwirkungen

Es liegt nun nahe, für die Quarks etwas Analoges zu arrangieren. Zunächst betrachten wir die Quarks mit Ausnahme des b-Quark und schreiben zwei Dupletts der linkshändigen Quarks nieder:

$$\begin{pmatrix}u \\ d'\end{pmatrix}_L \quad \begin{pmatrix}c \\ s'\end{pmatrix}_L$$

Es gibt hier jedoch eine Komplikation. Die d- und s-Quarks, die in diesen Dupletts auftauchen, sind nicht »reine« d- bzw. s-Quarks, sondern Mischungen (angedeutet hier durch die Striche). Dies heißt nur, daß ein W-Teilchen, wenn es mit einem u-Quark in Wechselwirkung tritt, dieses nicht immer in ein d-Quark verwandelt. Manchmal, allerdings nicht oft – mit einer Wahrscheinlichkeit von etwa 5 % –, erhält man ein s-Quark.

Gemischte Quarks

Das oben mit d bezeichnete Quark ist also zu 95 % ein d und zu 5 % ein s. Dieses Phänomen der Quarkmischung ist bis heute nicht verstanden. Es ist aber sehr wichtig, denn ohne sie wären die leichtesten Mesonen oder Baryonen, die s-Quarks enthalten, etwa die K-Mesonen, stabil, könnten also nicht zerfallen. In Wirklichkeit leben diese Teilchen jedoch nur etwa 10 Sekunden.

Eine der Konsequenzen der Existenz des b-Quarks ist, daß es neue Mesonen geben muß, die aus einem

Teilchen mit b-Quarks

b-Quark und einem der leichten Quarks bestehen, insbesondere die Mesonen vom Typ $\bar{u}b$ (genannt B^-) und $\bar{d}b$ (genannt B°). Diese Teilchen gibt es tatsächlich, mit einer Masse von etwa 5280 MeV. Im Jahre 1991 entdeckte man am CERN auch das leichteste der neuen Baryonen, genannt Λ_b, mit der Quarkstruktur (bud). Dieses Objekt besitzt eine Masse von 5640 MeV, wobei der größte Teil der Masse vom b-Quark geliefert wird.

Auch diese Teilchen zerfallen, weil das b-Quark an der Mischung der Quarks teilnimmt. Mit einer allerdings sehr kleinen Wahrscheinlichkeit ist nämlich das b auch ein d oder ein s. Dies läßt sich nur verstehen, wenn wir insgesamt drei Dupletts betrachten. Hierzu ist es notwendig, neben dem b noch einen Partner der Ladung ⅔ einzuführen, genannt t. (Die Namen gehen auf die englischen Bezeichnungen »top« und »bottom« zurück; manchmal benutzt man auch die Bezeichnungen »truth« und »beauty«):

t als Partner von b

$$\begin{pmatrix} u \\ d' \end{pmatrix}_L \quad \begin{pmatrix} c \\ s' \end{pmatrix}_L \quad \begin{pmatrix} t \\ b' \end{pmatrix}_L$$

Lange war es unklar, ob das t-Quark überhaupt existiert. War es nur eine Erfindung der Theoretiker, oder folgt die Natur hier der theoretischen Spekulation? Diese Frage wurde erst 1994 geklärt. Nach jahrelanger Suche mit dem Tevatron des Fermilab, dem stärksten Protonenbeschleuniger der Welt, wurden die Physiker fündig. Das t-Quark erwies sich als ein wahrhaftiger Gigant auf der Massenskala – etwa 172 GeV bringt es auf die Waage. Damit ist es das massivste Objekt, das bislang beobachtet wurde. Seine Masse ist fast doppelt so groß wie die Z-Boson-Masse.

Das t-Quark, das bei den Tevatron-Experimenten zusammen mit seinem Antiquark durch Wechselwirkungen der Quarks und Gluonen erzeugt wird, zerfällt wie erwartet. Kaum ist es erzeugt, beendet es sein Dasein, indem es ein W-Boson und ein b-Quark emittiert. Noch sind die Details dieser Zerfälle nicht im Einzelnen erforscht, aber es deutet sich an, daß das t-Quark bezüglich seiner schwachen Wechselwirkungen nicht aus der Reihe fällt. Einzig seine unerwartet große Masse ist möglicherweise ein Signal, daß das t-Quark eine spezielle Rolle im System der sechs Quarks spielt. Woraus diese jedoch im Einzelnen besteht, dürfte noch auf Jahre hinaus ungeklärt bleiben. Man vermutet aber, daß die bislang ungeklärte Frage nach dem Ursprung der Massen der Quarks, Leptonen und schwachen Bosonen eng mit der Dynamik des t-Quarks verknüpft ist.

19. Hat die Physik ein Ende?

Mit der Aufstellung von spezifischen Theorien der elektroschwachen Wechselwirkungen (SU(2)×U(1)-Theorie) und der starken Wechselwirkung (Chromodynamik) ist der modernen Physik ein Durchbruch gelungen. Alle Phänomene der Elementarteilchen, die den Bereich der schwachen, elektromagnetischen und starken Wechselwirkung umfassen, werden im Rahmen dieser Theorien verstanden. Trotzdem gibt es innerhalb dieser Theorien ein schwieriges Problem. Es wird nicht erklärt, warum die elektrischen Ladungen der Leptonen und der Quarks quantisiert sind, das heißt, warum in der Natur nur ganz spezifische Vielfache der elektrischen Ladung des Elektrons vorkommen. Die elektrischen Ladungen der Elektronen und der Myonen sind –1. Die elektrischen Ladungen der Quarks sind entweder ⅔ oder –⅓. Es sieht also so aus, als gebe es ein verborgenes Gesetz, das die verschiedenen Teilchen zwingt, ganz spezifische elektrische Ladungen zu tragen.

Rätselhafte elektrische Ladungen

Um welches Gesetz handelt es sich hier? In der SU(2)×U(1)-Theorie gibt es zwei Ladungen: die Ladung des neutralen schwachen Isospins und die eine weitere Ladung, die wir oben diskutiert haben. Die elektrische Ladung erweist sich im Rahmen der SU(2)×U(1)-Theorie als eine gewisse Kombination dieser zwei Ladungen, die aber noch abhängt von einem freien Parameter, nämlich dem schwachen Mischungswinkel Θ_W. Dies impliziert, daß die elektrischen Ladungen ganz beliebig sein können, also nicht quantisiert sind. Zum Beispiel ist es leicht, die elektrischen Ladungen der Quarks zu $^2/\pi$ anstelle von $⅔$ zu arrangieren. Um schließlich die beobachtete Quantisierung der elektrischen Ladung zu verstehen, müssen wir versuchen, den schwachen Mischungswinkel Θ_W festzulegen. Wir wissen vom Experiment, daß dieser Winkel etwa in der Nähe von 30° liegt. Was müssen wir tun, damit dieser Winkel nicht mehr frei wählbar, sondern fixiert ist? Wir werden unten eine Möglichkeit angeben, um dies zu erreichen. Bevor wir aber dazu kommen, möchten wir noch ein anderes Problem erwähnen. Im Rahmen der SU(2)×U(1)-Theorie ist es gelungen, die elektromagnetische und die schwache Wechselwirkung miteinander zu verbinden. Neben diesen Wechselwirkungen existiert aber noch die starke Wechselwirkung, und wir müssen uns die Frage stellen, ob es möglich ist, eine Theorie zu konstruieren, die sowohl die starken als auch die elektromagnetischen und die schwachen Wechselwirkungen miteinander vereinigt. Im Rahmen einer solchen Theorie müßten wir fähig sein, nicht nur die beobachtete Struktur der starken Wechselwirkung zu verstehen, nämlich die chromodynamischen Kräfte, sondern auch die Stärke der starken Wechselwirkung. Wir haben bereits erwähnt, daß die Kopplungsstärke der starken Wechselwirkung, verglichen mit der Kopplungsstärke der elektromagnetischen oder auch der schwachen Wechselwirkung, recht groß ist. Die chromodynamische Feinstrukturkonstante, die relevant ist für die Phänomene der starken Wechselwirkung im Energiebereich von einigen GeV, ist zu etwa 0.2 gemessen. Demgegenüber ist die elektromagnetische Feinstrukturkon-

Die Vereinigung aller Wechselwirkungen

stante etwa $1/137$; das heißt, die starke Wechselwirkung ist viel stärker als die elektromagnetische Wechselwirkung. Im Rahmen einer einheitlichen Theorie aller Wechselwirkungen müßte es möglich sein, diese Tatsache zu verstehen. Wie können wir eine solche einheitliche Theorie konstruieren?

Wir betrachten erneut sowohl die verschiedenen Eichgruppen der Chromodynamik als auch der schwachen und der elektromagnetischen Wechselwirkungen. Insgesamt haben wir ein Produkt von drei verschiedenen Gruppen:

$$SU(3) \times SU(2) \times U(1)$$

Eine einheitliche Theorie aller Wechselwirkungen kann man konstruieren, indem man diese verschiedenen Eichgruppen in eine größere Gruppe einbettet. Für einen Mathematiker ist dies überhaupt kein Problem. Es ist recht leicht, eine Gruppe zu finden, welche die oben erwähnten drei Gruppen als Untergruppen enthält. Ein Problem besteht jedoch in der Konstruktion der Fermionen. Wenn wir eine große Gruppe einführen, so müssen sich auch die Fermionen bezüglich dieser Gruppe in einer ganz bestimmten Weise transformieren. Bezüglich der Fermionen haben wir jedoch keine Freiheit. Diese sind entweder Farbsinguletts, also Leptonen, oder Farbtripletts, also Quarks. Es erweist sich, daß nur sehr wenige Gruppen die Eigenschaft haben, sowohl die chromodynamische Gruppe SU(3) als auch die Gruppe SU(2) × U(1) zu enthalten und zugleich die Fermionen richtig wiederzugeben. Als kleinste Gruppe, die sowohl die Gruppe SU(3) als auch die elektroschwache SU(2) × SU(1) enthält, ergibt sich die Gruppe SU(5). Im Rahmen dieser Gruppe erhält man auch eine richtige Beschreibung der Fermionen. Um dies zu sehen, betrachten wir vorerst nur die leichtesten Fermionen, also das Elek-

Quarks und Leptonen werden verheiratet

Die Vereinigung durch SU(5)

tron und sein Neutrino, und die u- und d-Quarks. Diese Fermionen lassen sich in der folgenden Weise schreiben, eingeschlossen die entsprechenden Antifermionen und die drei Farben:

$$\begin{pmatrix} \nu_e \\ e^- \end{pmatrix} \begin{pmatrix} e^+ \end{pmatrix} \begin{pmatrix} u\ u\ u \\ d\ d\ d \end{pmatrix} \quad (\bar{u}\ \bar{u}\ \bar{u}) \quad (\bar{d}\ \bar{d}\ \bar{d})$$

Wie man sieht, erhält man insgesamt 15 Fermionen (eingeschlossen die drei Farben der Quarks). Wir teilen nun diese 15 Fermionen in zwei Systeme ein:

$$\left(\begin{matrix} \nu_e \\ e^- \end{matrix} \middle| \ \bar{d}\ \bar{d}\ \bar{d} \right), \quad \left(\begin{matrix} u\ u\ u \\ d\ d\ d \end{matrix} \middle| \ \bar{u}\ \bar{u}\ \bar{u}, e^+ \right)$$

Das erste System enthält insgesamt 5 und das zweite insgesamt 10 Fermionen. Es erweist sich nun, daß man diese beiden Fermionensysteme als, wie der Mathematiker sagt, verschiedene Darstellungen der Gruppe SU(5) interpretieren kann. Es ist eindrucksvoll, daß man genau die Leptonen und die Quarks erhält, die man benötigt. Die elektrischen Ladungen der verschiedenen Fermionen sind jetzt nicht mehr beliebig wählbar, sondern genau festgelegt. Um dies zu sehen, genügt es, das erste System der Fermionen zu betrachten. Dies besteht aus dem Elektron, seinem Neutrino und den drei Anti-d-Quarks. Bezüglich der Gruppe SU(5) transformieren sich diese Fermionen als sogenannte 5-Darstellung.

Die elektrische Ladung wird quantisiert

Die Gruppe SU(5) enthält insgesamt 24 verschiedene Ladungen. (Je größer eine Gruppe ist, um so mehr Ladungen besitzt sie. Die Gruppe SU(2), die wir von der Diskussion des Isospins kennen, hat drei Ladungen. Die uns bekannte Gruppe SU(3) der chromodynamischen Wechselwirkung hat acht verschiedene Ladungen.) Da es unser Ziel ist, die Quantisierung der elektrischen Ladungen zu erreichen, muß die elektrische Ladung mit einer der 24 Ladungen der Gruppe SU(5) identifiziert werden.

Nun haben die Ladungen einer Gruppe immer die Eigenschaft, daß man null erhält, wenn man die Ladungen der Elemente einer Darstellung summiert. Aus diesem Grunde müssen sich die elektrischen Ladungen der fünf Fermionen, die wir oben zusammengefaßt haben, zu null addieren. Da die elektrische Ladung des Elektron-Neutrinos null ist, erhalten wir jetzt eine Beziehung zwischen der elektrischen Ladung des Elektrons und der elektrischen Ladung des $\bar{d}$-Quarks: $Q(e^-)=Q(d)/3$. Wir finden also genau die elektrischen Ladungen, die wir in der Natur beobachten. Auf ähnliche Weise gewinnen wir die elektrische Ladung des u-Quarks durch analoge Betrachtung der zweiten Fermionengruppe. Wir finden, daß die elektrische Ladung des u-Quarks ⅔ sein muß. Im Rahmen der SU(5)-Theorie sind also die elektrischen Ladungen quantisiert. Die gefundenen Ladungen stimmen mit den beobachteten Ladungen der Quarks überein.

Beziehung zwischen der Quark- und Elektronladung

Wir können außerdem den SU(2)×U(1)-Mischungswinkel Θ_W berechnen und ebenso die chromodynamische Feinstrukturkonstante: Man erhält

$$\Theta_W \approx 38°$$

$$\alpha_s \approx \frac{8}{3}\,\alpha \approx \frac{1}{50}$$

Die beiden aufgrund der Gruppentheorie gefundenen Werte stimmen überhaupt nicht mit den experimentellen Werten überein. Die chromodynamische Feinstrukturkonstante, die wir aufgrund der verschiedenen Experimente gefunden haben, ist etwa 17mal größer als der Wert, der sich oben ergibt. Auch ist der schwache Mischungswinkel Θ_W nicht 38°, sondern etwa 28°.

Damit ergibt sich ein ernstes Problem für die SU(5)-Theorie.

Quarks verwandeln sich in Leptonen

Es gibt jedoch noch ein weiteres Problem. Wie wir oben gesehen haben, enthalten die verschiedenen Darstellungen der Fermionen sowohl Leptonen als auch Quarks. Wenn wir jetzt die Gruppe SU(5) als eine Eichgruppe betrachten, so erhalten wir genauso viele Eichbosonen wie Ladungen, nämlich 24. Diese 24 Eichbosonen umfassen die acht uns bereits bekannten Gluonen der chromodynamischen Theorie, die beiden W-Bosonen, das Z-Boson und das Photon. Die übrigbleibenden zwölf Bosonen sind neue Bosonen, die neue Arten von Wechselwirkungen verursachen. Diese Wechselwirkungen sind äußerst merkwürdig. Sie können nämlich ein Lepton in ein Quark verwandeln und umgekehrt. Es erweist sich, daß aufgrund dieser neuen Wechselwirkungen das Proton nicht stabil ist, sondern zerfallen kann. Das Proton kann zum Beispiel in ein Positron und ein neutrales π-Meson zerfallen (siehe auch Abb. 4-4). Dies stellt natürlich ein ernsthaftes Problem für die Theorie dar, denn wir wissen, daß Protonen außerordentlich stabil sind. Die Lebensdauer des Protons muß mehr als 10^{31} Jahre sein (siehe auch unsere Diskussion in Kapitel 4).

Instabiles Proton

In der SU(5)-Theorie hängt die Lebensdauer des Protons von den Massen der zwölf neuen Eichbosonen ab, die wir oben erwähnt haben. Aufgrund der beobachteten Stabilität des Protons ist es deshalb möglich, eine Grenze für die Masse dieser Eichbosonen anzugeben. Diese Masse erweist sich als enorm: Die neuen Eichbosonen müssen schwerer als 10^{15} GeV sein. Falls die Theorie stimmt, bedeutet dies, daß die Vereinheitlichung der starken, der elektromagnetischen und der schwachen Wechselwirkungen erst bei über 10^{15} GeV wirksam wird. Damit tritt eine neue Massenskala in die

Physik ein, nämlich die Massenskala der neuen Bosonen.

Das Auftreten einer solchen neuen Energie- oder Massenskala hat einen interessanten Effekt. Wir schauen erneut auf die verschiedenen Kopplungsstärken der uns bekannten Wechselwirkungen. Falls die SU(5)-Theorie stimmt, müssen alle diese Kopplungsstärken bei Energien von mehr als 10^{15} GeV im wesentlichen gleich sein, da die verschiedenen Wechselwirkungen weiter nichts sind als verschiedene Manifestationen ein und derselben einheitlichen Theorie. Deswegen erwarten wir, daß bei diesen hohen Energien der SU(2)×U(1)-Mischungswinkel tatsächlich 38° ist, wie oben angegeben. Wir erwarten außerdem, daß die chromodynamische Feinstrukturkonstante tatsächlich $\frac{8}{3}\,\alpha$ ist. Andererseits haben wir unser Wissen über die beobachteten Kopplungsstärken der starken und der schwachen Wechselwirkungen aus Experimenten bezogen, die bei relativ niedrigen Energien durchgeführt worden sind, zumindest bei Energien, die sehr klein sind verglichen mit der Energie, bei der die Vereinheitlichung aller Wechselwirkungen einsetzt. Es ist nicht gerechtfertigt, diese bei relativ niedrigen Energien gemessenen Kopplungsstärken gleichzusetzen mit denjenigen, die wir bei etwa 10^{15} GeV oder mehr erwarten. Es besteht jedoch die Möglichkeit, etwas über die Kopplungsstärken bei niedriger Energie auszusagen, und zwar wie folgt: Wenn wir Phänomene bei Energien betrachten, die größer sind als die Energie von etwa 10^{15} GeV und bei denen die Vereinheitlichung der verschiedenen Wechselwirkungen einsetzt, so ist es nicht mehr möglich, zwischen den verschiedenen Wechselwirkungen zu unterscheiden. Es gibt nur eine einheitliche Wechselwirkung. Selbst der Unterschied zwischen einem Lepton und einem

Die große Einheit bei 10^{15} GeV

Was unterscheidet Leptonen und Quarks?

Quark verschwindet. Die Leptonen und die Quarks sind weiter nichts als verschiedene Manifestationen eines und desselben Typs von Fermionen. Falls wir jedoch in unserer Energie nach unten gehen, unterhalb der kritischen Energie, bei der die Vereinheitlichung einsetzt, entwickeln die verschiedenen Wechselwirkungen ihr eigenes Leben. Dann ist es möglich, zwischen diesen und auch zwischen Leptonen und Quarks zu unterscheiden. Insbesondere können wir die verschiedenen Kopplungsstärken betrachten. Die Kopplungsstärke für die starke Wechselwirkung wird sich entsprechend den Gesetzen der Chromodynamik verändern, und diejenigen der schwachen und der elektromagnetischen Wechselwirkungen werden sich entsprechend den Gesetzen der SU(2)×U(1)-Theorie verändern. Man kann auch die Kopplungsstärke der Chromodynamik in Abhängigkeit von der Energie bestimmen, bei der die Vereinheitlichung aller Wechselwirkungen stattfindet.

Einheit von Quarks und Leptonen

Wir können die Argumentation jedoch auch umkehren. Da wir die QCD-Kopplungsstärke bei vergleichsweise niedrigen Energien einigermaßen genau kennen, ist es möglich, die Energie zu berechnen, bei der die Vereinheitlichung der Wechselwirkungen einsetzt. Bis vor der Inbetriebnahme von LEP war jedoch die QCD-Kopplungsstärke nicht besonders genau bekannt. Deshalb konnte man die Energie der Vereinheitlichung nur mit einem vergleichsweise großen Fehler festlegen. Man erhielt etwa 10^{15} GeV. Damit werden wir etwa auf dieselbe Größenordnung geführt, die wir schon bei der Betrachtung des Protonzerfalls erhalten haben. In jedem Fall ist die Energie der Vereinheitlichung riesig, d. h. jenseits aller Möglichkeiten eines direkten Tests in einem Beschleunigerexperiment. Ein Beschleuniger, mit dessen Hilfe man Energien von 10^{15} GeV erreichen

Protonzerfall und Chromodynamik

kann, müßte größer als unser Sonnensystem sein, kann also bestenfalls in utopischen Betrachtungen eine Rolle spielen.

Interessant ist nun die Tatsache, daß man im Rahmen der SU(5)-Theorie auf Grund der experimentellen Bestimmung der QCD-Kopplungsstärke und des elektroschwachen Mischungswinkels bei niedrigen Energien eine ziemlich genaue Voraussage für die Lebensdauer des Protons machen konnte – dies bereits gegen Ende der siebziger Jahre. Man erhielt etwa 10^{31} Jahre. Daraufhin wurden in verschiedenen Ländern eine ganze Reihe von Experimenten durchgeführt, um den Zerfall des Protons nachzuweisen. Bei einem dieser Experimente wurden etwa 10000 Tonnen Wasser in einem ehemaligen Salzbergwerk bei Cleveland (Bundesstaat Ohio, USA) deponiert und jahrelang mittels geeigneter elektronischer Apparaturen beobachtet. (Man arbeitet tief unter der Erdoberfläche, um die störenden Einflüsse der kosmischen Strahlung zu eliminieren.) Ein anderes wichtiges Experiment wurde und wird heute noch in Japan durchgeführt.

Die Entdeckung, daß das Proton und damit die nukleare Materie instabil ist, wäre eine Entdeckung von historischer Tragweite und vermutlich für viele ein Schock. Es gibt jedoch keinen Grund, um beunruhigt zu sein. Falls das Proton beispielsweise eine mittlere Lebensdauer von 10^{31} Jahren hätte, so ist es für alle praktischen Zwecke stabil. Zum Beispiel würde die Erde nur ein Milligramm Materie pro Jahr durch den Zerfall des Protons verlieren. Die Chance, daß eines der Nukleonen im menschlichen Körper im Laufe eines achtzigjährigen Lebens zerfällt, beträgt nur etwa ein Prozent.

Es hat sich jedoch herausgestellt, daß der Protonzerfall, wie er im Rahmen der einfachsten SU(5)-Theorie vorausgesagt wurde, nicht stattfindet. Mittlerweile weiß man, daß das Proton eine Lebensdauer von etwa 10^{32} Jahren besitzt, und dies steht im Widerspruch zur theoretischen Erwartung.

Mit Hilfe des LEP-Beschleunigers ist es Anfang der neunziger Jahre gelungen, sowohl die QCD-Kopplungsstärke als auch die Stärken der elektroschwachen Wechselwirkungen relativ genau zu bestimmen, insbesondere auch den elektroschwachen Mischungswinkel.

LEP und die Einheit der Elementarkräfte

Für den letzteren erhält man 28.8 Grad, mit einer Unsicherheit von nur etwa 0.2 Grad. Diese recht präzise Kenntnis der Kopplungsparameter erlaubt es nun, die Extrapolation zu höheren Energien durchzuführen (siehe Abb. 19-1). Man findet, daß die drei Kopplungsstärken bei etwa 10^{15} GeV einander nahekommen, sich jedoch nicht in einem Punkt schneiden, wie es von einer Theorie gefordert würde, die zu einer Vereinheitlichung der Wechselwirkungen bei einer spezifischen Energie führt.

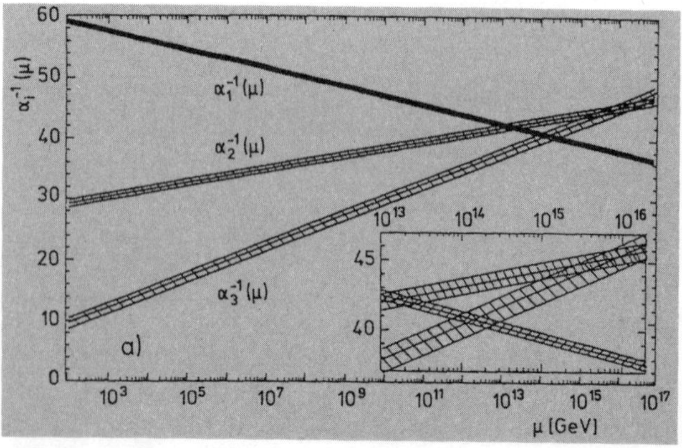

Abb. 19-1 Das Verhalten der drei Kopplungsstärken in Abhängigkeit von der Energie. Hier bezeichnen α_1 und α_2 die Stärken der beiden elektroschwachen Kräfte, α_3 die Stärke der QCD-Kraft. Man erkennt, daß sich die drei fast geraden Linien angenähert haben, aber nicht genau in einem Punkt schneiden.

Das Verhalten der Kopplungsstärken bei hohen Energien deutet darauf hin, daß die Idee der Vereinigung der Kräfte durchaus sinnvoll ist; nur ist es notwendig, daß auf dem langen Weg in der Energieskala von den heute zugänglichen Energien (Größenordnung 100 GeV) bis zur Energie, bei der die Vereinigung geschieht (mindestens 10^{15} GeV), schon etwas mehr passiert als die langsame Veränderung der Kopplungsstärken als Folge der Wechselwirkungen. Beispielsweise könnte es sein, daß bei Energien in der Nähe von 1000 GeV neue Symmetrien zusammen mit neuartigen Wechselwirkungen auftreten.

Neue Symmetrien

Eine Möglichkeit, die heute von einer Reihe von Theoretikern diskutiert wird, ist das Auftreten der sog. Supersymmetrie. Die Symmetrien, die wir bislang betrachtet haben, etwa der Isospin, umfassen Teilchen desselben Spins. So kann man etwa mit Hilfe einer Isospintransformation ein Proton in ein Neutron »verwandeln«, oder ein positives K-Meson in ein neutrales, nicht aber ein Proton mit Spin ½ in ein Meson mit Spin 0.

Supersymmetrie, Squarks und Photinos

Im Rahmen der Supersymmetrie ist es nun möglich, Teilchen mit Spin ½ in Teilchen mit ganzzahligem Spin zu »verwandeln«. So wird bei einer Supersymmetrietransformation aus einem Quark ein Teilchen mit Spin Null, das es allerdings im Spektrum der beobachteten Teilchen nicht gibt, also ein neues Teilchen sein muß. Man bezeichnet es als »Squark«, den supersymmetrischen Partner eines Quarks. In der supersymmetrischen Variante des heutigen »Standardmodells« gibt es zu jedem »alten« Fermion ein neues Boson, und zu jedem »alten« Boson ein neues Fermion. Der supersymmetrische Partner des Photons beispielsweise ist das hypothetische Photino.

Wir wissen nicht, ob in der Natur die Supersymmetrie

realisiert ist. Falls ja, muß es irgendwo eine kritische Energieskala geben, bei der die Symmetrie in Kraft gesetzt wird. Diese Energie würde auch die Massenskala für die meisten der supersymmetrischen Partner der heute bekannten Fermionen und Bosonen angeben.

Die Einheit bei 10^{16} GeV

Wir können diese Energie zunächst als freien Parameter betrachten und erneut das Verhalten der Kopplungskonstanten studieren. Ausgehend von 100 GeV, würden wir zunächst das Verhalten beobachten, das wir oben beschrieben haben. Wenn wir jedoch die Energie erreichen, bei der die Supersymmetrie aktiv wird, ändert sich das Verhalten der Kopplungen, da neue Teilchen ins Spiel kommen, die Squarks etc. Jetzt kann man es durchaus erreichen, daß alle drei Kopplungen sich in einem Punkt treffen, und zwar genau dann, wenn man für das Einsetzen der Supersymmetrie eine Energie im Bereich von 1000 GeV bis etwa 10000 GeV annimmt. Die Vereinigung der Kopplungsstärken geschieht dann bei einer Energie von etwa 10^{16} GeV.

Supersymmetrie und SU (5)

Damit ist es möglich, eine supersymmetrische Variante der SU(5)-Theorie aufzustellen, die konsistent mit den heutigen Ergebnissen ist. Im Rahmen dieser Theorie würde die Supersymmetrie bei einer Energie von etwa 1000 GeV einsetzen. Durch die Effekte der Supersymmetrie wird die Energieskala der Vereinigung der Wechselwirkungen im Vergleich zur »alten« Theorie ohne Supersymmetrie etwas nach oben verschoben. Die Folge ist: Der Zerfall des Protons findet statt, allerdings lebt das Proton etwas länger, nämlich etwa 10^{32} bis 10^{33} Jahre. Die heutigen experimentellen Daten sind mit einer solchen langen Lebensdauer ohne weiteres verträglich.

Man sollte allerdings in der SU(5)-Theorie nichts weiter sehen als ein Beispiel für eine Theorie, in der die drei beobachteten Wechselwirkungen bei hohen Energien vereinigt werden. Es gibt eine Reihe von anderen Theorien, die dies auch leisten. Von besonderem Interesse ist dabei eine Theorie, die auf der Symmetriegruppe SO(10) beruht. Letztere entspricht der Symmetrie eines zehndimensionalen Raumes. Im Vergleich hierzu besitzt unser dreidimensionaler Raum eine Symmetrie SO(3), die Symmetrie aller Drehungen im Raum. Die SO(10)-Theorie hat die interessante Eigenschaft, daß sie eine Darstellung besitzt, die aus 16 Elementen besteht. Damit eröffnet sich die Möglichkeit, alle Fermionen der ersten Familie samt den Antiteilchen in einer Darstellung der Symmetrie zu vereinigen, und zwar wie folgt:

Symmetrie in zehn Dimensionen

$$\begin{pmatrix} \nu_e & u \; u \; u & \bar{u} \; \bar{u} \; \bar{u} & \bar{\nu}_e \\ e^- & d \; d \; d & \bar{d} \; \bar{d} \; \bar{d} & e^+ \end{pmatrix}$$

Im übrigen enthält die SO(10)-Symmetrie die SU(5) als eine Teilsymmetrie. Die SO(10)-Theorie ist also umfassender als die SU(5)-Theorie. Eine weitere interessante Eigenschaft dieser Theorie ist, daß man eine Vereinigung der Kopplungskonstanten erreichen kann, ohne auf die Supersymmetrie zurückzugreifen. Im Rahmen der SO(10)-Theorie ist die Verletzung der Paritätssymmetrie in der schwachen Wechselwirkung, also die Tatsache, daß die W-Bosonen nur mit den linkshändigen Fermionen eine Wechselwirkung eingehen, ein Effekt, der bei hohen Energien verschwindet. Es gibt nämlich in dieser Theorie auch W-Bosonen, die mit den rechtshändigen Fermionen wechselwirken. Allerdings sind diese Bosonen viel schwerer als die normalen W-Bosonen. Deshalb sind indirekte Effekte dieser Bosonen bei niedrigen Energien sehr klein und nicht beobachtbar.

Wenn man allerdings Energien erreicht, die den Massen dieser Bosonen entsprechen, sind die Effekte der neuen W-Bosonen präsent und modifizieren dann auch

Rückkehr zur Spiegelsymmetrie

das Verhalten der Kopplungskonstanten. Es erweist sich, daß man eine Konvergenz der Kopplungskonstanten in einem Punkt bei etwa 10^{16} GeV erreicht, wenn die Massen der neuen W-Bosonen etwa 1000 GeV betragen. Damit ist die SO(10)-Theorie ebenso konsistent mit allen Beobachtungsdaten wie die supersymmetrische Form der SU(5)-Theorie. Die Zukunft wird zeigen, ob die Natur tatsächlich von einer dieser beiden theoretischen Möglichkeiten Gebrauch macht. Gemeinsam ist diesen beiden Möglichkeiten, daß das Proton instabil ist, mit einer Lebensdauer, die nicht sehr viel größer ist als die Grenze, die das Experiment heute gibt, etwa 10^{31} Jahre.

Keine Antimaterie im Kosmos

Falls das Proton tatsächlich in Leptonen und Photonen »zerstrahlen« kann, bedeutet dies, daß die Baryonenzahl nicht exakt erhalten ist. Dies würde eines der merkwürdigsten Phänomene in unserem Universum erklären. Die Materie in unserer Welt besteht zum größten Teil aus Nukleonen, und die wiederum aus Quarks. Antiquarks scheinen in der Welt kaum vorzukommen. Die Baryonenzahl des sichtbaren Universums wäre also riesig. Ist diese exakt erhalten, dann wäre die Baryonenzahl immer gleich der heute vorliegenden. Andererseits wissen wir, daß vermutlich vor etwa 15 Milliarden Jahren das Universum sich in einer heißen Phase befand, als Folge einer Urexplosion, die u. U. den Beginn der dynamischen Entwicklung des Kosmos markiert. Ist die Baryonenzahl erhalten, wäre sie kurz nach der Urexplosion so groß wie heute – der Kosmos müßte also bereits mit einer recht großen Baryonenzahl geboren worden sein. Dies macht keinen so rechten Sinn. Viel natürlicher wäre es, wenn die Baryonenzahl am Anfang des Kosmos Null wäre. Es würden dann am Anfang genau so viel Quarks wie Antiquarks existieren.

Diese interessante Möglichkeit gibt es, falls die

Baryonenzahl nicht erhalten ist und sie sich deshalb im Laufe der kosmischen Entwicklung ändern kann. In den Modellen der großen Vereinheitlichung der Wechselwirkungen wird die Änderung der Baryonenzahl durch neuartige Kräfte verursacht, die unter normalen Umständen praktisch vernachlässigbar sind. Man vermutet jedoch, daß die Energien der Elementarteilchen unmittelbar nach der Urexplosion sehr hoch waren und daß bei diesen Energien die neuen Wechselwirkungen genau so stark waren wie die chromodynamischen oder elektromagnetischen Kräfte. In diesem Fall ergibt sich die interessante Möglichkeit, daß sich die heute vorliegende Baryonenzahl im Verlauf der kosmischen Entwicklung herausgebildet hat, also ein historisches Produkt ist. Am Anfang, also beim Urknall selbst, war sie Null. Der heute vorliegende Wert ist durch den Einfluß der Kräfte der »Großen Vereinigung« zustande gekommen. Genauere Rechnungen ergeben, daß man in der Tat auf diese Weise das Vorhandensein von Baryonen (und das Fehlen von Antibaryonen) im Universum verstehen kann.

Baryonen als historische Produkte

Bislang haben wir nur über einheitliche Theorien gesprochen, die die starken und elektroschwachen Wechselwirkungen in sich vereinen. Neben diesen Wechselwirkungen gibt es jedoch auch noch die Gravitation, und die Frage stellt sich, wie man mit ihr verfahren soll. Kein geringerer als Albert Einstein hat viele Jahre seines Lebens damit verbracht, die Gravitationswechselwirkung und die Maxwellsche Theorie der Elektrodynamik in einheitlicher Weise zu beschreiben. Diesem Programm von Einstein war jedoch kein Erfolg vergönnt. Der Grund hierfür liegt wohl vor allem in der Tatsache, daß zur Zeit Einsteins nicht viel über die schwachen und die starken Wechselwirkungen bekannt war. Heute besitzen wir spezifische Theo-

Das Problem der Gravitation

rien dieser Wechselwirkungen. Es hat sich auch herausgestellt, daß man diese Wechselwirkungen durch Eichtheorien beschreiben kann, das heißt durch Theorien, die der Maxwellschen Elektrodynamik sehr ähnlich sind. Deshalb könnte man versucht sein, das alte Programm von Einstein wieder aufleben zu lassen. Nur sollte man heute versuchen, ein gemeinsames Schema für die Gravitationswechselwirkung und die starken als auch die elektroschwachen Wechselwirkungen zu finden.

Einstein wird neu aufgelegt

Obwohl zur Zeit viele Versuche in diese Richtung unternommen werden, hat noch niemand eine solche Theorie der Gravitation und aller anderen Wechselwirkungen konstruiert. Es handelt sich um ein äußerst schwieriges Problem, zumal sich die Gravitationswechselwirkung von allen anderen Wechselwirkungen in wichtiger Weise unterscheidet. Die Gravitationswechselwirkung ist eine Wechselwirkung, die eine innere Skala hat, nämlich die Skala, die durch die Newtonsche Konstante gegeben ist. Die Newtonsche Konstante der Gravitation beschreibt die Stärke der Gravitationswechselwirkung, zum Beispiel die Stärke, mit der ein Apfel von der Erde angezogen wird, wenn er vom Baum fällt. Für die Elementarteilchenphysik ist es nützlich, die Newtonsche Konstante in Energieeinheiten zu übersetzen. Man findet eine Energie von etwa 10^{19} GeV, die sogenannte Planck-Energie (dies entspricht einer charakteristischen Länge von etwa 10^{-33} cm). Es ist bemerkenswert, daß die Plancksche Energie nur wenig größer ist als die Energie, die wir innerhalb der einheitlichen Theorie gefunden haben und die von der Größenordnung 10^{16} GeV ist.

Gravitation besitzt eine Skala

Es könnte also durchaus sein, daß die Energieskala, bei der die starken und elektroschwachen Wechselwirkungen vereinigt werden, in engem Zusammenhang mit der Planckschen Energie steht. Die Konstruktion einer solchen Theorie ist eine Herausforderung an die theoretischen Physiker unserer Zeit. Die Zukunft wird zeigen, wie sich die Gravitationswechselwirkung in das Schema der Elementarteilchenkräfte einfügt.

In unserer Diskussion der Vereinheitlichung aller Wechselwirkungen haben wir bisher ein spezielles Problem außer acht gelassen, nämlich die recht stattliche Anzahl der Leptonen und Quarks. Die vorliegenden Theorien sagen uns nicht, wie viele Leptonen und Quarks es in der Welt gibt. Bislang haben wir uns im wesentlichen mit den 15 leichten Fermionen beschäftigt, dem Elektron und seinem Neutrino, als auch mit den u- und d-Quarks. Wir wollen diese Fermionen als die erste Lepton-Quark-Familie bezeichnen.

Wie viele Leptonen und Quarks?

Wie steht es mit den anderen Fermionen? Wir sehen keine andere Möglichkeit als die, weitere solcher Familien einzuführen. Die zweite Lepton-Quark-Familie setzt sich aus dem Myon, seinem Neutrino, dem s-Quark und dem c-Quark zusammen. Unter Berücksichtigung der verschiedenen Farben der Quarks und der Antiteilchen erhält man wiederum 15 Teilchen. Damit ist die zweite Lepton-Quark-Familie nichts weiter als eine Kopie der ersten. Der einzige Unterschied zwischen der ersten und der zweiten Familie besteht in der größeren Masse der Fermionen in der zweiten Familie:

Die zweite Familie

1. Familie 2. Familie

$$\begin{pmatrix} \nu_e & e^+ & \vdots & u & \bar{u} \\ e^- & & \vdots & d & \bar{d} \end{pmatrix} \qquad \begin{pmatrix} \nu_\mu & \mu^+ & \vdots & c & \bar{c} \\ \mu^- & & \vdots & s & \bar{s} \end{pmatrix}$$

Die dritte Familie ist erst seit 1994 komplett, seit der Entdeckung des t-Quarks:

$$\begin{pmatrix} \nu_\tau & \tau^+ & t & \bar{t} \\ \tau^- & & b & \bar{b} \end{pmatrix}$$

Zu jeder Familie genau ein Neutrino. Die Anzahl der verschiedenen Neutrinos im Universum gibt also die Anzahl der Lepton-Quark-Familien an. Eines der ersten Resultate, die man mit Hilfe von LEP erhielt, war genau diese Information über die Anzahl der Neutrinos – man erwartete die Zahl drei, und genau dies fanden die Experimentalphysiker, die in der Lage waren, die Anzahl der Neutrinos aus den Zerfällen des Z-Bosons zu bestimmen.

Warum gibt es mehrere Lepton-Quark-Familien?

Warum gibt es drei Familien von Leptonen und Quarks? Warum gibt es überhaupt mehr als eine Familie? Unsere Welt würde nicht viel anders aussehen, wenn wir alle Lepton-Quark-Familien aus der Welt verbannen, mit Ausnahme der ersten Familie. Die uns umgebende Welt (Galaxien, Sterne, die Erde, wir selbst) besteht aus den Fermionen der ersten Familie. Die Fermionen der anderen Familien kann man nur in den Hochenergiephysiklabors erzeugen; sie zerfallen relativ schnell durch die schwache Wechselwirkung in die Fermionen der ersten Familie. Warum es in der Welt dennoch mehr als eine Lepton-Quark-Familie gibt, bleibt ein Geheimnis. Eine künftige Theorie aller Wechselwirkungen muß auf die Frage nach der Anzahl der Lepton-Quark-Familien eine Antwort geben. Gegenwärtig können wir uns nur die folgenden zwei Möglichkeiten vorstellen:

Leptonen und Quarks als elementare Objekte?

I. Die verschiedenen Quarks und Leptonen sind Teil eines großen algebraischen Systems, das durch eine Eichfeldtheorie beschrieben wird. In diesem Fall sind die Quarks und die Leptonen elementare Objekte, nämlich die elementaren Fermionen der entsprechenden zugrunde liegenden einheitlichen Feldtheorie. Diese Möglichkeit haben wir bereits näher diskutiert.

II. Die Welt der Atome oder der Kernteilchen ist durch eine sehr reichhaltige Struktur gekennzeichnet. Es gibt sehr viele, de facto sogar unendlich viele verschiedene atomare oder nukleare Zustände. Dies ist einfach eine Konsequenz der Existenz von Konstituenten (Elektronen und Kerne im Falle der Atomphysik, die Nukleonen im Falle der Kernphysik) und einer Wechselwirkung zwischen diesen. Auf diese Weise kann man eine sehr große Anzahl von verschiedenen Zuständen auf der Basis von einigen Konstituenten verstehen. Die Entwicklung der Elementarteilchenphysik seit etwa 1960 hat gezeigt, daß dasselbe Prinzip auch für die in der Welt beobachteten Hadronen gilt. Das sehr reichhaltige Spektrum der beobachteten Hadronen verstehen wir heute im Rahmen des Quarkmodells. Mit Hilfe einiger Quarks ist es gelungen, alle beobachteten Hadronenzustände aufzubauen.

Eine neue Substruktur der Materie?

Wir können heute nicht ausschließen, daß es eine weitere Stufe in der Substruktur der Materie gibt. Vielleicht sind auch die Leptonen und Quarks zusammengesetzte Systeme wie die Atome, Atomkerne und Nukleonen, bestehend aus bislang unbekannten Konstituenten. Man hat bereits eine ganze Reihe von Namen für diese Konstituenten vorgeschlagen: Subquarks, Preonen, Stratonen, Rishonen, Haplonen usw.

Bisher haben die Physiker vier verschiedene Typen von Substruktur der Materie gefunden. Diese sind im folgenden Diagramm beschrieben:

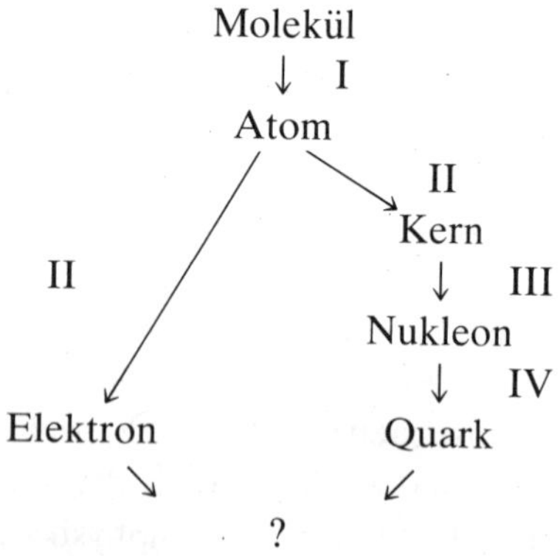

Wie groß ist das Elektron?

Es ist also nicht auszuschließen, daß es eine weitere Stufe in der Substruktur gibt. Die Idee, daß Leptonen und Quarks aus noch kleineren Objekten aufgebaut sind, stößt jedoch auf verschiedene Schwierigkeiten. Zum einen hat man sehr genau nach Effekten geforscht, die unter Umständen auf eine Substruktur des Elektrons und auch des Myons hinweisen könnten. So weiß man zum Beispiel, daß die Elektronen und die Myonen sich wie punktartige Objekte, also wie Objekte ohne eine innere Struktur, bis zu Distanzen von etwa 10^{-17} cm verhalten. Die Leptonen sollten also kleiner sein als etwa 10^{-17} cm, was bedeutet, daß ein Elektron höchstens so groß ist wie ein Zehntausendstel der Ausdehnung des Protons.

Zum anderen sind die Quarks recht eigenartige Konstituenten der Nukleonen, da man sie nicht frei erzeugen kann und sie permanent innerhalb der Farbsingulett-Hadronen zu finden sind. Ist es nicht seltsam anzunehmen, daß diese Objekte aus noch kleineren Einheiten bestehen? Die permanente Bindung der Quarks innerhalb der Nukleonen könnte ein Zeichen dafür sein, daß man in der Erforschung der Substruktur der Materie am Ende angekommen ist.

Eine weitere Schwierigkeit in der Interpretation der Leptonen und Quarks als zusammengesetzte Systeme findet man bei den Neutrinos. Wir wissen vom Experiment, daß die Neutrinos entweder masselose Teilchen sind oder nur eine sehr kleine Masse haben. Es ist sehr schwer vorzustellen, daß die Neutrinos aus noch kleineren Objekten zusammengesetzt sind. Man würde in einem solchen Fall erwarten, daß die Massen der Neutrinos etwa so groß sind wie die Massen der geladenen Leptonen, also des Elektrons, des Myons und des τ-Leptons. Dies ist jedoch nicht der Fall. Trotz all dieser Probleme können wir jedoch nicht ausschließen, daß sowohl die Leptonen als auch die Quarks aus noch kleineren Objekten bestehen.

Woraus bestehen Neutrinos?

Das Problem einer möglichen Substruktur der Leptonen und Quarks steht im Zusammenhang mit einer Frage, die heute viele Physiker bewegt. Gibt es einc endgültige Theorie der Materie oder nicht? Falls es sich in der Tat erweist, daß die Leptonen und Quarks eine Substruktur haben, so ist es ein Leichtes, sich vorzustellen, daß sich dieses Spiel wiederholt, möglicherweise ohne Ende. Es könnte im Prinzip eine unendliche Anzahl von Stufen in der Substruktur geben. Die Rishonen oder Haplonen würden ihrerseits aus noch kleineren Konstituenten bestehen usw. In diesem Fall gäbe es natürlich kein Ende in der Erforschung der Substruktur der Materie.

Hat die Physik ein Ende?

Andererseits erwarten wir, daß man eine endgültige Theorie der Materie konstruieren kann, falls Leptonen und Quarks wirklich elementare Gebilde sind. Wir wissen zwar nicht, wie schnell sich in diesem Fall der Fortschritt vollziehen wird, nehmen aber an, daß man eines Tages eine endgültige Theorie der gesamten Physik finden wird, etwa der Linie folgend, die wir oben diskutiert haben. Eine solche Theorie müßte natürlich alles erklären, zum Beispiel die Anzahl der Leptonen und Quarks, ihre Massen und alle anderen Eigenschaften. Es wird eine Theorie sein, die nur von einem einzigen Parameter abhängt, und zwar der Planck-Masse, die durch die Gravitationswechselwirkung vorgegeben ist und die sozusagen die Skala für Energien und Massen im Universum setzt.

Noch vor etwa zehn Jahren war es für einen Physiker schwer, sich vorzustellen, daß unter Umständen eine endgültige Theorie der gesamten Materie und der gesamten Physik konstruiert werden kann. Durch die Entwicklung der Elementarteilchenphysik seit etwa 1970 hat sich dies jedoch geändert. Für einige theoretische Physiker ist das Ende der Straße bereits in Sicht, und die Hauptfrage ist nur, wie lange man noch braucht, um dieses Ende zu erreichen.

Ende in Sicht?

Dies würde jedoch in keiner Weise bedeuten, daß die Physik als Naturwissenschaft zu einem Ende kommen würde. Das Vordringen in die Tiefe, zu immer kleineren Strukturen, ist nur ein Aspekt der physikalischen Grundlagenforschung. Ein anderer, der vermutlich in Zukunft an Bedeutung gewinnen wird, ist die Erforschung der komplexen Erscheinungsformen und ihrer Dynamik. Ein Ende dieser Entwicklung ist nicht abzusehen.

20. Ausblick

Wir haben oben erwähnt, daß zumindest einige theoretische Physiker heute glauben, in nicht allzu ferner Zukunft eine vollständige Theorie aller physikalischen Prozesse »in der Hand« zu haben. Es ist natürlich klar, daß solche Glaubensvorstellungen riskant sind und in Kürze durch neue experimentelle Entdeckungen überholt sein können. Es gab in der Geschichte der Physik schon oftmals Perioden, in denen man glaubte, kurz vor dem Abschluß der Physik als Wissenschaft zu stehen. So zum Beispiel wurde dem jungen Max Planck vom Studium der theoretischen Physik abgeraten, da angeblich die Physik kurz vor dem Abschluß stehe und in Kürze alle Probleme geklärt sein würden. Dies war Ende des 19. Jahrhunderts, das heißt kurz vor der Aufstellung der Quantentheorie durch Physiker wie Max Planck, Albert Einstein, Niels Bohr und andere.

Neue Experimente – neue Phänomene?

Ebenso könnte es sein, daß unsere gegenwärtigen Ideen über den Aufbau und die Dynamik der Elementarteilchen durch neue Einsichten kurzfristig überholt sind. Aus diesem Grunde ist es wichtig, unsere Vorstellungen durch neue Experimente bei hohen Energien zu überprüfen. Zur Zeit geschieht dies mit Hilfe der Experimente am LEP-Beschleuniger des CERN, am HERA-Beschleuniger von DESY und am Tevatron-Beschleuniger des Fermilab. Die Experimente am Elektron-Positron-Speicherring LEP erlauben es, die

Theorie der elektroschwachen Wechselwirkung im Detail einer sehr genauen Prüfung zu unterziehen. Die Hamburger Maschine HERA gibt den Physikern die Möglichkeit, die Theorie der starken Wechselwirkung, also die Quantenchromodynamik, bei hohen Energien zu testen.

Ungelöste Massen

Das herausragende Problem in der heutigen Teilchenphysik ist das Massenproblem. Bis heute ist es ungeklärt, warum die Leptonen und Quarks wie auch die W- und Z-Bosonen eine Masse tragen. Man vermutet, daß der Schlüssel zum Verständnis dieses wichtigen Aspekts der Teilchenphysik, der auch für die Kosmologie von Bedeutung ist, erst im Energiebereich von etwa tausend GeV, also einem TeV, zu finden ist. Aus diesem Grunde baut man am CERN den Beschleuniger LHC (»large hadron collider«). In den etwa 27 km langen LEP-Ring wird ein Protonen-Doppelring eingebaut, der in der Lage ist, Protonen auf mindestens 8 TeV zu beschleunigen.

Man vermutet neuartige Effekte, die im Zusammenhang mit dem erwähnten Massenproblem stehen, falls die Quarks untereinander kollidieren und die entsprechenden Energien im TeV-Bereich sind. Da die Protonen aus Quarks bestehen, die ihrerseits nur einen Bruchteil der Energie des Protons tragen, ist es notwendig, die Protonen auf viele TeV zu beschleunigen, um Kollisionen der Quarks im Bereich von einem TeV zu erhalten.

Ich hoffe, daß es mir mit diesem Buch gelungen ist, dem nicht vorgebildeten Leser eine wenn auch nur grobe Vorstellung von den gegenwärtigen Ideen der Physiker über die Elementarteilchen gegeben zu haben. Leider war es mir nicht möglich, auf die indirekten Konsequenzen der Entwicklung der Hochenergiephysik einzugehen. Beim Bau der Forschungsanlagen in der Elementarteilchenphysik betritt man ständig technologisches Neuland, etwa auf den Gebieten der Kältetechnik, der Hochfrequenztechnik, des Computerwesens usw. Verschiedene Industriezweige in Europa sind nur auf Drängen der Teilchenphysiker aufgebaut worden. Die physikalische Grundlagenforschung erzeugt einen nicht zu unterschätzenden Impuls für die Entwicklung der Forschung in der Industrie. In einer Region wie Europa, die relativ arm an Rohstoffen ist, stellt eine solche Herausforderung an die Industrie einen bedeutsamen Gesichtspunkt dar. Nur wenn es gelingt, weiterhin erstklassige Forschung zu betreiben, wird es möglich sein, daß Europa auch in Zukunft eine wichtige Rolle in der Welt spielt.

Die Grundlagenforschung in der Physik hat im Laufe der Geschichte viele überraschende Ergebnisse hervorgebracht. Es ist zu erwarten, daß in Zukunft weitere interessante und wichtige Phänomene entdeckt werden. Nur durch die intensive Erforschung der Eigenschaften und der Struktur der Materie in unserem Universum wird es möglich sein, die anstehenden Probleme der Zukunft, etwa das Energieproblem, zu meistern. Das Wissen um die physikalischen Grundgesetze gibt uns die Möglichkeit, die künftige Entwicklung nach unserem eigenen Ermessen zu bestimmen.

Vorschläge zur weiteren Lektüre

Für eine allgemeinverständliche Einführung in die Physik siehe zum Beispiel:

E. Lüscher: Pipers Buch der modernen Physik. R. Piper & Co. Verlag, München/Zürich 1978.

Allgemeinere Einführungen in die Teilchenphysik sind:

O. Höfling und P. Waloschek: Die Welt der kleinsten Teilchen, Rowohlt-Verlag 1988.

H. Schopper: Materie und Antimaterie, Piper-Verlag 1989.

L. Lederman und D. Schramm: Vom Quark zum Kosmos, Spektrum-Verlag 1989.

F. Close, M. Marten und C. Sutton: Spurensuche im Teilchenzoo, Spektrum-Verlag 1989.

C. Spiering: Auf der Suche nach der Urkraft, Teubner-Verlagsgesellschaft Leipzig 1989.

P. Waloschek: Neuere Teilchenphysik – einfach dargestellt, Aulis-Verlag Deubner & Co. KG, Köln 1989.

C. Sutton: Raumschiff Neutrino, Birkhäuser-Verlag, Basel 1994.

Glossar

Alphateilchen: Kerne des Heliumatoms, bestehend aus zwei Protonen und zwei Neutronen, die von manchen radioaktiven Substanzen ausgestrahlt werden (sogenannte Alphastrahlung). Oftmals abgekürzt als α-Teilchen.

Antiteilchen: Jedes Teilchen besitzt ein Antiteilchen, das die gleiche Masse und den gleichen Spin hat, dessen Ladung, Baryonenzahl usw. jedoch das umgekehrte Vorzeichen haben. Zum Beispiel ist das Antiteilchen des Elektrons das Positron. Manche neutrale Teilchen sind mit ihrem eigenen Antiteilchen identisch, zum Beispiel das Photon oder das π^{0}-Teilchen. Antimaterie ist aus den Antiteilchen der Nukleonen (Antiprotonen, Antineutronen) und aus Positronen zusammengesetzt.

Asymptotische Freiheit: Das Kleinerwerden der Kräfte zwischen den Quarks bei kurzen Entfernungen – ein in der Chromodynamik auftretendes Phänomen.

Baryonen: Eine Klasse von Hadronen, deren Spin halbzahlig ist und zu der insbesondere die Protonen und Neutronen gehören. Die Baryonenzahl eines Objekts ist die Gesamtzahl der Baryonen abzüglich der Gesamtzahl der Antibaryonen.

Betazerfall: Auch β-Zerfall geschrieben. Der Zerfall des Neutrons in ein Proton, ein Elektron und ein Elektron-Antineutrino. Dieser Zerfall wird durch die schwache Wechselwirkung verursacht.

Blasenkammer: Ein wichtiges Gerät zum Nachweis von Teilchen. Sie besteht aus einem Gefäß mit einer Flüssigkeit, die sich in der Nähe des Siedepunktes befindet. Durch plötzliche Druckerniedrigung gelangt die Flüssigkeit in den Zustand einer Überhitzung. In diesem Augenblick werden Teilchen mit elektrischer Ladung durch die Blasenkammer geschossen. Längs der Teilchenbahnen beginnt die Flüssigkeit zu sieden, und es entwickeln sich Dampfblasen, die man fotografieren kann.

Boson: Zusammenfassender Begriff für alle Teilchen, deren Spin ganzzahlig ist.

Charm: Eine Zahl ähnlich der »strangeness«, die die Anzahl der Charmquarks abzüglich der Anzahl der Anticharmquarks in einem Teilchen angibt. Die leichtesten Teilchen, deren Charm von 0 verschieden ist, sind die D-Mesonen, die etwa doppelt so schwer wie das Proton sind.

Charmonium: Ein aus einem Charmquark und einem Anticharmquark bestehendes System.

Chromodynamik: Die Theorie der Wechselwirkung zwischen Quarks und Gluonen. Man glaubt, daß man mit der Quantenchromodynamik (abgekürzt QCD) die richtige Theorie der starken Wechselwirkung gefunden hat.

Deuteron: Ein aus einem Proton und einem Neutron zusammengesetztes Teilchen, das den Kern des Deuteriumatoms (schwerer Wasserstoff) bildet.

Eichtheorien: Eine Klasse von Feldtheorien, mit deren Hilfe man die beobachteten schwachen, elektromagnetischen und starken Wechselwirkungen beschreiben kann. Das Besondere der Eichtheorien ist, daß sie ein hohes Maß von Symmetrie besitzen. Der Ausdruck »Eichtheorie« geht auf den Mathematiker Hermann Weyl zurück, der Theorien dieser Art bereits seit 1918 untersucht hat.

Elektron: Das leichteste elektrisch geladene Teilchen. Die Atomhülle besteht aus Elektronen. Die chemischen Eigenschaften der Stoffe werden durch die elektrischen Wechselwirkungen der Elektronen in den Atomhüllen hervorgerufen.

Elektronenvolt: Eine in der Atom- und Teilchenphysik gebräuchliche Energieeinheit. Ein Elektronenvolt (abgekürzt eV) entspricht der Energie, die ein Elektron gewinnt, wenn es ein Spannungsgefälle von einem Volt durchläuft. 1 eV entspricht $1.60 \cdot 10^{-12}$ erg.

Energie: Physikalische Größe, die zusammen mit dem Impuls den Bewegungszustand eines Teilchens charakterisiert. Aufgrund der Einsteinschen Relativitätstheorie ist die Energie eines ruhenden Teilchens proportional zur Masse.

Feinstrukturkonstante: Eine fundamentale Konstante der Physik, die die Stärke der elektromagnetischen Wechselwirkung kennzeichnet. Sie ist definiert als das Quadrat der elektrischen Ladung des Elektrons, dividiert durch das Produkt aus Planckscher Konstante und Lichtgeschwindigkeit. Oftmals durch das Symbol α gekennzeichnet. Der numerische Wert ist $1/137.04$.

Fermi-Konstante: Eine fundamentale Naturkonstante, die die Stärke der schwachen Wechselwirkung beschreibt (Symbol G). In Energieeinheiten ausgedrückt, hat man $G = (294 \text{ GeV})^{-2}$.

Fermion: Zusammenfassender Begriff für alle Teilchen, deren Spin halbzahlig ist.

Feynman-Diagramme: Anschauliche Diagramme, mit denen man die Wechselwirkungen von Teilchen beschreiben kann. Sie wurden von Richard Feynman in die Physik eingeführt.

»Flavor«: Ein Index, der die verschiedenen Quarktypen kennzeichnet. Üblicherweise benutzt man die Symbole u, d, s, c und b.

Gluonball: Ein neutrales, nur aus Gluonen bestehendes Meson.

Gluonen: Elektrisch neutrale Objekte, die im Rahmen der Chromodynamik die Wechselwirkung zwischen den Quarks verursachen. Die Gluonen haben Spin 1.

Gruppe: Ein aus verschiedenen, unter Umständen unendlich vielen, Elementen bestehendes mathematisches System, in dem ganz bestimmte Regeln gelten. So zum Beispiel ist die Multiplikation zweier Elemente eine innerhalb der Gruppe wohldefinierte Operation. Die Gruppentheorie spielt in der Physik eine sehr wichtige Rolle. Mit ihrer Hilfe lassen sich zum Beispiel die Symmetrien der Teilchen in einfacher Weise beschreiben.

Hadron: Ein Teilchen, das an der starken Wechselwirkung teilnimmt. Alle Hadronen sind entweder Baryonen (Spin halbzahlig) oder Mesonen (Spin ganzzahlig).

Hyperonen: Baryonen, deren »strangeness« von 0 verschieden ist. Das leichteste Hyperon ist das Λ-Teilchen, dessen »strangeness« – 1 ist.

Jet: Als Jet bezeichnet man ein System von Teilchen, die bei Teilchenreaktionen hoher Energie in dieselbe Richtung fliegen. Man interpretiert die Jets als Fragmente elementarer Objekte wie der Quarks und der Gluonen.

Leptonen: Teilchen, die nicht an der starken Wechselwirkung teilnehmen und den Spin ½ haben. Zu den Leptonen gehören insbesondere die Elektronen und die Neutrinos. Die Leptonzahl eines physikalischen Systems ist durch die Anzahl der Leptonen abzüglich der Anzahl der Antileptonen gegeben.

Maxwellsche Gleichungen: Mit Hilfe der Maxwellschen Gleichungen beschreibt man die Dynamik der elektromagnetischen Felder. Die Gleichungen wurden im 19. Jahrhundert von James Clerk Maxwell aufgestellt.

Mesonen: Stark wechselwirkende Teilchen, die ganzzahligen Spin haben und deren Baryonenzahl verschwindet. Zu den Mesonen gehören insbesondere die π-Mesonen, die K-Mesonen, die ϱ-Mesonen usw.

Myon: Ein negativ geladenes Lepton, das etwa 207mal so schwer wie das Elektron ist.

Neutrinos: Elektrisch neutrale Leptonen, durch das Symbol ν gekennzeichnet. Bislang hat man die Existenz von drei verschiedenen Neutrinos etabliert; es sind die Elektron-Neutrinos (ν_e), die Myon-Neutrinos (ν_μ) und die Tau-Neutrinos (ν_τ).

Neutron: Elektrisch neutrales Teilchen, das neben dem Proton zu den Bausteinen der Atomkerne gehört.

Nukleon: Baustein der Atomkerne. Zusammenfassender Begriff für Proton und Neutron.

Parität: Eine Zahl, die die Symmetrie eines Systems bei einer Spiegelung kennzeichnet. Ist das System symmetrisch, beschreibt man die Parität durch die Angabe $P = +1$. Ist es antisymmetrisch, schreibt man $P = -1$. In der starken und elektromagnetischen Wechselwirkung ist die Parität eine erhaltene Größe, verändert sich also im Laufe der Zeit nicht. In der schwachen Wechselwirkung ist die Parität verletzt. Zum Beispiel kann sich ein Objekt mit positiver Parität im Laufe der Zeit in ein Objekt mit negativer Parität umwandeln.

Photon: Das Teilchen des Lichts, oft mit dem Symbol γ bezeichnet.

Pi-Meson: Das leichteste Hadron, oft mit dem Symbol π bezeichnet. Es gibt drei verschiedene π-Mesonen, zwei geladene (π^+, π^-) und ein neutrales (π°).

Plancksche Elementarlänge: Die im Rahmen der Quantentheorie durch die Gravitationswechselwirkung bedingte untere Schranke für Längenmessungen. Für Abstände, die kleiner als die Plancksche Elementarlänge sind, werden unsere normalen Begriffe über Raum und Zeit unbrauchbar. Numerisch ist die Plancksche Elementarlänge gegeben durch $4 \cdot 10^{-33}$ cm.

Plancksche Konstante: Die fundamentale Konstante der Quantentheorie (Symbol $\hbar$). Numerisch findet man: $\hbar = 6.6 \cdot 10^{-34}$ Watt (Sekunde)^2.

Positron: Das positiv geladene Antiteilchen des Elektrons, oftmals mit dem Symbol e^+ gekennzeichnet.

Positronium: Der aus einem Elektron und einem Positron bestehende Bindungszustand. Man unterscheidet Orthopositronium und Parapositronium. Im Orthopositronium sind die Spins der beiden Konstituenten gleichgerichtet, im Parapositronium sind sie entgegengesetzt gerichtet.

Proton: Positiv geladenes Teilchen, das gleichzeitig den Kern des Wasserstoffatoms darstellt. Die Atomkerne bestehen aus Protonen und Neutronen.

Quantenelektrodynamik: Die Quantentheorie der elektromagnetischen Phänomene (abgekürzt QED).

Quantenmechanik: Die in den zwanziger Jahren entwickelte Theorie, mit deren Hilfe es möglich ist, den Aufbau der Atome zu verstehen. Ein wesentlicher Gesichtspunkt der Quantenmechanik ist der Dualismus von Teilchen und Wellen. Letztere sind zwei verschiedene Aspekte ein und derselben physikalischen Realität.

Quarks: Die Konstituenten der Nukleonen. Bislang hat man die Existenz von fünf verschiedenen Typen der Quarks etabliert (u, d, s, c, b). Man nimmt an, daß es nicht möglich ist, die Quarks als isolierte Teilchen zu erzeugen.

Relativitätstheorie: Die zu Beginn unseres Jahrhunderts insbesondere von Albert Einstein entwickelte Theorie, mit deren Hilfe es möglich ist, die Dynamik schnell bewegter Körper zu verstehen. Im Rahmen der Relativitätstheorie werden Raum und Zeit zu einer Einheit zusammengefügt. Oftmals wird zwischen der speziellen und der allgemeinen Relativitätstheorie unterschieden. In der allgemeinen Relativitätstheorie bezieht man die Gravitationswechselwirkung mit ein.

Speicherring: Ringförmige Vakuumröhre, die von einem speziellen Magnetsystem umgeben ist und die zur Beschleunigung und zur Speicherung von Teilchenstrahlen dient. Im allgemeinen speichert man zwei verschiedene Teilchenarten, zum Beispiel Elektronen und Positronen. Die Teilchen läßt man innerhalb geeigneter Nachweisgeräte kollidieren. Bei solchen Kollisionen kann man unter Umständen die gesamte zur Verfügung stehende kinetische Energie der Teilchen in Masse umwandeln. Aus diesem Grunde sind die Experimente in Speicherringen energetisch günstiger als bei den herkömmlichen Experimenten in der Teilchenphysik, bei denen man ein bewegtes Teilchen auf ein ruhendes Targetteilchen lenkt.

Spin: Eigendrehimpuls der Elementarteilchen, bedingt durch die Drehung der Teilchen um ihre eigene Achse. Nach den Gesetzen der Quantenmechanik kann der Spin eines Teilchens nur ganz- oder halbzahlige Vielfache der Planckschen Konstante annehmen. In der Teilchenphysik setzt man letztere als Einheit fest, so daß der Spin durch die Angabe einer Zahl gekennzeichnet ist. So zum Beispiel haben Elektronen und Protonen den Spin ½, Photonen den Spin 1 und π-Mesonen den Spin 0.

»strangeness«: Manchmal auch mit dem deutschen Ausdruck »Seltsamkeit« gekennzeichnet. Die »strangeness« ist eine Quantenzahl, die für die Beschreibung der »strange«-Teilchen von Relevanz ist. Der negative Wert der »strangeness« gibt an, wieviel s-Quarks der entsprechende Zustand enthält. Zum Beispiel ist im Λ-Teilchen ein s-Quark enthalten.

Vakuumpolarisation: Die Beeinflussung der Umgebung eines Teilchens durch die Wechselwirkung des betreffenden Teilchens.

Virtuelles Teilchen: Wenn man sehr kleine Raum- und Zeitabstände betrachtet, kann ein Teilchen eine Masse haben, die von seiner physikalischen Masse (auch Ruhemasse genannt) abweicht. So hat zum Beispiel das Photon die Ruhemasse Null. Photonen können aber jede beliebige Masse haben, vorausgesetzt man betrachtet genügend kleine Raum- oder Zeitabstände. Teilchen, deren Masse nicht ihrer physikalischen Masse entspricht, nennt man virtuelle Teilchen. Virtuelle Teilchen existieren nicht als freie Objekte, sondern beeinflussen nur die physikalische Zustandswelt bei kleinen Raum- bzw. Zeitabständen. Sie spielen für die Kraftgesetze eine große Rolle. Zum Beispiel wird die elektrische Anziehung oder Abstoßung geladener Körper durch den Austausch virtueller Photonen verursacht.

W-Boson: Das intermediäre Boson, das die schwache Wechselwirkung vermittelt.

Wechselwirkung: Zwischen zwei Objekten herrscht eine Wechselwirkung, wenn sie sich gegenseitig beeinflussen (etwa durch Kräfte).

Z-Boson: Ein neutrales schweres Boson, dessen Existenz im Rahmen der Theorie der elektroschwachen Wechselwirkung vorausgesagt wird.

Leptonen und Quarks

Die Ruhemassen der Leptonen und Quarks sind in Gigaelektronenvolt (GeV) angegeben (in Klammern). Keine Massenangabe erfolgt für die Neutrinos, da bislang nicht bekannt ist, ob diese überhaupt eine Ruhemasse besitzen. Für die Quarks, die man nicht als freie Teilchen beobachtet, sind die effektiven Massen angegeben, die man einführt, um das Spektrum der aus den Quarks zusammengesetzten Teilchen zu verstehen.

I. Familie

$\begin{pmatrix} \nu_e \\ e^- \, [0{,}00051] \end{pmatrix} \qquad \begin{pmatrix} u \, [0{,}3] \\ d \, [0{,}3] \end{pmatrix}$

II. Familie

$\begin{pmatrix} \nu_\mu \\ \mu^- \, [0{,}106] \end{pmatrix} \qquad \begin{pmatrix} c \, [1{,}5] \\ s \, [0{,}45] \end{pmatrix}$

III. Familie

$\begin{pmatrix} \nu_\tau \\ \tau^- \, [1{,}78] \end{pmatrix} \qquad \begin{pmatrix} t \, [?] \\ b \, [4{,}9] \end{pmatrix}$ (t-Quarks noch nicht entdeckt)

Träger der verschiedenen in der Natur beobachteten Wechselwirkungen

Starke Wechselwirkung: Gluonen [masselos]
Elektromagnetismus: Photon [masselos]
Schwache Wechselwirkung: W-Boson [80], Z-Boson [90] } vorhergesagte Massen
Gravitation: Graviton [masselos]

Wichtige Mesonen und ihre Quarkstruktur

Meson	Struktur	Masse in GeV
π^+	$\bar{d}\,u$	0,140
π°	$\bar{u}\,u / \bar{d}\,d$	0,135
π^-	$\bar{u}\,d$	0,140
K^-	$\bar{u}\,s$	0,494
$\bar{K}^\circ$	$\bar{d}\,s$	0,498
D°	$\bar{u}\,c$	1,863
D^+	$\bar{d}\,c$	1,868
J/Ψ	$\bar{c}\,c$	3,097
B^-	$\bar{u}\,b$	5,26
B°	$\bar{d}\,b$	5,26
Y	$\bar{b}\,b$	9,46

Wichtige Baryonen und ihre Quarkstruktur

Baryon	Struktur	Masse in GeV
p	u u d	0,938
n	u d d	0,940
Λ	u d s	1,116
Σ^+	u u s	1,189
Σ°	u d s	1,192
Σ^-	d d s	1,197
Ξ°	u s s	1,315
Ξ^-	d s s	1,321
Ω^-	s s s	1,672
Λ_c^+	u d c	2,273

Register